LE JARDIN SECRET

FRANCES HODGSON-BURNETT

LE JARDIN SECRET

traduit de l'anglais par
Mme Jean Vallette

ARCHIPOCHE

Notre catalogue est consultable à l'adresse suivante :
www.archipoche.com

Éditions Archipoche
34, rue des Bourdonnais
75001 Paris

ISBN 978-2-37735-425-2

1

Il ne reste personne

Quand Mary Lennox vint au manoir de Misselthwaite pour y demeurer chez son oncle, tout le monde déclara qu'elle était la plus vilaine petite fille qu'on pût voir. Et c'était vrai. Elle avait un petit visage maigre, de petits membres maigres, une maigre quantité de cheveux blond filasse, et une expression maussade. Ses cheveux étaient jaunâtres, et son visage aussi, parce qu'elle était née aux Indes et avait toujours été plus ou moins malade. Son père avait occupé un poste du gouvernement anglais, toujours très absorbé par son travail, et toujours malade, lui aussi, et sa mère était une beauté qui ne songeait qu'à courir de fête en fête et à s'amuser en folâtre compagnie. Elle n'avait nullement souhaité une petite fille et, à la naissance de Mary, elle l'avait confiée aux soins d'une *ayah*[1] en faisant entendre à celle-ci que pour plaire à la Mem Sahib[2], il fallait tenir l'enfant à l'écart le plus possible.

Ainsi, l'on tint à l'écart le vilain petit bébé malingre et grincheux, puis la fillette toujours grincheuse, malingre et vilaine. Elle ne se souvenait d'avoir vu, dans l'intimité, que les sombres visages de son *ayah* et des autres domestiques indigènes. Et comme ils lui obéissaient toujours et faisaient ses quatre volontés de peur que la Mem Sahib ne se plaignît d'être dérangée par ses cris, à l'âge

1. Nourrice ou bonne d'enfants hindoue.
2. La Dame blanche.

de six ans, c'était bien le petit être le plus tyrannique et le plus égoïste qu'on eût jamais vu. La jeune gouvernante anglaise qui vint lui enseigner à lire et à écrire la trouva si insupportable qu'elle quitta la place au bout de trois mois et, lorsque d'autres institutrices vinrent lui succéder elles partirent encore plus vite que la première. De sorte que, si Mary n'avait pas désiré elle-même pouvoir lire des histoires dans les livres, elle n'aurait jamais appris les lettres.

Par une matinée affreusement chaude – elle avait environ neuf ans –, elle se réveilla de très mauvaise humeur, et ce fut pire encore quand elle vit que la servante qui se tenait debout à son chevet n'était pas son *ayah*.

— Qu'est-ce que vous faites là ? dit-elle à l'étrangère. Allez-vous-en ! envoyez-moi mon *ayah*.

La servante parut effarée : elle balbutia que l'*ayah* ne pouvait pas venir et, comme Mary se mettait en rage et la criblait de coups de pied, elle parut plus effarée encore et répéta que l'*ayah* ne pouvait pas venir vers « Missie Sahib ».

Il y avait du mystère dans l'air ce matin-là. Rien ne se faisait selon la routine établie : plusieurs des domestiques indigènes manquaient à leur poste, et les autres passaient furtivement, en hâte, avec des figures livides, épouvantées. Mais personne ne voulut rien lui dire et son *ayah* ne venait toujours pas. Dans le cours de la matinée, on la laissa seule, chose inouïe ; à la fin elle alla errer dans le jardin et se mit à jouer sous un arbre, près de la véranda. Elle s'amusa à faire une plate-bande en enfonçant de grandes fleurs d'hibiscus écarlate dans de petites mottes de terre, tout en s'irritant de plus en plus et en marmottant tout ce qu'elle dirait, les injures dont elle gratifierait « Saidie », l'*ayah*, quand elle reviendrait.

— Pourceau, fille de pourceau, disait-elle.

C'est là pour l'indigène la pire des insultes.

Elle grinçait des dents en répétant ces mots, quand elle entendit sa mère sortir de la véranda avec une autre personne. Son compagnon était un jeune homme blond et tous deux restaient là, debout, à causer à voix basse, d'un air étrange. Mary connaissait ce jeune homme blond, qui avait l'air d'un enfant. Elle avait entendu dire que c'était un jeune officier qui venait d'arriver d'Angleterre. La petite le regardait fixement, mais elle dévisageait surtout sa mère. Mary saisissait toujours les occasions de regarder celle-ci, parce que « Mem Sahib », comme elle l'appelait le plus souvent, était si grande, svelte et jolie et portait des vêtements si exquis. Ses cheveux semblaient de soie bouclée, et elle avait un petit nez délicat et dédaigneux et de grands yeux rieurs. Tous ses vêtements étaient légers et flottants, et Mary disait qu'ils étaient « tout en dentelle ». Ils étaient plus gracieux que jamais ce matin-là, mais les yeux n'étaient pas rieurs du tout. Ils semblaient comme élargis et pleins de frayeur et paraissaient implorer le jeune officier blond.

— Est-ce vraiment si terrible ? disait-elle.

— Terrible, répondait le jeune homme d'une voix tremblante. Terrible, madame. Vous auriez dû partir pour la montagne il y a trois semaines.

La Mem Sahib se tordit les mains.

— Oh ! je le sais bien ! cria-t-elle, je voulais seulement assister à ce stupide dîner. Quelle folie !

À ce moment même, des lamentations si bruyantes s'élevèrent des habitations du personnel indigène qu'elle saisit le bras du jeune homme et que Mary frissonna des pieds à la tête. Les lamentations se firent de plus en plus sauvages.

— Qu'est-ce que c'est, qu'est-ce que c'est ? dit Mrs Lennox, haletante.

— Quelqu'un est mort, répondit le jeune officier. Vous ne m'aviez pas dit que cela avait éclaté parmi vos domestiques.

— Je ne le savais pas ! cria la Mem Sahib. Venez avec moi, venez ! et elle se sauva dans la maison.

Après cela des choses effroyables se passèrent, et le mystère de la matinée fut éclairci pour Mary. Le choléra venait d'éclater sous sa forme la plus foudroyante et les gens mouraient comme des mouches. L'*ayah* était tombée malade dans la nuit, et c'est parce qu'elle venait de mourir que les domestiques avaient hurlé dans leurs cahutes. Avant le lendemain trois autres d'entre eux étaient morts, et d'autres s'étaient enfuis, terrorisés. La panique régnait partout, et il y avait des mourants dans tous les bungalows.

Au milieu du désordre et de l'effarement du second jour, Mary se cacha dans la nursery et tout le monde l'oublia. Personne ne se souciait d'elle et d'étranges choses advinrent à son insu. Elle passa son temps à pleurer et à dormir. Tout ce qu'elle savait, c'est que les gens étaient malades, et qu'on entendait des bruits mystérieux et effrayants. Une fois elle se glissa dans la salle à manger et la trouva vide quoique des restes de repas eussent été laissés sur la table ; les chaises et les assiettes paraissaient avoir été repoussées à la hâte lorsque les dîneurs s'étaient levés subitement, pour une raison quelconque. L'enfant mangea quelques fruits et quelques biscuits, puis, ayant soif, elle but un verre de vin qui se trouvait encore presque plein. Ce vin avait une saveur sucrée et elle ne se rendit pas compte combien il était fort. Bientôt elle fut prise d'un sommeil irrésistible et, retournant à sa nursery, elle s'y enferma de nouveau, épouvantée par les cris qu'elle entendait dans les huttes et le bruit de pas précipités. Le vin lui donnait si grand sommeil qu'elle pouvait à peine tenir les yeux ouverts : elle s'étendit sur son lit et n'eut plus conscience de rien. Beaucoup de choses arrivèrent pendant les heures durant lesquelles elle dormit si pesamment, mais elle ne fut réveillée ni par les lamentations, ni par le bruit des pas, de ceux qui portaient quelque chose dans le bungalow et l'emportaient ensuite.

Quand elle se réveilla, elle resta encore couchée à regarder fixement le mur. La maison était parfaitement silencieuse. Jamais elle ne l'avait vue ainsi. Elle n'entendait ni voix ni bruit de pas et se demanda si tout le monde était guéri du choléra et si tous les malheurs étaient finis. Elle se demanda aussi qui prendrait soin d'elle à présent que son *ayah* était morte. Elle aurait une nouvelle *ayah* sans doute, et peut-être celle-ci saurait-elle de nouvelles histoires. Mary était un peu fatiguée des anciennes. Elle ne pleura pas en apprenant que sa bonne était morte. Ce n'était pas une enfant affectueuse et elle ne s'était jamais beaucoup souciée de personne. Le bruit, le va-et-vient et les lamentations causés par le choléra l'avaient effrayée, et elle s'était mise en colère parce que personne ne semblait se rappeler son existence. Tout le monde était trop terrifié pour se souvenir d'une petite fille que personne n'aimait. Apparemment, quand les gens avaient le choléra, ils ne pensaient plus qu'à eux-mêmes. Mais si tout le monde était guéri, sûrement quelqu'un se souviendrait d'elle et viendrait la chercher.

Mais personne ne vint et, tandis qu'elle restait là couchée, à attendre, la maison lui sembla de plus en plus silencieuse. Elle entendit un bruissement sur la natte et, regardant le sol, elle y vit un petit serpent qui rampait en la fixant avec des yeux pareils à des escarboucles. Elle n'eut pas peur sachant que c'était une petite bête inoffensive qui ne lui ferait aucun mal : il semblait d'ailleurs pressé de quitter la chambre. Tandis qu'elle le regardait, il se glissa sous la porte.

« Comme tout est étrange et tranquille ! pensa-t-elle. On dirait que, dans tout le bungalow, il n'y a que moi et le serpent. »

Presque à la même minute, elle entendit des pas dans le jardin, puis sur la véranda. C'étaient des pas d'hommes et ces hommes entrèrent dans le bungalow, parlant à voix basse. Personne n'alla les accueillir ni causer avec eux et il sembla à Mary qu'ils ouvraient des portes pour regarder dans les chambres.

— Quelle désolation ! dit une voix. Cette jolie jeune femme ! Je pense que l'enfant aussi… car il y avait une enfant, paraît-il, quoique personne ne l'ait vue.

Mary était debout au milieu de la nursery quand ils ouvrirent la porte quelques instants après. Elle faisait une vilaine petite mine boudeuse et fronçait les sourcils, car elle commençait à avoir faim et à se sentir indignement négligée. La première personne qui entra était un grand officier qu'elle avait vu causer avec son père. Il avait l'air fatigué et triste, mais, quand il l'aperçut, il fut si saisi qu'il fit presque un saut en arrière.

— Barney ! cria-t-il, il y a une enfant ! une enfant toute seule en un pareil endroit ! Miséricorde ! qui est-elle ?

— Je suis Mary Lennox, dit la petite fille en se redressant de toute sa hauteur.

Elle trouvait ce monsieur très impoli d'appeler le bungalow de son père « un pareil endroit » !

— Je me suis endormie quand tout le monde a eu le choléra, et je viens de me réveiller. Pourquoi est-ce que personne ne vient ?

— C'est l'enfant que personne n'avait jamais vue, s'écria l'officier en se tournant vers son compagnon. On l'a tout simplement oubliée !

— Pourquoi m'a-t-on oubliée ? dit Mary en frappant du pied. Pourquoi est-ce que personne ne vient ?

Le jeune homme qui s'appelait Barney la regarda tristement. Mary crut même le voir cligner de l'œil comme pour escamoter une larme.

— Pauvre gosse ! dit-il. Il ne reste plus personne.

Ce fut de cette façon singulière et subite que Mary apprit qu'elle n'avait plus ni père ni mère, qu'ils étaient morts et qu'on les avait emportés dans la nuit, et que les quelques domestiques indigènes qui n'étaient pas morts avaient quitté la maison aussi vite qu'ils l'avaient pu, oubliant tous qu'il y avait une miss Sahib.

Voilà pourquoi tout était si tranquille. C'était vrai : il n'y avait personne dans le bungalow qu'elle et le petit serpent.

2

Madame Mary, que tout contrarie

Mary aimait à regarder sa mère à distance et la trouvait très jolie, mais, comme elle la connaissait à peine, on ne pouvait guère s'attendre à ce qu'elle l'aimât beaucoup et sentît vivement sa perte. À la vérité, elle ne la sentit pas du tout et, comme c'était une enfant très personnelle, elle ne pensa qu'à elle-même, selon son habitude. Si elle avait été plus âgée, elle se serait sans doute inquiétée de se voir seule au monde, mais comme elle était très jeune et qu'on avait toujours pris soin d'elle, elle supposa que cela continuerait. Ce qui la préoccupait c'était de savoir si elle irait chez des gens agréables qui seraient polis envers elle et feraient ses trente-six volontés comme son *ayah* et les autres domestiques indigènes.

Elle savait qu'elle ne resterait pas avec le pasteur anglais chez qui on l'amena d'abord. Elle ne désirait pas y rester. Ce pasteur était pauvre et père de cinq enfants presque tous du même âge qui portaient des vêtements usés et étaient toujours à se quereller et à s'arracher leurs jouets. Mary détestait leur bungalow en désordre et se montra si désagréable envers eux qu'au bout d'un ou deux jours personne ne voulait jouer avec elle. Dès le lendemain de son arrivée ils lui avaient donné un sobriquet qui la mettait en rage.

Ce fut Basil qui s'en avisa le premier. Basil était un petit garçon aux yeux bleus impudents, au nez retroussé, et Mary le détestait. Elle était en train de jouer sous un arbre un jour, tout comme celui où le choléra avait éclaté. Elle faisait des tas de terre et des allées de jardin. Basil s'approcha pour regarder. Bientôt il prit intérêt au jeu et voulut tout à coup suggérer à Mary un embellissement :

— Pourquoi ne mets-tu pas là un tas de pierres pour faire une rocaille ? dit-il, là au milieu.

Et il se baissa pour désigner l'endroit.

— Va-t'en ! cria Mary. Je ne veux pas de garçons ici. Va-t'en.

Basil, irrité d'abord, prit le parti de la taquiner. Il taquinait constamment ses sœurs. Il se mit à danser autour d'elle en faisant des grimaces, en riant et en chantant :

Madame Mary,
Que tout contrarie,
Qu'avez-vous dans votre jardin ?
De la menthe, du romarin,
Et des soucis couleur chagrin.

Il chanta ainsi jusqu'à ce que les autres enfants, l'entendant, vinssent se joindre à la plaisanterie. Et plus Mary se fâchait, plus fort ils chantaient : « Madame Mary, Que tout contrarie » et, après cela, aussi longtemps qu'elle resta avec eux, ils l'appelèrent : « Madame Mary » entre eux et souvent en lui parlant.

— On va t'expédier chez toi, lui dit Basil à la fin de la semaine, et nous en sommes ravis.

— Moi aussi, dit Mary ; où est-ce, chez moi ?

— Elle ne sait pas ! dit Basil, du haut de ses sept ans. C'est en Angleterre, naturellement. Notre grand-mère y demeure et on y a envoyé notre sœur May l'an dernier. Toi, tu ne vas pas chez ta grand-maman, tu n'en as point. Tu vas chez ton oncle. Il s'appelle Mr Archibald Craven.

— Je ne sais pas qui c'est, grommela Mary.

— Ça ne m'étonne pas, dit Basil, tu ne sais rien du tout. Les filles ne savent jamais rien. J'ai entendu papa et maman en parler. Il habite dans une grande maison très triste, à la campagne, et personne ne va le voir. Il est si désagréable qu'il ne veut voir personne et, d'ailleurs, personne n'a envie de le voir. Il est bossu et tout à fait détestable.

— Je ne te crois pas, dit Mary, et elle lui tourna le dos et se boucha les oreilles pour ne plus rien entendre.

Mais elle y pensa beaucoup après cette conversation. Quand Mr et Mrs Crawford lui dirent, le même soir, qu'on allait l'embarquer pour l'Angleterre dans quelques jours et l'envoyer chez son oncle, Mr Archibald Craven, qui habitait au manoir de Misselthwaite, elle prit l'air si indifférent et si obstinément fermé qu'ils ne surent qu'en penser. Ils essayèrent de lui témoigner de l'affection, mais elle ne fit que détourner la tête quand Mrs Crawford voulut l'embrasser et que Mr Crawford lui tapa amicalement sur l'épaule.

— Elle est si laide, la pauvre petite ! dit Mrs Crawford, et sa mère était une si charmante créature ! Elle avait des manières charmantes aussi, tandis que celles de Mary sont les plus désagréables que j'aie jamais vues chez un enfant. Les petits l'appellent : « Madame Mary, que tout contrarie » et quoique ce soit vilain de leur part, je les comprends un peu.

— Peut-être que, si sa mère avait montré plus souvent sa charmante figure et ses charmantes manières dans la nursery, Mary elle-même aurait pu en acquérir d'un peu plus charmantes. C'est triste, à présent que cette belle jeune femme est morte, de se rappeler que beaucoup de gens ignoraient même qu'elle eût une enfant.

— Je crois qu'elle ne la regardait presque jamais, soupira Mrs Crawford. Quand son *ayah* est morte, il ne s'est trouvé personne pour lui donner une pensée. Dire que les domestiques se sont sauvés, la laissant seule dans ce bungalow désert ! Le colonel McGrew dit qu'il est presque tombé à la renverse quand, en ouvrant la porte, il l'a trouvée au milieu de la chambre.

Mary fit la longue traversée des Indes en Angleterre sous l'égide d'une femme d'officier qui emmenait son fils et sa fille pour les laisser en pension. Elle était très absorbée par ses propres enfants et fut plutôt soulagée de remettre la petite entre les mains de la personne que Mr Archibald Craven avait envoyée à sa rencontre à Londres. C'était la femme de charge du manoir, et elle se nommait Mrs Medlock. C'était une grosse femme aux joues vermeilles, aux yeux noirs perçants. Elle avait une robe violet évêque, un mantelet de soie noire orné d'une frange de jais, et un chapeau noir garni de fleurs violettes qui se dressaient et tremblaient quand elle remuait la tête. Elle ne plut pas du tout à Mary, mais comme fort peu de gens lui plaisaient il n'y avait là rien d'extraordinaire. D'ailleurs il était clair que l'impression de Mrs Medlock elle-même n'était pas plus favorable.

— Ma parole ! en voilà un petit laideron, dit-elle. Et nous avions entendu dire que sa mère était une beauté. Sa fille ne tient guère d'elle, n'est-ce pas, madame ?

— Peut-être qu'elle gagnera en grandissant, dit avec bienveillance la femme d'officier. Si elle n'était pas si jaune et avait une expression plus aimable, ses traits sont assez fins. Les enfants changent tellement !

— Il faudra qu'elle change joliment, répondit Mrs Medlock, et il n'y a rien au manoir de Misselthwaite qui puisse l'y aider beaucoup, à mon humble avis.

Toutes deux pensaient que Mary n'écoutait pas, parce qu'elle se tenait un peu à l'écart, à la fenêtre de l'hôtel où les voyageuses étaient descendues. Elle regardait les omnibus, les fiacres, et les passants ; mais elle entendit très bien et sa curiosité fut vivement excitée à l'égard de son oncle et de l'endroit qu'il habitait. Quelle sorte d'endroit était-ce, et comment serait-il, lui ? Qu'était-ce qu'un bossu ? Elle n'en avait jamais vu. Peut-être qu'il n'y en avait pas aux Indes.

Depuis qu'elle habitait chez des étrangers et n'avait plus d'*ayah*, elle avait commencé à se sentir très seule et à avoir des pensées singulières, toutes nouvelles pour elle. Elle avait commencé à se demander pourquoi elle n'avait jamais eu l'impression d'appartenir à quelqu'un, même quand son père et sa mère vivaient encore. Les autres enfants avaient l'air d'appartenir à leur père et à leur mère, mais elle n'avait jamais semblé être la petite fille de personne. Elle avait eu des domestiques, des jouets, de quoi manger et se vêtir, mais personne ne s'était jamais occupé d'elle. Elle ne savait pas que c'était parce qu'elle était désagréable. D'ailleurs elle ne se savait pas désagréable. Elle trouvait souvent que les autres gens l'étaient mais ne pensait pas l'être elle-même.

Il lui semblait que Mrs Medlock était bien la personne la plus désagréable qu'elle eût jamais vue, avec sa figure vulgaire, haute en couleur, et son chapeau d'une élégance vulgaire aussi. Lorsque, le lendemain, elles se mirent en voyage pour le comté d'York, Mary traversa la gare jusqu'au train, la tête haute essayant de se tenir aussi à l'écart que possible, pour ne pas avoir l'air d'être avec cette personne. Cela l'aurait irritée de penser que les gens pourraient la prendre pour sa petite fille.

Mrs Medlock, elle, n'avait cure ni de Mary ni de ses pensées. C'était le genre de personnes qui se piquent de savoir tenir les enfants à leur place. Elle avait une place confortable et bien payée comme femme de charge du manoir, et la seule façon dont elle pût la conserver était de faire tout de suite ce que Mr Archibald Craven lui disait de faire. Elle n'avait même pas risqué une question.

— Le capitaine Lennox et sa femme sont morts du choléra, avait dit Mr Craven de son ton froid et bref. Le capitaine Lennox était le frère de ma femme et je suis le tuteur de leur fille. L'enfant doit venir ici. Il faut que vous alliez à Londres pour la ramener vous-même.

Ainsi elle avait bouclé sa petite malle et pris le train.

Mary était assise dans son coin du compartiment avec une vilaine figure morose. Elle n'avait rien à lire ni à regarder et elle avait croisé sur ses genoux ses petites mains gantées de noir. Sa robe noire la faisait paraître plus jaune que jamais et des mèches de cheveux filasse s'échappaient de son chapeau de crêpe.

Je n'ai jamais vu de ma vie une enfant qui ait l'air aussi volontaire et aussi maussade, pensait Mrs Medlock. Elle n'avait jamais vu non plus d'enfant qui se tînt si tranquille sans rien faire, et à la fin elle se lassa de la regarder et commença à parler d'une voix forte et dure.

— Je pense que je ne ferais pas mal de vous dire un peu où vous allez, dit-elle. Savez-vous quelque chose de votre oncle ?

— Non, dit Mary.

— Vous n'avez jamais entendu votre papa et votre maman en parler ?

— Non ! dit Mary, fronçant les sourcils.

Elle fronçait les sourcils parce qu'elle se rappelait que son papa et sa maman n'avaient jamais causé avec elle de rien. Certainement ils ne lui avaient jamais rien raconté.

— Hum ! marmotta Mrs Medlock, regardant fixement l'étrange petite figure fermée.

Elle ne dit plus rien pendant quelques instants, puis recommença :

— Je pense que je ne ferais pas mal de vous mettre un peu au courant pour vous préparer. Vous allez dans une drôle de maison.

Mary ne dit mot et Mrs Medlock sembla plutôt déconfite par cette apparente indifférence, mais après avoir repris haleine, elle continua :

— Ce n'est pas que ce ne soit pas une grande et belle propriété dans le genre lugubre, et Mr Craven en est fier à sa manière qui est plutôt lugubre aussi. La maison a six cents ans, et elle est sur la lisière de la lande, et contient près de cent chambres, la plupart fermées à clé d'ailleurs.

Il y a des tableaux partout et de beaux vieux meubles, et des choses qui sont là depuis des siècles ; il y a tout autour un grand parc, des jardins et des arbres avec des branches qui traînent à terre. Certains d'entre eux…

Elle s'arrêta et reprit de nouveau haleine.

— Mais c'est tout, conclut-elle tout à coup.

Mary avait commencé à écouter malgré elle. Tout cela semblait si différent des Indes et tout ce qui était nouveau l'attirait. Mais elle se gardait bien de montrer son intérêt. C'était là une de ses particularités désagréables, aussi elle ne broncha pas.

— Eh bien, dit Mrs Medlock, qu'en dites-vous ?

— Rien, dit-elle, je ne connais rien de pareil.

Mrs Medlock eut un rire bref.

— Eh ! dit-elle, on vous prendrait pour une vieille femme, cela vous est donc égal ?

— Peu importe, dit Mary, que cela me soit égal ou non.

— Là vous avez raison, dit Mrs Medlock, cela n'y changera rien. Pourquoi vous devez habiter Misselthwaite, je n'en sais rien : peut-être parce que c'est le plus simple. Lui ne se mettra pas en peine de vous, c'est sûr et certain. Il ne se met en peine de personne.

Elle s'arrêta comme si elle se rappelait quelque chose à temps.

— Il est un peu bossu, reprit-elle, c'est ce qui l'a aigri. Comme jeune homme il était toujours morose et n'a profité en rien de tout son argent et de sa belle propriété avant de se marier.

Mary s'était tournée vers sa compagne en dépit de son intention de paraître indifférente. Elle n'avait jamais eu l'idée que le bossu fût marié et en éprouvait quelque surprise.

Mrs Medlock s'en aperçut et, comme elle était bavarde, elle continua avec plus d'entrain. C'était en tout cas un moyen de passer le temps.

— Sa femme était une jolie et charmante créature et il aurait été au bout du monde pour lui procurer un brin d'herbe si elle en avait eu envie. Personne ne pensait qu'elle l'épouserait, mais elle l'a fait, et les gens ont dit que c'était pour son argent. Mais ce n'est pas vrai, ajouta-t-elle d'un ton péremptoire. Quand elle est morte…

Mary eut un petit sursaut involontaire.

— Oh ! est-ce qu'elle est morte ? s'écria-t-elle malgré elle.

Elle venait de se rappeler un conte de fées français intitulé *Riquet à la Houppe*. C'était l'histoire d'un bossu et d'une belle princesse et elle avait éprouvé soudain un sentiment de pitié pour Archibald Craven.

— Oui, elle est morte, répondit Mrs Medlock. Et cela l'a rendu plus bizarre que jamais. Il ne se soucie de personne. Il ne veut pas voir les gens. La plupart du temps il est absent et, quand il est à Misselthwaite il s'enferme dans l'aile gauche de la maison et ne se laisse voir à personne qu'à Pitcher. Pitcher est un vieux bonhomme, mais il l'a soigné enfant et connaît ses manies.

Tout cela ressemblait à une histoire dans un livre et réjouit médiocrement Mary. Une maison avec cent chambres presque toutes fermées, sur la lisière d'une lande… Qu'est-ce que cela pouvait bien être, une lande ? C'était lugubre ! Un homme bossu qui s'enfermait aussi ! Elle regarda par la fenêtre en pinçant les lèvres et il lui sembla tout naturel que la pluie eût commencé à tomber à torrents, en lignes obliques et grisâtres, battant et inondant les vitres. Si la jolie femme avait été vivante elle aurait pu égayer un peu la maison rien qu'en s'y montrant, belle comme sa propre mère et, comme elle habillée, pour sortir, de robes tout en dentelle ; mais elle n'y était plus.

— Pas besoin de vous attendre à le voir, parce qu'il y a dix à parier contre un que vous ne le verrez pas, dit Mrs Medlock, et il ne faut pas vous attendre à avoir des gens à qui parler. Vous pourrez jouer seule et vous débrouiller. On vous dira quelles sont les chambres où vous pouvez entrer et celles qui vous seront défendues. Pour des jardins il y en a assez. Mais, quand vous serez dans la maison, n'allez pas vous y promener en fourrant votre nez partout. Mr Craven ne l'entend pas de cette oreille.

— Je n'aurai aucune envie de fourrer mon nez partout, répondit la maussade petite Mary.

Et aussi subitement qu'elle avait commencé à plaindre Mr Archibald Craven, elle cessa d'en avoir pitié et se dit qu'il était assez désagréable pour mériter tous ses malheurs.

Et, se tournant vers les vitres du compartiment, ruisselantes de pluie, elle regarda la tourmente grise qui semblait devoir durer éternellement. Elle la regarda si longtemps et si fixement que le gris s'assombrit de plus en plus devant ses yeux et qu'elle s'endormit.

3

À travers la lande

Elle dormit longtemps et, quand elle se réveilla, Mrs Medlock avait acheté un panier de déjeuner à une des gares, et elles mangèrent du poulet, du bœuf froid et du pain beurré arrosés de thé chaud. La pluie semblait plus torrentielle que jamais, et tout le monde, aux stations, portait des imperméables ruisselants. Un employé alluma les lampes du compartiment et Mrs Medlock sembla trouver le thé, le poulet et le bœuf très réconfortants. Elle mangea avidement et s'endormit ensuite à son tour ; Mary resta assise à la regarder dormir, son beau chapeau sur l'oreille, jusqu'à ce que l'enfant s'assoupît de nouveau dans son coin, bercée par le bruit de la pluie contre les vitres. Il faisait tout à fait sombre quand elle se réveilla de nouveau. Le train s'était arrêté, et Mrs Medlock la secoua.

— Vous en avez fait, un somme ! dit-elle. C'est le moment d'ouvrir les yeux ! Nous sommes à notre gare et nous avons une longue course en voiture devant nous.

Mary se leva et essaya de tenir les yeux ouverts tandis que Mrs Medlock rassemblait les paquets. La petite fille ne fit aucune tentative pour l'aider, car, aux Indes, c'était toujours les domestiques indigènes qui ramassaient et portaient tout, et il lui paraissait parfaitement naturel de se laisser servir.

La gare était petite et il ne semblait pas qu'aucun autre voyageur y descendît. Le chef de gare parla à Mrs Medlock d'un ton de rude bonhomie, en prononçant les mots avec un drôle d'accent qui devait devenir familier à Mary :

— Je vois que vous êtes de retour, dit-il, et vous avez ramené la petite demoiselle.

— Oui, la voilà, répondit Mrs Medlock avec le même accent et en désignant Mary d'un mouvement d'épaule. Comment va votre dame ?

— Assez bien. La voiture vous attend dehors.

Une calèche se trouvait sur la route, devant la petite plateforme extérieure. Mary vit que c'était un élégant équipage et que le laquais qui l'aidait à monter avait aussi grand air. Son long imperméable et la toile cirée de son chapeau brillaient et ruisselaient de pluie, comme tout le reste, la personne corpulente du chef de gare incluse.

Quand le laquais ferma la portière et monta sur le siège avec le cocher, et que la voiture s'ébranla, la petite fille se trouva installée dans un coin, sur des coussins confortables, mais elle n'avait plus envie de dormir. Elle resta assise à regarder par la fenêtre, curieuse de voir quelque chose de la route qui allait la conduire à l'étrange demeure dont Mrs Medlock lui avait parlé. Elle n'était nullement peureuse et n'avait pas précisément d'appréhension, mais il lui semblait qu'on pouvait s'attendre à tout dans une maison avec une centaine de chambres presque toutes fermées à clé, une maison sur la lisière d'une lande.

— Qu'est-ce que c'est qu'une lande ? dit-elle tout à coup à Mrs Medlock.

— Regardez par la fenêtre dans dix minutes, répondit celle-ci, et vous le verrez. Nous avons sept kilomètres à faire en voiture à travers la lande avant d'arriver au manoir. Vous ne verrez pas lourd car la nuit est sombre, mais vous pourrez voir quelque chose.

Mary ne posa plus de questions, mais attendit dans son coin obscur, les yeux fixés sur la fenêtre. Les lanternes de la voiture jetaient des rayons lumineux à quelque distance devant eux et elle avait des aperçus de ce qu'on traversait.

Après avoir quitté la gare, on avait passé par un tout petit village et elle avait vu des maisonnettes blanchies à la chaux et les lumières d'une auberge, puis l'église et le presbytère et une ou deux petites devantures de boutiques avec des jouets, des bonbons et diverses bricoles. Puis ce fut la grande route et elle ne vit plus que des haies et des arbres. Après cela rien ne parut changer de longtemps ou du moins cela lui sembla durer longtemps.

À la fin les chevaux commencèrent à avancer plus lentement, comme si cela montait et bientôt on ne vit plus ni haies ni arbres. Rien que d'épaisses ténèbres de chaque côté. Elle se pencha en avant et pressa son visage contre la vitre juste au moment où un fort cahot se produisait.

— Eh ! nous voilà sur la lande pour de bon ! dit Mrs Medlock.

Les lanternes de la voiture répandaient une lumière jaunâtre sur une route à l'aspect raboteux, apparemment frayée à travers des buissons et des taillis bas et touffus, qui semblaient se perdre dans le grand espace sombre qui s'étendait devant les voyageurs et tout autour d'eux. Le vent se levait et faisait un bruit singulier, sourd, sauvage et puissant.

— Ce n'est pas… ce n'est pas la mer ? dit Mary, se tournant vers sa compagne.

— Non pas, certes ! répondit Mrs Medlock. Ce n'est pas non plus des champs, ni des montagnes, c'est seulement des lieues et des lieues de terre inculte, où rien ne pousse que de la bruyère, des ajoncs et des genêts, et où rien ne vit que des poneys et des moutons sauvages.

— Il me semble que cela pourrait être la mer s'il y avait de l'eau, dit Mary, ça fait le bruit de la mer en ce moment.

— C'est le vent qui souffle à travers les buissons, dit Mrs Medlock. C'est plutôt sauvage et lugubre pour mon goût, quoique bien des gens aiment ça, surtout quand la bruyère est en fleur.

On continua à rouler dans les ténèbres et, bien que la pluie eût cessé, le vent soufflait et sifflait avec des sons étranges. La route montait et descendait et, plusieurs fois, la voiture passa sur de petits ponts sous lesquels l'eau s'engouffrait avec fracas. Il semblait à Mary que la course ne finirait jamais, et que la vaste et morne lande était un vaste espace d'océan noir qu'elle traversait sur une bande de terre.

— Je n'aime pas ça ! je n'aime pas ça ! se répétait-elle en serrant plus fort ses lèvres minces.

Les chevaux grimpaient un bout de route abrupte quand elle vit enfin une lumière. Mrs Medlock l'aperçut en même temps et poussa un long soupir de soulagement.

— Ah ! je suis contente de voir briller cette petite lumière ! s'écria-t-elle. C'est la fenêtre de la loge. Nous aurons une bonne tasse de thé dans un moment en tout cas.

Le moment se prolongea, car, lorsque la voiture eut franchi le portail du parc, il y eut encore trois kilomètres d'avenue à suivre, et les arbres, dont les sommets se touchaient presque, semblaient former devant la voiture un long cloître sombre.

On sortit du cloître pour émerger dans un espace libre, et l'on s'arrêta devant une maison extrêmement longue, mais basse, bâtie autour d'une cour pavée. D'abord Mary crut qu'il n'y avait aucune lumière aux fenêtres, mais, comme elle descendait de voiture, elle vit qu'une chambre du coin, au haut de la maison, était faiblement éclairée.

La porte d'entrée était énorme, faite de panneaux de chêne de forme curieuse ornés de gros clous et encadrés de grosses barres de fer. Elle s'ouvrait dans un hall immense, si sombre que les figures des portraits, sur les murs, et les silhouettes d'armures semblèrent à Mary étranges et inquiétantes. Debout sur les dalles elle paraissait toute petite, noire et perdue, et elle se sentait aussi petite, aussi étrangère et aussi perdue qu'elle le paraissait.

Un vieillard maigre et propret se tenait debout près du domestique qui leur ouvrit la porte.

— Emmenez-la dans sa chambre, dit-il d'une voix enrouée. Il ne désire pas la voir. Il part pour Londres demain matin.

— Très bien, Mr Pitcher, répondit Mrs Medlock. Du moment où je sais ce qu'on attend de moi, je suis prête.

— Ce qu'on attend de vous, Mrs Medlock, dit Mr Pitcher, c'est que vous veilliez à ce qu'on ne le dérange pas, et à ce qu'il ne voie pas ce qu'il ne désire pas voir.

Et Mary Lennox se vit alors emmenée par un large escalier, le long d'un corridor et, par une autre série de marches, le long d'un autre corridor, et d'un autre encore jusqu'à ce qu'une porte s'ouvrît et qu'elle se trouvât dans une chambre avec du feu dans la cheminée et une table servie.

Mrs Medlock lui dit alors, sans cérémonie :

— Là, nous y voici ! cette chambre et celle d'à côté seront votre domaine et il s'agira de vous y tenir, ne l'oubliez pas.

Ce fut de cette façon que « Madame Mary » arriva au manoir de Misselthwaite et jamais peut-être elle ne s'était sentie plus « contrariée » ni d'humeur plus agressive.

4
Martha

Elle n'ouvrit les yeux, le matin suivant, que quand une jeune servante entra dans la chambre pour allumer le feu et, s'agenouillant devant le foyer, se mit à en gratter bruyamment les cendres. Mary la regarda un moment, puis se mit à examiner la chambre. Elle n'en avait jamais vu de semblable et la trouvait bizarre et lugubre. Les murs étaient couverts de tapisserie représentant un paysage de forêt. Il y avait, sous les arbres, des personnages en costumes fantastiques et, au loin, on apercevait les tourelles d'un château. Il y avait des cavaliers, des chevaux, des chiens et des dames. Il semblait à Mary qu'elle était dans la forêt avec eux. Par une fenêtre à l'embrasure profonde elle pouvait voir un grand espace de terre en pente qui semblait ne porter aucun arbre et ressembler un peu à une mer sans fin, morne et violacée.

— Qu'est-ce que c'est ? dit-elle en montrant la fenêtre.

Martha, la jeune femme de chambre, qui venait de se relever, regarda la fenêtre et, désignant aussi le paysage :

— Ça, là ?

— Oui.

— C'est la lande ! dit-elle avec un bon sourire. Tu aimes ça ?

— Non, c'est affreux !

— C'est parce que tu n'y es pas habituée, répondit Martha, retournant à son feu. Tu la trouves trop grande et trop pelée maintenant. Mais tu l'aimeras bientôt.

— Vous l'aimez, vous ? dit Mary.

— Oui, certes ! répondit gaiement Martha, en frottant la grille. J'adore ça. Ce n'est pas pelé du tout. C'est couvert de choses vivantes qui sentent bon. C'est au printemps et en été qu'il faut la voir, quand les ajoncs, les genêts et la bruyère sont en fleur. Ça sent le miel et il y souffle tant d'air frais, et le ciel a l'air si haut, et les abeilles et les alouettes y font une si belle musique avec leurs chants et leurs bourdonnements ! Ah ! je ne voudrais pour rien au monde habiter ailleurs que sur la lande !

Mary l'écoutait avec une expression grave et étonnée. Les domestiques hindous auxquels elle était habituée ne ressemblaient en rien à cette servante-là. Ils étaient obséquieux et serviles, et ne se permettaient pas de parler à leurs maîtres comme à des égaux. Ils leur faisaient des *salaam*[1] et les appelaient « protecteurs des pauvres » et « bienfaiteurs ». On commandait aux domestiques hindous de faire les choses, on ne le leur demandait pas. Ce n'était pas la coutume de leur dire : « s'il vous plaît », ou « merci », et Mary n'hésitait pas à gifler son *ayah* quand elle était en colère. Elle se demandait vaguement ce que ferait cette jeune fille si on la giflait. C'était une bonne créature rose et ronde, mais il y avait quelque chose de décidé dans ses allures. Se pourrait-il qu'elle se permît de rendre la gifle, si l'agresseur n'était qu'une petite fille ?

— Vous êtes une drôle de servante ! dit-elle du fond de son lit, d'un ton quelque peu hautain.

Martha s'assit sur ses talons, sa brosse dans les mains, et se mit à rire sans paraître le moins du monde offensée.

— Eh ! je le sais bien ! dit-elle. S'il y avait une belle madame à Misselthwaite, je n'aurais jamais pu y être même seconde femme de chambre. J'aurais pu être fille de cuisine, mais on ne m'aurait jamais prise pour les chambres. Je suis trop paysanne.

---

1. Courbettes.

» Mais c'est une drôle de maison, quoique si grandiose. On dirait qu'il n'y a ici ni maître ni maîtresse, sauf Mr Pitcher et Mrs Medlock. Mr Craven ne veut pas qu'on l'ennuie quand il est là, et il est presque toujours loin d'ailleurs. Mrs Medlock m'a donné cette place par complaisance. Elle m'a dit qu'elle n'aurait pas pu le faire si Misselthwaite avait été comme les autres grandes maisons.

— Est-ce que vous allez être à mon service ? demanda Mary du petit ton impérieux qu'elle avait aux Indes.

Martha recommença à frotter la grille.

— Je suis au service de Mrs Medlock, dit-elle d'un ton ferme. Et elle est au service de Mr Craven. Je dois faire ta chambre et m'occuper un peu de toi. Mais tu n'auras pas besoin qu'on fasse grand-chose pour toi.

— Qui m'habillera ? demanda Mary.

Martha s'assit de nouveau sur ses talons, et la regarda les yeux écarquillés.

— Tu ne peux donc pas t'habiller toi-même ?

— Non ! répondit Mary avec indignation. Je ne l'ai jamais fait de ma vie. Mon *ayah* m'habillait, naturellement.

— Eh bien, dit Martha, évidemment sans la moindre intention insolente, il est temps que tu apprennes. Tu ne peux pas commencer plus jeune à présent. Ça te fera du bien de te servir toi-même. Ma mère dit toujours qu'elle ne comprend pas comment les enfants des riches ne deviennent pas imbéciles avec leurs bonnes qui les lavent, les habillent et les promènent comme de petits chiens.

— C'est différent aux Indes, dit Mary avec dédain.

C'en était trop !

Mais Martha ne parut nullement déconcertée.

— Eh ! je vois bien que c'est différent, dit-elle avec une certaine pitié. Je pense que c'est parce qu'il y a tant de Noirs, là-bas, au lieu de respectables Blancs. Quand j'ai appris que vous veniez, j'ai cru que vous seriez noire vous aussi.

Mary, furieuse, s'assit dans son lit :

— Quoi ! cria-t-elle, vous avez cru que j'étais hindoue ! Espèce de fille de pourceau !

Martha la regarda avec stupéfaction, et rougit, cette fois.

— À qui dites-vous de gros mots ? fit-elle. Pas besoin de vous fâcher ainsi ! En voilà une façon de parler pour une demoiselle ! Je n'ai rien contre les Noirs, moi ! Dans les traités qu'on lit, ils sont toujours très pieux. Ça dit toujours qu'un Noir est un homme et un frère. Je n'en avais jamais vu, et j'étais contente de penser que j'allais en voir une de près. Quand je suis venue allumer votre feu ce matin, je me suis glissée jusqu'à votre lit et j'ai soulevé la couverture tout doucement pour vous regarder. Mais vous n'étiez pas plus noire que moi (le ton de Martha exprimait quelque déception), quoique vous soyez fameusement jaune !

Mary n'essaya même pas de maîtriser sa rage et son humiliation.

— Vous avez cru que j'étais hindoue ! Vous avez osé ! Vous ne savez rien des Hindous ! Ce ne sont pas des personnes, ce sont des domestiques qui doivent nous saluer. Vous ne savez rien des Indes ! vous ne savez rien de rien.

La petite fille était dans une telle rage, se sentait si impuissante devant la naïve stupéfaction de Martha, et eut tout d'un coup l'impression d'être si horriblement seule et loin de tout ce qu'elle comprenait et de tous ceux qui pouvaient la comprendre, qu'elle enfouit son visage dans l'oreiller et éclata en sanglots violents. Elle sanglota si désespérément que la bonne Martha en fut effrayée, et sincèrement désolée. Elle alla vers le lit et se pencha sur elle :

— Voyons ! il ne faut pas pleurer comme ça, supplia-t-elle, il ne faut pas vraiment… Je ne savais pas que vous seriez si fâchée… je ne sais rien de rien, vous avez raison. Pardonnez-moi, mademoiselle. Cessez de pleurer !

Il y avait quelque chose de cordial et de réconfortant dans sa manière d'être, et son rude parler, qui eut un bon effet sur Mary. Elle cessa peu à peu de pleurer et se calma, au grand soulagement de Martha.

— Il est temps de te lever à présent, dit celle-ci. Mrs Medlock m'a dit de t'apporter ton déjeuner, ton thé et ton dîner dans la chambre à côté. On l'a arrangée en nursery. Je t'aiderai à mettre tes habits, si tu veux sortir du lit. Si les boutons sont dans le dos, tu ne peux pas les boutonner toi-même.

Quand Mary se décida enfin à se lever, les vêtements que Martha prit dans l'armoire n'étaient pas ceux que l'enfant portait en arrivant, la veille au soir, avec Mrs Medlock.

— Ce ne sont pas les miens, dit-elle. Les miens sont noirs.

Elle regarda le manteau et la robe d'épaisse laine blanche, et daigna ajouter :

— Ceux-là sont plus jolis que les miens.

— Ce sont ceux-là que tu dois mettre, répondit Martha. Mr Craven a commandé à Mrs Medlock de les acheter à Londres. Il a dit : « Je ne veux pas qu'une enfant se promène ici habillée de noir, comme une âme en peine. Cela rendrait la maison encore plus triste. Mettez-lui de la couleur. » Mère a dit qu'elle comprenait ce qu'il voulait dire. Mère comprend toujours ce qu'on veut dire. Elle n'aime pas le noir, elle-même.

— Je déteste les choses noires, dit Mary.

La besogne de l'habillage fut instructive pour l'une et l'autre. Martha avait l'habitude de « boutonner » ses petits frères et sœurs, mais elle n'avait jamais vu d'enfant qui se tînt immobile, attendant qu'une autre personne l'habillât, comme si elle n'avait ni mains ni pieds.

— Pourquoi ne mets-tu pas tes souliers toi-même ? dit-elle quand Mary lui tendit tranquillement son pied.

— Mon *ayah* le faisait, dit Mary étonnée, c'était la coutume. Elle disait très souvent : « c'est la coutume ». Les domestiques hindous disaient toujours ça. Si on leur ordonnait de faire une chose que leurs ancêtres n'avaient pas faite pendant des milliers d'années, ils vous regardaient avec douceur et répondaient : « Ce n'est pas la coutume » et on savait que l'affaire était réglée.

« Ce n'était pas la coutume » que Madame Mary fît autre chose que de se tenir debout, et de se laisser habiller comme une poupée. Mais, avant d'être prête pour déjeuner, elle commença à entrevoir que sa nouvelle vie, au manoir de Misselthwaite, finirait par lui enseigner bon nombre de choses neuves pour elle, comme de mettre elle-même ses bas et ses souliers et de ramasser les objets qu'elle laissait tomber. Si Martha avait été la femme de chambre bien stylée de quelque belle madame, elle aurait été plus déférente et respectueuse, et aurait compris que c'était son affaire de brosser les cheveux de mademoiselle, de boutonner ses bottines, de ramasser les choses et de les ranger. Mais, ce n'était qu'une paysanne fruste, du comté d'York, élevée dans une chaumière de la lande, avec une ribambelle de petits frères et sœurs, qui n'avaient jamais songé à faire autre chose que se servir eux-mêmes et aider les petits, plus jeunes qu'eux, bébés au maillot, ou marmots apprenant à se tenir sur leurs pieds.

Et, si Mary Lennox avait été une enfant facile à amuser, elle se serait peut-être divertie du bavardage de Martha, mais Mary se contenta de l'écouter froidement, en s'étonnant de son sans-gêne. D'abord, elle ne prit aucun intérêt aux propos de la jeune servante, mais, comme celle-ci continuait à s'épancher avec simplicité et bonne humeur, Mary commença à faire attention à ce qu'elle disait.

— Ah ! je voudrais que tu les voies tous ! nous sommes douze, et mon père ne gagne que vingt francs par semaine. Je te réponds que ma mère a du mal à leur fournir de la soupe à tous ! Ils s'amusent tout le jour sur la lande, et mère dit que l'air les nourrit. Elle dit qu'elle croit qu'ils mangent l'herbe, comme les poneys sauvages. Notre Dickon, qui a douze ans, a adopté un jeune poney.

— Où se l'est-il procuré ? demanda Mary.

— Il l'a trouvé sur la lande avec sa mère, quand il était tout petit, et s'est mis à l'apprivoiser en lui donnant des morceaux de pain et de l'herbe. Et le poney s'est tellement attaché à lui qu'il le suit partout et lui permet de lui grimper sur le dos. Dickon est un bon cœur et les bêtes l'aiment.

Mary n'avait jamais possédé d'animal et avait toujours pensé qu'elle aimerait en avoir un. Elle commença donc à éprouver un léger intérêt pour Dickon et, comme jusqu'alors elle ne s'était jamais intéressée qu'à elle-même, ce fut l'aurore d'un sentiment plus sain. Quand elle entra dans la chambre qu'on lui destinait comme « nursery », elle constata que cette pièce ne différait guère de celle où elle avait couché. Ce n'était pas une chambre d'enfant, mais de grande personne avec de vieux tableaux sombres sur les murs et de lourdes chaises de chêne. Une table au milieu portait un bon déjeuner substantiel. Mais elle avait toujours eu un très petit appétit, et regarda avec plus que de l'indifférence la première assiette que Martha posa devant elle.

— Je n'en veux pas, dit-elle.

— Tu ne veux pas ton porridge ! s'écria Martha incrédule.

— Non.

— Tu ne sais pas comme c'est bon ! Mets-y un peu de mélasse et de sucre.

— Je n'en veux pas, répéta Mary.

— Eh ! dit Martha, je ne puis pas supporter de voir gaspiller de la bonne nourriture. Si nos enfants étaient là, ils feraient table-nette en cinq minutes.

— Pourquoi ? dit froidement Mary.

— Pourquoi ? répéta Martha. Parce qu'ils n'ont presque jamais eu l'estomac plein, de leur vie. Ils sont aussi affamés que de petits faucons ou de jeunes renards.

— Je ne sais pas ce que c'est que d'avoir faim, dit Mary avec l'indifférence de l'ignorance.

Martha eut l'air indigné.

— Eh bien, cela te ferait du bien d'en tâter, je vois ça clairement, dit-elle avec franchise. Je ne puis souffrir les gens qui restent assis à regarder du bon pain et de la bonne viande. Ma parole ! ce que je donnerais pour que Dickon, et Phil, et Jane, et tous les autres aient cela sous leurs blouses !

— Pourquoi ne le leur apportez-vous pas alors ? suggéra Mary.

— Ce n'est pas à moi, répondit Martha avec fermeté. Et ce n'est pas mon jour de sortie. J'en ai un par mois, comme les autres. Alors je vais à la maison, j'y fais les nettoyages pour mère et lui procure un jour de repos.

Mary but un peu de thé et mangea quelques toasts et de la marmelade.

— Enveloppe-toi bien et cours dehors t'amuser, dit Martha. Cela te fera du bien et te donnera un peu de cœur pour tes repas.

Mary alla à la fenêtre. Elle y vit des jardins, des allées, et de grands arbres, mais tout avait l'air morne et hivernal.

— Dehors ? dit-elle. Pourquoi irais-je dehors par un jour pareil ?

— Eh bien, si tu ne sors pas, il te faudra rester dedans, et qu'est-ce que tu pourras faire ?

Mary regarda autour d'elle. Il n'y avait rien à faire, en effet. Quand Mrs Medlock avait aménagé la nursery, elle n'avait pas pensé à des jouets. Il vaudrait mieux aller voir les jardins.

— Qui viendra avec moi ? demanda-t-elle.

Martha la regarda avec surprise.

— Il te faudra y aller toute seule, répondit-elle, tu seras obligée de t'amuser comme les autres enfants, qui n'ont pas de frères et sœurs. Notre Dickon s'en va bien sur la lande tout seul et s'y amuse pendant des heures. C'est ainsi qu'il a apprivoisé le poney. Il y a, sur la lande, des moutons qui le connaissent et des oiseaux qui viennent manger dans sa main. Si peu qu'il y ait à manger, il garde toujours un morceau de pain pour attirer ses protégés.

Ce fut réellement l'exemple de Dickon qui décida Mary à sortir, quoiqu'elle ne s'en doutât nullement. Il y aurait des oiseaux, dehors, à défaut de poneys et de moutons. Ils seraient différents des oiseaux des Indes, et cela pourrait l'amuser de les regarder.

Martha lui trouva son manteau, son chapeau, et une paire de solides petites bottines, et descendit avec elle.

— Si tu vas de ce côté, tu trouveras les jardins, dit-elle en lui désignant une porte dans le mur d'une pépinière. Il y a une masse de fleurs en été, mais rien n'est fleuri à présent.

Elle parut hésiter une seconde avant d'ajouter :

— Un des jardins est fermé ; personne n'y est entré depuis dix ans.

— Pourquoi ? ne put s'empêcher de demander Mary.

Encore une porte fermée outre les cent portes de l'autre maison !

— Mr Craven l'a fait fermer quand sa femme est morte si subitement. Il ne veut pas que personne y entre. C'était son jardin à elle. Il a fermé la porte et enterré la clé dans un trou. Voici la cloche de Mrs Medlock. Il faut que je me sauve.

Lorsqu'elle fut partie, Mary suivit l'allée qui conduisait à la porte de la pépinière. Elle ne pouvait s'empêcher de songer au jardin où personne n'était entré depuis dix ans. Elle se demandait dans quel état il pouvait bien être et s'il pouvait contenir encore des fleurs vivantes. Quand elle eut franchi la porte de la pépinière, elle se trouva dans de grands jardins, avec de vastes pelouses, et des allées sinueuses aux bordures taillées. Il y avait des arbres et des plates-bandes, et des feuillages verts bizarrement coupés et un grand étang, avec une vieille fontaine grise au centre. Mais les plates-bandes étaient dénudées et hivernales et la fontaine ne coulait pas. Ce n'était pas là le jardin fermé.

Comment un jardin pouvait-il être fermé ? On pouvait toujours entrer dans un jardin.

Elle était en train de se dire cela, quand elle vit qu'au bout de l'allée où elle se trouvait s'élevait un long mur couvert de lierre. Elle ne connaissait pas assez l'Angleterre pour savoir qu'elle arrivait au jardin potager, où croissaient légumes et fruits. Elle alla vers le mur, et vit qu'il y avait dans le lierre une porte ouverte. Ce n'était donc pas le jardin fermé, et elle pouvait y entrer.

Elle franchit la porte et constata que c'était un jardin enclos de murs et qu'il y avait une série de jardins semblables communiquant ensemble. Elle vit s'ouvrir une autre porte verte et, au-delà, des buissons et des allées, entre des plates-bandes où poussaient des légumes d'hiver. Des arbres fruitiers croissaient en espalier, et quelques-unes des plates-bandes portaient des toitures de verre. C'était un endroit assez nu et laid, pensa Mary en regardant autour d'elle. Cela pouvait être plus joli en été avec de la verdure mais ne présentait rien d'attrayant pour le moment.

Bientôt un vieillard, portant une bêche sur l'épaule, franchit la porte qui menait au second jardin. Il parut surpris en voyant Mary et toucha son bonnet. Il avait un vieux visage rébarbatif et ne sembla nullement charmé de la rencontrer. Il est vrai que, fort mécontente du jardin, elle avait son expression la plus « contrariée » et ne paraissait certainement pas non plus charmée de le voir.

— Qu'est-ce que c'est que cet endroit ? dit-elle.

— Un des jardins potagers.

— Qu'est-ce que c'est que ça ? dit Mary, désignant l'autre porte verte.

— Un autre, répondit le vieillard d'un ton bref. Il y en a un autre de l'autre côté du mur et ensuite il y a le verger.

— Puis-je y aller ? dit Mary.

— Si tu veux, il n'y a rien à voir.

Mary ne répondit pas. Elle suivit l'allée et trouva la seconde porte verte. Là, elle vit d'autres murs, et d'autres légumes d'hiver, protégés par du verre, mais dans le second mur, il y avait une troisième porte verte et celle-là était fermée. Peut-être introduisait-elle dans le jardin que personne n'avait vu depuis dix ans ? Comme Mary n'était nullement peureuse et faisait toujours ce qui lui plaisait, elle alla à la porte verte et tourna le loquet. Elle espérait que la porte ne s'ouvrirait pas, parce qu'elle désirait être sûre d'avoir trouvé le mystérieux jardin, mais elle s'ouvrit sans la moindre difficulté et, la franchissant, elle se trouva dans un verger. Il y avait des murs tout autour, des arbres en espalier, et d'autres arbres fruitiers, tout dénudés croissant dans l'herbe desséchée par l'hiver, mais on n'y voyait nulle part de porte verte. Mary en chercha une en vain ; cependant, quand elle était entrée par le fond du jardin elle avait remarqué que le mur ne semblait pas finir avec le verger, mais se prolonger au-delà, comme s'il entourait un enclos de l'autre côté. Elle pouvait voir le sommet des arbres au-dessus du mur et, quand elle s'arrêta, elle vit un oiseau à la poitrine écarlate, perché sur une des plus hautes branches ; soudain il entonna sa chanson d'hiver – presque comme s'il l'avait aperçue et l'appelait.

Elle resta immobile à l'écouter et, chose curieuse, son joyeux et amical petit ramage lui fit une sorte de plaisir. Même une petite fille désagréable peut se sentir solitaire, et la grande maison fermée, la vaste lande dénudée, les vastes jardins également dépouillés avaient donné à celle-ci l'impression d'être seule au monde. Si elle avait été une enfant aimante et habituée à être aimée, elle aurait pleuré de chagrin – et, quoiqu'elle fût « Madame Mary que tout contrarie », elle se sentait abandonnée : le petit oiseau à gorge pourpre fit naître sur son petit visage revêche quelque chose qui ressemblait à un sourire. Elle l'écouta jusqu'à ce qu'il s'envolât. Il ne ressemblait pas à un oiseau des Indes, il lui plaisait et elle se demandait si elle le reverrait jamais. Peut-être qu'il vivait dans le Jardin mystérieux et en connaissait tous les secrets.

Peut-être était-ce parce qu'elle n'avait rien du tout à faire qu'elle pensait tant à ce jardin abandonné. Elle en était curieuse et désirait le voir. Pourquoi Mr Archibald Craven avait-il enterré la clé ? S'il avait tant aimé sa femme, pourquoi détestait-il son jardin ?

Elle se demandait si elle le verrait jamais, lui, mais elle savait que, dans ce cas, il ne lui plairait pas, et que ce serait réciproque, et qu'elle resterait figée, à le regarder sans rien dire, quand même elle aurait une envie terrible de lui demander pourquoi il avait fait une chose si étrange.

Je ne plais pas aux gens, et les gens ne me plaisent pas, pensait-elle, et je ne puis jamais causer comme le faisaient les enfants Crawford. Ils étaient toujours à parler, à rire, et à faire du tapage.

Elle pensa au rouge-gorge et à la manière dont il semblait lui adresser sa chanson, et comme elle se rappelait la branche d'arbre où il était perché, elle s'arrêta brusquement.

— Je crois que cet arbre était dans le jardin secret ! dit-elle, il y avait un mur tout autour et pas de porte.

Elle retourna dans le premier jardin potager où elle était entrée, et trouva le vieillard en train d'y bêcher. Elle alla vers lui et resta un moment à le regarder de son petit air froid. Il fit comme s'il ne la voyait pas, aussi finit-elle par lui parler.

— J'ai été dans les autres jardins, dit-elle.

— Rien ne t'en empêche, répondit-il d'un ton bourru.

— J'ai été dans le verger.

— Il n'y avait pas de chien à la porte pour te mordre, répondit-il.

— Il n'y avait pas de porte pour entrer dans l'autre jardin, dit Mary.

— Quel jardin ? fit-il d'une voix rude, s'arrêtant un instant de bêcher.

— Celui qui est de l'autre côté du mur, répondit « Madame Mary ». Il y a des arbres, je les ai vus qui dépassaient. Un oiseau avec une gorge rouge y était perché, et il a chanté.

À sa grande surprise, le vieux visage tanné et revêche changea positivement d'expression. Un sourire s'y fit jour lentement et le jardinier ne sembla plus être la même personne. Comme cela pouvait changer quelqu'un à son avantage, un sourire ! Elle ne l'avait jamais remarqué auparavant.

Le vieux se tourna vers le verger et se mit à siffler sur un ton bas et doux. Elle avait peine à comprendre comment un homme si grincheux pouvait émettre un son aussi caressant.

Presque aussitôt une chose merveilleuse se produisit. Elle entendit un petit bruissement d'ailes dans les airs : c'était l'oiseau à la gorge rouge qui volait vers eux, et il se percha – oui, vraiment ! – sur une grosse motte de terre, tout près du pied du jardinier.

— Le voilà ! dit en riant le vieillard, et il se mit à parler à l'oiseau comme il aurait parlé à un enfant. Où as-tu été, petit effronté ? Je ne t'ai pas encore vu aujourd'hui. As-tu commencé à faire ta cour si tôt dans la saison ? Tu es trop pressé !

L'oiseau inclina sa petite tête et le regarda de son œil doux et luisant, qui semblait une goutte de rosée noire. Il paraissait tout à fait apprivoisé, et sans crainte aucune. Il sautillait et becquetait la terre, cherchant des graines et des insectes. Il éveillait dans le cœur de Mary un drôle de sentiment : il était si joli, si gai, et semblait tellement être une personne ! Il avait un petit corps rebondi, un bec délicat, et des pattes fines et élégantes.

— Vient-il toujours quand vous l'appelez ? demanda-t-elle presque en un murmure.

— Oui ! bien sûr ! je l'ai connu tout petit. Il est sorti du nid dans l'autre jardin, et la première fois qu'il a volé par-dessus le mur, il était trop faible pour retourner de l'autre côté et nous sommes devenus amis. Quand il a pu voler de nouveau jusqu'à son nid, le reste de la couvée était parti, il était solitaire, et il est revenu vers moi.

— Quelle sorte d'oiseau est-ce ? demanda Mary.

— Ne le sais-tu pas ? C'est un rouge-gorge et c'est l'oiseau le plus familier et le plus curieux qui existe. Presque aussi familier qu'un chien, si on sait s'y prendre. Regarde-le becqueter et tourner la tête de temps en temps vers nous. Il sait que nous parlons de lui.

Le vieux regardait le petit oiseau au gilet rebondi avec un mélange de fierté et de tendresse.

— Il est vaniteux, dit-il en riant. Il aime entendre les gens parler de lui. Et curieux ! Ma parole ! il n'a jamais eu son pareil pour se mêler de tout ! Il veut toujours voir ce que je plante. Il sait toutes les choses dont Mr Craven ne se soucie pas de s'informer. Il est le jardinier en chef, tout simplement !

Le rouge-gorge sautillait d'un air affairé, becquetant le sol, et s'arrêtant de temps en temps pour les regarder. Mary pensa que ses yeux noirs et luisants l'observaient avec curiosité. Il semblait vraiment l'examiner en détail. L'étrange sentiment qui s'insinuait dans son cœur s'accentua.

— Où s'est enfui le reste de la couvée ? demanda-t-elle.

— On ne peut pas savoir ! Les vieux les chassent du nid, et les forcent à voler et ils sont dispersés en un clin d'œil. Celui-ci était un malin, et il a compris qu'il restait solitaire.

Madame Mary fit un pas vers le rouge-gorge et le regarda fixement.

— Moi aussi, je suis solitaire, dit-elle.

Elle ne s'était pas doutée auparavant que c'était là une des raisons qui la rendaient maussade et grincheuse. Il semblait qu'elle le découvrît en regardant le rouge-gorge qui la regardait.

Le vieux jardinier repoussa son bonnet sur sa tête chauve et la dévisagea un instant.

— Es-tu la petite demoiselle des Indes ? demanda-t-il.

Mary fit un signe de tête.

— Alors ce n'est pas étonnant que tu sois solitaire. Tu n'en as pas fini ! dit-il.

Il recommença à bêcher, enfonçant sa pioche dans la riche terre noire du jardin, tandis que le rouge-gorge sautillait, toujours très affairé.

— Comment vous appelez-vous ? interrogea Mary.

Il se redressa pour lui répondre :

— Ben Weatherstaff, fit-il.

Et il ajouta avec un rire bref :

— Je suis solitaire, moi aussi, excepté quand il est avec moi (et son pouce indiqua le rouge-gorge). C'est le seul ami que je possède.

— Moi, je n'ai pas d'amis du tout, dit Mary. Mon *ayah* ne m'aimait pas, et je n'ai jamais joué avec personne.

C'est l'habitude dans le comté d'York de dire ce qu'on pense avec une rude franchise et le vieux Ben était un homme de la lande.

— Toi et moi, nous nous ressemblons assez, dit-il. Nous sommes taillés dans la même étoffe – pas beaux, et pas plus aimables que beaux. Nous avons le même fichu caractère, j'en réponds.

C'était là un langage sans fard, et Mary Lennox ne s'était jamais entendu dire pareilles vérités. Les domestiques indigènes vous faisaient des *salaam* et vous obéissaient servilement. Elle n'avait jamais beaucoup songé à son extérieur, mais elle se demanda si elle était aussi peu attrayante que Ben Weatherstaff, et si elle avait l'air aussi maussade qu'il lui avait paru avant l'arrivée du rouge-gorge. Elle commença même à se demander si elle avait « un fichu caractère ». Et elle en ressentit quelque malaise.

Tout à coup, un son léger, musical et cristallin, se fit entendre tout près d'elle, et elle se retourna. Elle était debout, à quelques pas d'un jeune pommier, et le rouge-gorge avait volé sur une des branches de l'arbre et entonné une petite chanson. Ben Weatherstaff éclata de rire.

— Pourquoi a-t-il fait cela ? demanda Mary.

— Il a décidé de faire ta connaissance répliqua Ben, je veux être pendu s'il ne t'a pas prise en amitié.

— Moi ! dit Mary, et elle s'avança doucement vers l'arbre et leva les yeux. Veux-tu être mon ami ? dit-elle au rouge-gorge, tout comme si elle parlait à une personne. Veux-tu ?

Elle ne dit pas cela de sa petite voix sèche, ni de sa voix péremptoire des Indes, mais d'un ton si doux, si plein de désir et de caresses, que Ben Weatherstaff en fut aussi saisi qu'elle l'avait été elle-même en l'entendant siffler.

— Ma foi ! s'écria-t-il, tu as dit cela d'une façon aussi gentille et aussi humaine que si tu étais une vraie enfant, et non une vieille femme anguleuse. Tu l'as dit presque comme Dickon parle à ses bêtes sauvages sur la lande.

— Vous connaissez Dickon ? demanda Mary se retournant vers lui assez brusquement.

— Tout le monde le connaît ! Dickon se promène partout. Les ronces et les bruyères même le connaissent. Je parierais que les renards lui montrent où sont leurs petits, et que les alouettes ne lui cachent pas leurs nids.

Mary aurait aimé lui poser d'autres questions sur Dickon. Elle était presque aussi curieuse de lui que du jardin abandonné. Mais, juste à ce moment-là, le rouge-gorge, qui avait fini sa chanson, secoua ses ailes, les déploya et s'envola. Il avait aussi fini sa visite et avait d'autres choses à faire.

— Il a volé par-dessus le mur ! cria Mary, le suivant des yeux. Il a volé dans le verger, il a volé par-dessus l'autre mur, dans le jardin où il n'y a pas de porte !

— C'est là qu'il demeure, dit Ben, c'est là qu'il est sorti du nid. S'il fait sa cour, c'est à quelque jeune Madame Rouge-gorge, qui demeure parmi les rosiers.

— Les rosiers ! dit Mary, est-ce qu'il y a des rosiers ?

Ben Weatherstaff reprit sa pioche et se mit à bêcher.

— Il y en avait il y a dix ans, marmotta-t-il.

— J'aimerais les voir, dit Mary. Où est la porte verte ? Il doit y avoir une porte quelque part.

— Il y en avait une, il y a dix ans, mais il n'y en a plus maintenant, dit Ben.

— Pas de porte ! cria Mary, il doit y en avoir une !

— Il n'y en a pas que l'on puisse trouver ni qui regarde personne. Ne sois pas une touche à tout qui fourre son nez là où il n'a rien à voir. Allons ! il faut que je continue mon travail. File et va jouer, je n'ai plus de temps.

Et il cessa pour de bon de bêcher, jeta sa pioche sur son épaule et s'en alla sans même la regarder ni lui dire adieu.

5

Quelqu'un pleure

D'abord chaque jour qui s'écoulait ressembla exactement, pour Mary Lennox, à ceux qui l'avaient précédé. Chaque matin elle s'éveillait dans sa chambre à tapisseries, et voyait Martha agenouillée devant le foyer, préparant son feu, chaque matin elle mangeait son déjeuner dans la nursery, où il n'y avait rien pour s'amuser et, après le déjeuner, elle regardait par la fenêtre la vaste lande qui semblait s'étendre à l'infini de tous côtés, et monter jusqu'au ciel et, après l'avoir contemplée quelque temps, elle se rendait compte que, si elle ne sortait pas, il lui faudrait rester dans la maison à ne rien faire. Alors elle se décidait à sortir. Elle ne savait pas que rien ne pouvait être meilleur pour elle et, lorsqu'elle commença à marcher rapidement et même à courir dans les allées et le long de l'avenue, elle ne savait pas qu'elle mettait en circulation son sang paresseux et se fortifiait en luttant contre le vent qui soufflait de la lande. Elle ne courait que pour se réchauffer et elle détestait le vent qui lui fouettait la figure, et rugissait, et l'empêchait d'avancer comme quelque géant invisible. Mais les fortes bouffées d'air rude et frais qui avait passé sur la bruyère remplissaient ses poumons, chargées d'une vertu bienfaisante pour tout son petit corps fluet, coloraient ses joues pâles, et faisaient briller ses yeux ternes, sans qu'elle s'en doutât le moins du monde.

Au bout de quelques jours passés presque entièrement au grand air, elle s'éveilla un matin, sachant ce que c'était que d'avoir faim et, quand elle s'assit devant son déjeuner, elle ne regarda pas avec dédain son porridge : au lieu de le repousser, elle prit sa cuillère et se mit à le manger, et continua jusqu'à ce que son assiette fût vide.

— Tu t'en es assez bien tirée ce matin, pas vrai ? dit Martha.

— Ça a bon goût aujourd'hui, dit Mary, non sans quelque surprise.

— C'est l'air de la lande qui te donne de l'estomac pour ta nourriture, répondit Martha. C'est heureux pour toi que tu aies de la nourriture en même temps que de l'appétit. Il y en a douze dans notre chaumière qui ont un estomac et peu à y mettre. Continue à jouer dehors tous les jours et tu auras un peu de chair sur les os et tu ne seras plus si jaune.

— Je ne joue pas, dit Mary, je n'ai rien avec quoi jouer.

— Rien avec quoi jouer ! s'écria Martha. Nos enfants jouent avec des bâtons et des pierres, ou bien ils courent, tout simplement, et crient, et regardent autour d'eux.

Mary ne criait pas, mais elle regardait autour d'elle. Elle ne voyait rien d'autre à faire. Elle faisait et refaisait le tour des jardins et errait dans les sentiers du parc. Quelquefois elle regardait Ben Weatherstaff travailler, mais, bien qu'elle le vît assez souvent, il était trop occupé, ou trop maussade, pour faire attention à elle. Une fois, comme elle s'avançait vers lui, il prit sa pioche et s'éloigna, tout exprès pour l'éviter apparemment.

Il y avait un endroit où elle allait plus souvent qu'à aucun autre. C'était l'allée qui longeait les jardins enclos de murs. Il y avait des plates-bandes dénudées de chaque côté et contre le mur le lierre croissait en masse. Il y avait une partie du mur où les feuilles vert sombre formaient un tapis plus épais. Il semblait que cette partie eût été longtemps négligée. Le reste avait été taillé et soigné, mais au fond de cette allée, le lierre n'avait pas été touché.

Quelques jours après sa conversation avec Ben Weatherstaff, Mary s'arrêta pour observer ce phénomène, se demandant quelle en était la raison. Juste à ce moment-là, et comme elle regardait un long rameau de lierre balancé par le vent, elle vit une tache écarlate et entendit une joyeuse roulade : là-haut, sur le sommet du mur était perché le rouge-gorge de Ben Weatherstaff, se penchant pour la regarder, la tête inclinée.

— Ah ! cria-t-elle, c'est toi, c'est toi !

Elle ne voyait rien de bizarre à lui parler comme si elle était sûre qu'il comprendrait et répondrait.

Il lui répondit en effet. Il se mit à pépier et gazouiller et sautiller le long du mur comme s'il lui racontait toutes sortes de choses. Il semblait à Madame Mary qu'elle le comprenait aussi, quoiqu'il ne lui parlât pas en paroles. Il semblait dire :

— Bonjour, n'est-ce pas que le vent est agréable ? N'est-ce pas que tout est agréable ? Si nous nous mettions à sautiller et pépier et gazouiller ensemble ? Allons-y ! Allons-y !

Mary se mit à rire et, comme il sautillait et volait le long du mur, elle lui courut après. Pauvre petite Mary si maigre, si jaune et si vilaine ! elle était presque jolie à ce moment-là !

— Je t'aime, je t'aime ! criait-elle en trottant dans l'allée, et elle imitait les pépiements de l'oiseau et essayait de siffler, ce dont elle était tout à fait incapable.

Enfin, il déploya ses ailes, et s'élança, d'un vol rapide, au sommet d'un arbre, où il se pencha en chantant à plein gosier.

Cela rappela à Mary leur première rencontre. L'oiseau était également perché sur le sommet d'un arbre, et elle debout dans le verger. À présent, elle se trouvait de l'autre côté du verger, debout dans l'allée qui longeait un mur, bien plus loin, et elle apercevait le même arbre à l'intérieur.

— C'est le jardin où personne ne peut entrer, se dit-elle. C'est le jardin sans porte. Il y demeure. Comme j'aimerais le voir !

Elle courut le long de l'allée, jusqu'à la porte verte par laquelle elle était entrée le premier matin, puis entra dans le verger et, quand elle s'arrêta et leva les yeux, elle revit l'arbre, de l'autre côté du mur et le rouge-gorge qui finissait sa chanson et se mettait en devoir de lustrer ses plumes avec son bec.

— C'est le jardin ! dit-elle, j'en suis sûre !

Elle inspecta soigneusement ce côté du mur du verger, mais pour arriver à la même constatation que la première fois : il n'y avait pas de porte. Alors elle retraversa en courant les jardins potagers et suivit l'allée extérieure qui longeait le mur couvert de lierre, mais il n'y avait pas de porte : elle eut beau chercher, elle n'en trouva aucune.

— C'est très bizarre, dit-elle. Ben Weatherstaff a dit qu'il n'y avait pas de porte, et je n'en vois point, en effet, mais il a dû y en avoir une, il y a dix ans, puisque Mr Craven a enterré la clé.

Ceci lui donna tant à penser qu'elle commença à éprouver une vive curiosité, et elle cessa de regretter d'être venue au manoir de Misselthwaite. Aux Indes elle avait toujours trop chaud et se sentait trop lasse pour se soucier de rien. Le fait est que le vent frais de la lande avait commencé à lui fouetter le sang et à éveiller son petit cerveau engourdi.

Elle resta dehors presque tout le jour ; quand elle s'assit pour souper, le soir, elle avait faim et sommeil, et se sentait bien. Elle ne ressentit aucune mauvaise humeur quand Martha se mit à bavarder. Au contraire, elle l'écouta avec plaisir et finit par avoir envie de lui poser une question. Elle le fit lorsqu'elle eut fini son souper et s'assit sur le tapis devant le feu.

— Pourquoi Mr Craven détestait-il le jardin ? demanda-t-elle.

Elle avait retenu Martha auprès d'elle et celle-ci ne s'était pas fait prier. Elle était très jeune, habituée à la chaumière pleine de jeunes frères et sœurs, et elle s'ennuyait dans le grand hall en bas, où les laquais et les premières femmes de chambre se moquaient de son parler rustique et la regardaient comme une vulgaire paysanne, et chuchotaient entre eux. Martha aimait à causer, et la singulière petite fille qui avait vécu aux Indes, servie par des Noirs, lui inspirait un naïf intérêt.

Elle s'assit aussi sur le tapis sans attendre d'y être invitée.

— Tu penses encore à ce jardin ? dit-elle, j'en étais sûre. C'est ce qui m'est arrivé la première fois que j'en ai entendu parler.

— Pourquoi le détestait-il ? insista Mary.

Martha replia ses pieds sous elle et s'installa confortablement.

— Écoute le vent qui gémit, dit-elle, on pourrait à peine tenir debout sur la lande ce soir.

Mary écouta : elle entendit une sorte de hurlement rauque et lugubre tout autour de la maison, comme si un géant invisible l'assiégeait, battant les murs et les fenêtres pour essayer d'y pénétrer. Mais elle savait qu'il ne pouvait pas entrer ; cette certitude lui donnait une sensation de sécurité et de chaleur, dans cette chambre bien close, où brûlait un bon feu de charbon.

— Mais pourquoi le détestait-il ainsi ? demanda-t-elle après avoir écouté.

Si Martha savait, elle entendait savoir aussi. Alors Martha n'y tint plus :

— Écoute bien, dit-elle : Mrs Medlock dit qu'il ne faut pas en parler. Il y a une masse de choses dans cette maison dont il ne faut pas parler. C'est l'ordre de Mr Craven. Il dit que ses chagrins ne regardent pas les domestiques. Sans le jardin il ne serait pas comme il est. C'était le jardin de Mrs Craven ; elle l'avait fait faire quand ils se sont mariés et elle l'adorait ; ils y soignaient les fleurs eux-mêmes. Ils y allaient tous les deux, ils fermaient la porte, et ils restaient des heures et des heures à causer. Elle était toute jeune et frêle, et il y avait un vieil arbre avec une branche qui formait comme un siège. Elle y avait fait grimper des roses et s'y asseyait. Mais un jour la branche a cassé, et elle est tombée, et s'est fait tant de mal que, le lendemain, elle est morte. Les docteurs ont cru qu'il deviendrait fou, qu'il mourrait aussi, c'est pour cela qu'il déteste tant ce jardin. Personne n'y est entré depuis, et il ne veut pas que personne en parle.

Mary ne posa plus de questions, et elle écouta le vent gémir, plus lamentablement que jamais, lui sembla-t-il.

À ce moment-là, une chose très heureuse lui advenait. Quatre choses très heureuses lui étaient advenues en réalité, depuis son arrivée au manoir. Il lui avait semblé qu'elle comprenait un rouge-gorge et qu'il la comprenait aussi. Elle avait couru à l'encontre du vent qui lui réchauffait le sang. Elle avait eu faim pour la première fois de sa vie, et elle avait appris à plaindre quelqu'un. Elle était en progrès.

Mais, tandis qu'elle écoutait le vent, elle se prit à écouter quelque chose d'autre. Elle ne savait pas ce qu'était ce son-là, parce que d'abord elle ne pouvait le distinguer du vent. C'était étrange : il semblait presque qu'un enfant pleurait quelque part. Quelquefois, le vent faisait bien à peu près le même bruit qu'un enfant qui pleure, mais Madame Mary ne tarda pas à être convaincue que ce son venait de la maison, et non du dehors. Elle se retourna et regarda Martha.

— Entendez-vous quelqu'un pleurer ? dit-elle.

Martha parut soudain embarrassée.

— Non, répondit-elle. C'est le vent. Quelquefois on dirait que quelqu'un est perdu sur la lande et se lamente. Le vent fait toutes sortes de bruits.

— Mais, écoutez, dit Mary, cela vient de la maison, du fond de ces longs corridors.

Et, à ce moment même, quelqu'un dut ouvrir une porte, en bas, car un violent courant d'air souffla dans le couloir, et la porte de la chambre où elles se trouvaient s'ouvrit avec fracas. Comme elles se levaient toutes deux d'un bond, la lumière s'éteignit, et la plainte arriva du corridor lointain, plus distinctement que jamais.

— Là ! cria Mary, je vous l'avais bien dit, c'est quelqu'un qui pleure, et ce n'est pas une grande personne.

Martha courut fermer la porte et tourna la clé. Mais, avant qu'elle eût pu le faire, toutes deux avaient entendu le bruit d'une porte qui se refermait violemment dans quelque lointain couloir, puis tout se tut, car le vent lui-même cessa de gémir pendant quelques instants.

— C'était le vent, dit obstinément Martha, ou alors c'était la petite Betsy qui aide à la cuisine. Elle a eu mal aux dents tout le jour.

Mais il y avait quelque chose de trouble et d'embarrassé dans son attitude, et Mary la regarda fixement : elle ne croyait pas que Martha dît la vérité.

6

Quelqu'un pleurait ! J'en suis sûre !

Le jour suivant, la pluie tombait de nouveau à torrents et, quand Mary regarda par la fenêtre, la lande disparaissait presque sous la brume grise et derrière les nuages. Il ne pouvait être question de sortir.

— Que faites-vous dans votre chaumière quand il pleut ainsi ? demanda-t-elle à Martha.

— Chacun pense à se garer des pieds des autres, d'abord, répondit Martha. Ah ! dans ces moments-là on sent que ça grouille ! Mère est une femme patiente, mais elle en perd presque la tête ! Les plus grands vont jouer sous le hangar. Dickon, lui, se moque de la pluie. Il sort, tout comme si le soleil brillait. Il dit que, les jours de pluie, il voit des créatures qui ne se montrent pas quand il fait beau. Une fois, il a trouvé un petit renardeau à moitié noyé dans son trou et il l'a rapporté chez nous, bien au chaud dans sa poitrine. Sa mère avait été abattue tout près de là, le trou était inondé, et les autres petits morts. Il l'a encore à la maison. Une autre fois, il a trouvé une petite corneille aussi à moitié noyée, et il l'a encore apportée chez nous, et l'a apprivoisée. Nous l'appelons Suie, parce qu'elle est toute noire ; elle le suit partout, en voletant et en sautillant.

Mary avait maintenant tout à fait cessé de s'offusquer du bavardage de Martha. Elle commençait même à s'y intéresser et à le rechercher. Les histoires que lui contait son *ayah*, quand elle demeurait aux Indes, étaient très différentes de celles que Martha avait à raconter, au sujet de la chaumière de la lande, où quatorze personnes habitaient dans quatre petites chambres, et n'avaient jamais tout à fait assez à manger. Les enfants s'y amusaient bien, semblait-il, et s'y roulaient ensemble, avec la rudesse et la bonne humeur d'une portée de jeunes chiens. Mary se sentait surtout attirée vers la mère, et vers Dickon. Quand Martha racontait ce que « mère » avait dit ou avait fait, son histoire avait toujours quelque chose de savoureux.

— Si j'avais un corbeau ou un petit renard, je pourrais jouer avec, dit Mary, je n'ai rien.

Martha sembla perplexe.

— Sais-tu tricoter ? demanda-t-elle.

— Non, répondit Mary.

— Sais-tu coudre ?

— Non.

— Sais-tu lire ?

— Oui.

— Alors pourquoi ne lis-tu pas quelque chose et n'apprends-tu pas un peu d'orthographe ! Tu es assez âgée maintenant pour lire dans les livres.

— Je n'en ai pas, dit Mary. Ceux que j'avais sont restés aux Indes.

— C'est dommage ! dit Martha. Si Mrs Medlock te permettait d'aller dans la bibliothèque, tu en aurais, là, des milliers de livres !

Mary ne demanda pas où se trouvait la bibliothèque, parce qu'elle eut une subite inspiration : elle résolut de la découvrir elle-même. Elle ne s'inquiétait nullement de Mrs Medlock. Celle-ci semblait se tenir toujours confinée dans la confortable chambre qui lui était réservée, au rez-de-chaussée. Dans cette étrange maison on ne voyait presque personne. En réalité il n'y avait personne à voir que les domestiques et, quand leur maître était absent, ceux-ci menaient joyeuse vie dans la vaste cuisine ornée d'étain et de cuivre reluisant et dans leur grand hall, où quatre ou cinq repas copieux se consommaient journellement et où l'on ne se faisait pas faute de se divertir bruyamment dès que Mrs Medlock avait le dos tourné.

Les repas de Mary lui étaient ponctuellement montés, Martha la servait, mais personne ne s'occupait d'elle le moins du monde. Mrs Medlock venait jeter un coup d'œil sur elle tous les deux jours environ, mais personne ne s'inquiétait de ce qu'elle faisait ni ne lui ordonnait de faire quoi que ce fût. Elle supposait que c'était là la façon anglaise de traiter les enfants.

Aux Indes elle était toujours flanquée de son *ayah*, qui la suivait partout, et la servait sans cesse. Elle était souvent lasse de sa société. Maintenant, personne ne la suivait, et elle était en train d'apprendre à s'habiller seule parce que Martha avait l'air de la trouver ridicule, stupide même quand elle se faisait apporter et mettre ses effets.

— N'as-tu pas ton bon sens ? dit-elle, un jour que Mary l'avait attendue pour se faire mettre ses gants. Notre Susan est deux fois plus dégourdie que toi et elle n'a que quatre ans. On dirait quelquefois que tu es simple.

Madame Mary avait gardé pendant une heure, après ce colloque, sa mine la plus « contrariée » et maussade, mais cet incident ne l'enrichit pas moins de plusieurs idées tout à fait neuves.

Ce matin-là, elle resta à la fenêtre environ dix minutes après que Martha eut nettoyé l'âtre pour la dernière fois avant de descendre. Elle méditait l'idée qui lui était venue à l'esprit quand elle avait entendu parler de la bibliothèque. Elle ne se souciait pas beaucoup des livres eux-mêmes car elle en connaissait fort peu, mais elle s'était rappelée soudain les cent chambres fermées. Elle se demandait si elles étaient toutes vraiment fermées à clé et ce qu'elle y verrait si elle pouvait entrer dans quelqu'une de ces pièces. Est-ce qu'il y en avait vraiment cent ? Pourquoi n'irait-elle pas voir combien de portes elle pourrait compter ? Ce serait une occupation pour cette matinée puisqu'on ne pouvait pas sortir. On ne lui avait jamais enseigné à demander une permission quelconque et elle n'avait jamais connu aucune autorité. Aussi n'eût-elle pas jugé nécessaire de demander à Mrs Medlock si elle pouvait explorer la maison, même si elle eût rencontré la femme de charge.

Elle ouvrit la porte de la chambre, passa dans le corridor et commença son voyage. C'était un long corridor qui aboutissait à d'autres couloirs et qui la conduisit à de petits escaliers, ceux-ci la menant à d'autres passages encore. Il y avait des portes et des portes, et des tableaux aux murs. Quelquefois ceux-ci représentaient des paysages étranges et sombres, mais le plus souvent c'étaient des portraits : des hommes et des femmes revêtus de costumes étranges et somptueux, en satin et en velours. Elle se trouva dans une longue galerie dont les murs étaient couverts de ces portraits. Elle n'aurait jamais cru qu'il pût y en avoir autant dans une seule maison. Elle traversa lentement la galerie, regardant fixement les figures qui semblaient la regarder aussi. Il lui semblait qu'ils se demandaient ce qu'une petite fille venue des Indes pouvait bien faire dans leur maison. Certains tableaux représentaient des enfants : de petites filles en robes d'épais satin, qui leur descendaient jusqu'aux pieds et se tenaient raides autour d'elles, et des petits garçons avec des manches bouffantes, des cols de dentelle et de longs cheveux, ou avec de grandes ruches, autour du cou. Elle s'arrêta pour regarder les enfants, se demandant comment ils s'appelaient, où ils étaient allés, pourquoi ils portaient des vêtements si singuliers. Il y avait une petite fille raide et sans attraits qui lui ressemblait un peu. Elle portait une robe de brocart vert et tenait sur son doigt un perroquet vert. Ses yeux avaient un regard perçant et bizarre.

— Où demeures-tu à présent ? dit Mary à haute voix. Je voudrais que tu sois ici.

Jamais assurément aucune petite fille ne passa si étrange matinée. On eût dit que rien ne vivait dans l'immense maison pleine de recoins et de détours que la petite personne qui montait et descendait les escaliers, traversait des corridors larges ou étroits, où il lui semblait que nul autre n'avait jamais passé. Puisqu'on avait bâti tant de chambres, des gens avaient dû les habiter, mais tout cela semblait si vide qu'elle avait peine à le croire.

Ce ne fut que lorsqu'elle eut grimpé au second étage qu'elle songea à tourner le loquet d'une porte. Toutes les portes étaient fermées, comme l'avait dit Mrs Medlock.

Pourtant, à la fin, elle mit la main sur un loquet qu'elle fit tourner. Elle eut presque peur en constatant que ce loquet-là jouait sans peine, et lorsqu'elle poussa la porte, celle-ci s'ouvrit lentement, pesamment. C'était une porte massive qui introduisait dans une grande chambre à coucher. Il y avait des draperies brodées sur les murs et, dans la pièce, des meubles incrustés comme elle en avait vu aux Indes. Une large fenêtre à panneaux plombés donnait sur la lande et, au-dessus de la cheminée, il y avait un autre portrait de la petite fille raide et sans attraits, qui semblait la regarder avec plus de curiosité que jamais.

— Peut-être qu'elle couchait ici, dit Mary. Elle me dévisage tellement que cela me gêne.

Après cela, elle ouvrit d'autres portes, et d'autres encore. Elle vit tant de chambres qu'elle commença à se sentir très lasse et à se dire qu'il devait bien y en avoir cent, quoiqu'elle ne les eût pas comptées. Dans toutes il y avait de vieux tableaux et des tapisseries représentant des scènes étranges. Et, dans presque toutes, il y avait des meubles curieux et des ornements bizarres.

Dans une certaine chambre, qui semblait être le salon d'une dame, toutes les draperies étaient de velours brodé et, dans une vitrine, il y avait environ une centaine de petits éléphants en ivoire. Ils étaient de dimensions différentes, quelques-uns portant, sur le dos, leur *mahout*, ou palanquin. Quelques-uns étaient bien plus gros que les autres et certains si petits qu'ils semblaient des bébés éléphants. Mary avait vu aux Indes de l'ivoire sculpté et elle connaissait bien les éléphants. Elle ouvrit la porte de la vitrine et, debout sur un tabouret, joua longtemps avec ceux-ci. Quand elle en eut assez, elle les remit en place et referma la vitrine.

Dans toutes ses pérégrinations à travers les longs corridors et les chambres vides, elle n'avait rien vu de vivant. Mais ici, comme elle venait de refermer la porte de la vitrine, elle entendit comme un léger bruissement. Cela la fit tressaillir, et elle se tourna vers le sofa d'où semblait venir le son. Dans le coin du sofa, il y avait un coussin recouvert de velours, et dans le velours, il y avait un trou, et de ce trou émergeait une toute petite tête avec des yeux effarés.

Mary traversa doucement la chambre pour mieux voir. Les yeux brillants appartenaient à une petite souris grise et cette souris avait mangé un peu du velours du coussin pour y faire un nid confortable. Six souriceaux endormis étaient blottis contre elle. S'il n'y avait personne d'autre de vivant dans les cent chambres, il y avait sept souris qui ne semblaient pas s'ennuyer le moins du monde.

— Si je ne craignais pas de leur faire peur, je les emporterais avec moi, dit Mary.

Elle avait erré assez longtemps pour se sentir fatiguée et voulut s'en retourner. Deux ou trois fois, elle se perdit en se trompant de couloir. Elle fut obligée de remonter et de redescendre jusqu'à ce qu'elle eût trouvé le bon, mais, à la fin, elle se retrouva au premier étage, quoiqu'à une certaine distance de sa propre chambre, elle ne savait au juste où.

— Je crois que je me suis de nouveau trompée, dit-elle, s'arrêtant à un endroit qui semblait être le bout d'un petit corridor aux murs couverts de tapisserie. Je ne sais où aller ! comme tout est silencieux !

Ce fut à cet endroit, et comme elle venait de dire cela, que le silence fut troublé. On entendait de nouveau une plainte mais un peu différente de celle qu'elle avait perçue la veille au soir : un gémissement bref et irrité.

— C'est plus près, cette fois, dit Mary dont le cœur battait un peu plus vite. Et c'est bien quelqu'un qui pleure.

Elle mit la main sans le vouloir sur la tapisserie près d'elle, et recula d'un bond, toute saisie. La tapisserie recouvrait une porte qui s'ouvrit, lui révélant que le corridor continuait, et que Mrs Medlock s'avançait vers elle, avec son trousseau de clés, l'air très mécontent.

— Que faites-vous ici ? dit-elle.

Et elle prit Mary par le bras et l'entraîna.

— Qu'est-ce que je vous ai dit ?

— Je me suis trompée de chemin, expliqua Mary. Je ne savais pas où aller, et j'ai entendu quelqu'un pleurer.

Elle détestait Mrs Medlock à ce moment-là, mais elle la détesta plus encore l'instant d'après.

— Vous n'avez rien entendu de pareil, dit la femme de charge. Retournez à votre nursery, ou je vous gifle.

Elle la prit par le bras et, tantôt la poussant, tantôt la traînant presque, lui fit monter un couloir et en descendre un autre, jusqu'à ce qu'elle atteignît la chambre de la petite fille, où elle la jeta.

— Maintenant, lui dit-elle, restez là où on vous a dit de rester, ou on vous enfermera. Le maître ferait mieux de vous donner une gouvernante, comme il avait dit. Vous avez besoin qu'on vous surveille de près, et j'ai autre chose à faire.

Elle sortit de la chambre en claquant la porte. Mary alla s'asseoir sur le tapis devant le feu, pâle de rage. Elle ne pleurait pas, mais grinçait des dents.

C'était quelqu'un qui pleurait, j'en suis sûre, se dit-elle.

Deux fois elle avait entendu cette plainte et, un jour ou l'autre, elle découvrirait d'où cela venait. Elle avait découvert beaucoup de choses ce matin-là. Il lui semblait avoir fait un long voyage. En tout cas, elle avait eu de quoi s'amuser tout le temps : elle avait joué avec les éléphants d'ivoire, et avait vu la souris grise et ses souriceaux dans leur nid, à l'intérieur du coussin de velours.

7

La clé du jardin

Deux jours plus tard, quand Mary ouvrit les yeux, elle s'assit immédiatement dans son lit et appela Martha.

— Regardez la lande ! regardez la lande !

L'orage était fini, la brume grise et les nuages avaient été balayés par le vent pendant la nuit. Le vent lui-même avait cessé et un ciel radieux, d'un bleu profond, s'élevait au-dessus de la lande.

Aux Indes le ciel était ardent et comme embrasé ; celui-ci était d'un bleu à la fois intense et limpide et semblait scintiller comme les eaux d'un beau lac insondable ; çà et là, bien haut, bien haut dans la voûte azurée, flottaient de petits nuages comme une toison neigeuse.

Les lointains de la lande elle-même semblaient d'un bleu doux, et non plus d'un violet sombre, ni d'un gris morne et accablant.

— Oui ! dit Martha avec un joyeux sourire. L'orage a passé pour le moment. C'est ce qui arrive dans cette saison. Ça s'en va en une nuit comme si ça n'avait jamais existé et ne songeait plus à revenir. C'est parce que le printemps approche. Il est encore loin, mais il approche.

— Je pensais que peut-être il pleuvait toujours ou qu'il faisait toujours sombre en Angleterre, dit Mary.

— Que non ! dit Martha, assise sur ses talons parmi ses brosses noires. Jamais de la vie ! Le comté d'York est le pays le plus ensoleillé du monde quand il y a du soleil. Je t'ai dit que tu aimerais bientôt la lande. Attends de voir les fleurs dorées des ajoncs, et celles du genêt, et des centaines de papillons voltigeant, et d'alouettes qui planent en chantant. Tu auras envie d'aller les voir au lever du soleil et de vivre au milieu d'eux tout le jour, comme notre Dickon !

— Est-ce que je pourrai jamais y aller ? dit Mary rêveuse, regardant à travers la fenêtre le bleu lointain.

C'était si nouveau, si grand, si merveilleux, et d'une couleur céleste.

— Je ne sais pas, répondit Martha. Tu ne t'es jamais servie de tes jambes depuis que tu es née, il me semble. Tu ne pourrais pas faire huit kilomètres à pied. Notre chaumière est à huit kilomètres d'ici.

— J'aimerais voir votre chaumière !

Martha la dévisagea un instant avec curiosité avant de reprendre la brosse et de recommencer à frotter la grille. Elle se disait que la petite figure, si maussade à leur première rencontre, semblait un peu plus attrayante à ce moment-là. Elle avait un peu l'expression de la petite Susan quand celle-ci avait très envie de quelque chose.

— J'en parlerai à mère, dit-elle. C'est une de ces personnes qui trouvent presque toujours le moyen d'arranger les choses. C'est mon jour de sortie et je vais chez nous. Ce que je suis contente ! Mrs Medlock aime beaucoup mère. Mère pourrait peut-être lui en parler.

— Votre mère me plaît, dit Mary.

— Je pense bien ! dit Martha, continuant à frotter vigoureusement.

— Je ne l'ai jamais vue ! dit Mary.

— Non, c'est vrai, dit Martha.

Elle s'assit de nouveau sur ses talons et se frotta le bout du nez du revers de la main, d'un air un peu perplexe, mais conclut avec assurance :

— Elle est si sensée, si active, si bonne et si soigneuse que personne ne peut s'empêcher de l'aimer, qu'on l'ait vue ou non. Quand je vais la voir chez nous, mon jour de sortie, je saute de joie en traversant la lande.

— J'aime aussi Dickon, dit Mary, et je ne l'ai jamais vu.

— Eh bien, dit Martha avec force, ne t'ai-je pas dit que les oiseaux eux-mêmes l'aiment, et les lapins, et les moutons sauvages, et les poneys, et même les renards. Je me demande (elle la regarda d'un air pensif) ce que Dickon dirait de toi.

— Il ne m'aimerait pas, dit Mary, de son petit air raide et froid. Je ne plais à personne.

Martha parut de nouveau pensive.

— Est-ce que tu te plais à toi-même ? demanda-t-elle, comme si elle était vraiment curieuse de le savoir.

Mary hésita un moment, réfléchissant.

— Pas du tout, au fond, répondit-elle. Mais je n'y avais jamais pensé.

Martha sourit un peu, comme à quelque souvenir familier.

— Mère m'a dit ça un jour, dit-elle. Elle était à sa lessive, et j'étais de mauvaise humeur ; je disais du mal des gens, et elle s'est retournée et m'a dit : « Petite peste que tu es ! te voilà à dire que celui-ci ne te plaît pas, que tu n'aimes pas celui-là. Est-ce que tu te plais à toi-même ? » Ça m'a fait rire et ça m'a remise d'aplomb en un clin d'œil.

Elle s'en alla rayonnante, après avoir donné à Mary son déjeuner. Elle allait faire huit kilomètres sur la lande jusqu'à sa chaumière, pour aider sa mère à faire la lessive et le pain pour la semaine : tous les plaisirs à la fois !

Mary se sentit plus seule que jamais après son départ. Elle alla au jardin aussi vite que possible, et son premier soin fut de faire dix fois, en courant, le tour de la fontaine du jardin de plaisance. Elle compta soigneusement les tours et, quand elle eut fini, elle se sentit mieux disposée. Le soleil transformait tout. Le ciel haut, profond et bleu, s'étendait sur le manoir aussi bien que sur la lande. Levant la tête, elle y plongeait son regard, essayant d'imaginer ce qu'on éprouverait si on pouvait s'étendre sur un de ces petits nuages, d'un blanc neigeux, qui flottaient dans le bleu. Elle se rendit dans le premier jardin potager. Elle y trouva Ben Weatherstaff au travail avec deux autres jardiniers. Le changement de temps semblait lui avoir fait du bien, à lui aussi.

— Le printemps arrive, dit-il. Ne peux-tu pas le sentir ?

Mary respira bien fort et crut le sentir en effet.

— Je sens quelque chose de bon frais et d'humide, dit-elle.

— C'est la bonne terre grasse, répondit-il tout en bêchant. Elle est de bonne humeur et s'apprête à faire tout pousser. Elle est contente quand le printemps vient. Elle s'ennuie, en hiver, quand elle n'a rien à faire. Dans les jardins de plaisance, là-bas, les plantes doivent commencer à bouger sous terre. Le soleil les réchauffe. Vous verrez des pointes vertes sortir de terre bientôt.

— Qu'est-ce que ce sera ? demanda Mary.

— Des crocus, des perce-neige et des jonquilles. N'en as-tu jamais vu ?

— Non ! Tout est chaud, humide, et vert, après la pluie, aux Indes, dit Mary, et je crois que les choses poussent en une nuit.

— Celles-là ne poussent pas en une nuit, dit Ben. Il te faudra attendre. Elles croîtront légèrement d'un côté, pousseront une nouvelle pointe d'un autre, et dérouleront une feuille un jour, et une autre le lendemain. Regarde-les faire.

— J'y compte bien, dit Mary.

Un instant après, elle entendit de nouveau un doux bruissement d'ailes ; elle comprit tout de suite que le rouge-gorge était revenu. Il avait l'air très animé et provocant, et sautillait si près de leurs pieds, penchant la tête de côté et d'autre, la regardant d'un air si malin qu'elle posa à Ben Weatherstaff une question.

— Croyez-vous qu'il me reconnaisse ?

— Te reconnaître ! s'écria Weatherstaff avec indignation. Il connaît chaque trognon de chou du jardin sans parler des gens. Il n'avait jamais vu encore de petite demoiselle, et il est décidé à savoir tout ce qui te concerne. Pas besoin d'essayer de lui rien cacher.

— Est-ce que les plantes bougent sous terre dans le jardin où il demeure ? demanda Mary.

— Quel jardin ? grommela Ben Weatherstaff redevenu maussade.

— Celui où il y a les rosiers.

Elle ne pouvait s'empêcher de questionner, elle désirait tant savoir !

— Est-ce que toutes les fleurs sont mortes ou est-ce que quelques-unes revivent en été ? Est-ce qu'il y a jamais des roses ?

— Demande-le-lui, dit Ben Weatherstaff en haussant l'épaule vers le rouge-gorge. Il est seul à le savoir. Personne d'autre n'y a été depuis dix ans.

Dix ans ! c'est long ! pensait Mary. Il y avait dix ans qu'elle était née.

Elle s'éloigna songeuse. Elle avait commencé à aimer ce jardin, tout comme elle avait commencé à aimer le rouge-gorge et Dickon, et la mère de Martha. Elle commençait à aimer aussi Martha elle-même.

Cela faisait beaucoup de gens à aimer, pour quelqu'un qui n'en avait pas l'habitude. Elle pensait au rouge-gorge comme à une personne. Elle gagna son allée, celle qui longeait le mur couvert de lierre d'où émergeaient les sommets des arbres et, tandis qu'elle l'arpentait pour la seconde fois, la chose la plus intéressante et la plus curieuse du monde lui arriva. Et ce fut grâce au rouge-gorge de Ben Weatherstaff.

Elle entendit un petit cri, puis un gazouillement et, quand elle regarda la plate-bande dénudée qui s'étendait à gauche de l'allée, elle le vit sautiller par là, faisant semblant de becqueter le sol pour lui faire croire qu'il ne l'avait pas suivie. Mais elle savait à quoi s'en tenir, et la surprise qu'elle en éprouva la remplit de joie.

— Tu me reconnais ! cria-t-elle, oui ! tu es ce qu'il y a de plus joli au monde.

Elle se mit à gazouiller, à lui parler, à le cajoler, et il sautillait et déployait sa queue avec de petits pépiements. Il paraissait causer avec elle. Son gilet rouge semblait du satin et il gonflait sa petite poitrine avec tant de grâce, et d'un air si imposant, qu'il avait l'air de vouloir lui montrer quel important personnage un rouge-gorge pouvait être et combien semblable à un être humain. Madame Mary oublia avoir jamais été contrariée de sa vie quand il lui permit de l'approcher, de se pencher vers lui, de causer avec lui et d'essayer de lui parler le langage des rouges-gorges.

Oh ! dire qu'il la laissait venir si près ! Il savait bien que, pour rien au monde, elle ne voudrait étendre la main vers lui, ni l'effrayer par le plus léger mouvement. Il le savait parce qu'il était une vraie personne, seulement bien plus charmant qu'aucun être humain. Elle était si heureuse qu'elle osait à peine respirer.

La plate-bande n'était pas tout à fait dénudée. Elle ne portait aucune fleur, parce que les plantes vivaces avaient été coupées pour leur repos hivernal, mais il y avait de grands et de petits arbustes qui croissaient ensemble au fond de la plate-bande et, comme l'oiseau sautillait sous ces arbustes, elle le vit franchir une motte de terre fraîchement retournée. Il s'arrêta pour y chercher un ver. Le sol avait été remué parce qu'un chien avait essayé de déterrer une taupe et il avait gratté un trou profond.

Mary regardait ce trou, ne sachant ce que c'était. Elle aperçut alors un objet presque enterré dans la terre fraîchement tournée. Cela semblait être un anneau de fer rouillé, ou de bronze et, quand le rouge-gorge s'envola sur un arbre voisin, elle tendit la main et ramassa l'anneau.

C'était plus qu'un anneau : c'était une vieille clé qui semblait avoir été enterrée longtemps.

Madame Mary se releva et regarda d'un air presque effrayé la clé suspendue à son doigt.

— Peut-être qu'elle est enterrée depuis dix ans, murmura-t-elle. Peut-être que c'est la clé du jardin !

8

Encore le rouge-gorge

Elle regarda la clé pendant un long moment, la tourna et la retourna, réfléchissant. Comme je l'ai déjà dit, Mary n'était pas une enfant habituée à demander permission ni à consulter ses aînés. Sa seule pensée était que, si c'était bien là la clé du jardin fermé, et si elle pouvait découvrir où était la porte, elle pourrait peut-être l'ouvrir, voir ce qu'il y avait à l'intérieur des murs, et ce qui était arrivé aux vieux rosiers. C'est parce que le jardin était fermé depuis si longtemps qu'elle désirait le voir. Ce devait être, lui semblait-il, un endroit à part et quelque chose d'étrange avait dû s'y passer depuis dix ans. Et puis, si elle s'y plaisait, elle pourrait y aller tous les jours, fermer la porte derrière elle, et inventer quelque jeu auquel elle jouerait toute seule, parce que personne ne saurait jamais où elle était, qu'on croirait la porte encore fermée, et la clé enterrée. Cette idée l'enchantait.

Le fait de demeurer pour ainsi dire toute seule dans une maison à cent portes mystérieusement fermées, n'ayant absolument rien pour s'amuser, avait fait travailler son cerveau oisif, et éveillait maintenant son imagination. Sans aucun doute, l'air frais, fort et pur de la lande y contribuait beaucoup. Elle y avait gagné de l'appétit, le vent avait fait circuler son sang anémié et, à présent, la même influence stimulait aussi son intelligence. Aux Indes elle s'était toujours sentie trop accablée de chaleur et de fatigue pour se soucier de quoi que ce fût, mais ici elle commençait à s'intéresser à bien des choses, à avoir envie de s'occuper. Ainsi, madame Mary se sentait moins « contrariée » par son entourage sans savoir pourquoi.

Elle mit la clé dans sa poche et se mit à arpenter son allée. Personne d'autre ne semblait s'y promener, aussi elle put la suivre lentement et examiner le mur, ou plutôt le lierre qui y croissait. Ce lierre était l'obstacle. Si soigneusement qu'elle le regardât, elle ne pouvait voir que des feuilles serrées et luisantes d'un vert foncé. Elle se sentait grandement déçue, « contrariée » une fois de plus tandis qu'elle parcourait l'allée et regardait les arbres qui s'élevaient de l'autre côté du mur. C'était si bête d'être si près et de ne pouvoir y pénétrer. Elle emporta la clé dans sa poche en retournant à la maison et décida de l'emporter partout avec elle en sortant, afin de se trouver prête si elle découvrait jamais la porte cachée.

Mrs Medlock avait permis à Martha de coucher à la chaumière, mais elle était de retour à son poste, le matin, les joues plus vermeilles que jamais, et de la plus belle humeur.

— Je me suis levée à quatre heures, dit-elle. Ah ! c'était joli sur la lande ! les oiseaux qui s'éveillaient, les lapins trottinant partout, et le soleil qui se levait. Un homme m'a fait monter dans sa charrette et je t'assure que je me suis bien amusée.

Elle ne tarissait pas en récits sur les joies de son jour de sortie. Sa mère avait été contente de la voir, elles avaient pu finir toute la lessive et cuire le pain. Elle avait même fait à chacun des enfants un gâteau avec un peu de cassonade.

— Ils étaient tout prêts, tout chauds quand ils sont revenus de la lande. La maison sentait bon la pâtisserie fraîche, et il y avait un beau feu, et ils ont poussé des cris de joie. Notre Dickon a dit que notre chaumière valait un palais de roi.

Le soir, ils s'étaient tous assis en cercle autour du feu ; Martha et sa mère avaient raccommodé du linge et des bas, et Martha leur avait parlé de la petite fille venue des Indes, qui avait été servie toute sa vie par « des Noirs » si bien qu'elle ne savait pas mettre ses bas toute seule.

— Ah ! ça les a bien amusés, dit Martha. Ils me posaient des questions sur les Noirs, sur le bateau qui t'a amenée. Je ne pouvais pas leur en dire assez long.

Mary réfléchit un instant :

— Je vous raconterai beaucoup d'autres choses avant votre prochain jour de sortie, dit-elle, pour que vous ayez plus à leur dire. Je pense qu'ils aimeraient entendre parler de gens qui montent sur les éléphants, et les chameaux, et des tigres que chassent les officiers.

— Ma parole ! cria Martha ravie. Ils en perdraient la tête. Tu ferais vraiment ça, mademoiselle ? Ça nous ferait le même effet qu'une ménagerie de bêtes féroces dont nous avons entendu parler, à York.

— Les Indes sont tout à fait différentes de ce pays, dit Mary lentement, et comme si elle méditait cette idée. Est-ce que Dickon et votre mère aiment aussi à entendre parler de moi ?

— Je crois bien ! les yeux de notre Dickon lui sortaient presque de la tête tant ils étaient ronds, répondit Martha. Mais mère s'inquiétait de te savoir toute seule. Elle a dit : « Est-ce que Mr Craven n'a pas pris de gouvernante ou de bonne pour elle ? » Et je lui ai répondu que non, quoique Mrs Medlock dise qu'il le fera quand il y pensera, mais il pourrait bien n'y plus penser de deux ou trois ans.

— Je ne veux pas de gouvernante, dit vivement Mary.

— Ma mère pense que tu devrais apprendre dans les livres à présent et avoir quelqu'un qui s'occupe de toi. Elle dit : « Voyons, Martha, pense à ce que tu dirais toi-même, si tu étais seule à errer dans une grande maison comme cela, et sans mère ! Fais tout ce que tu peux pour la distraire. » Alors je le lui ai promis.

Mary fixa sur elle un long regard sérieux.

— Vous le faites, dit-elle, j'aime à vous entendre parler.

Peu après Martha sortit de la chambre et revint, tenant quelque chose dans ses mains, sous son tablier.

— Tu ne sais pas ! dit-elle avec un large sourire, je t'ai apporté un cadeau !

— Un cadeau ! s'écria Madame Mary.

Comment une chaumière pleine de quatorze personnes pouvait-elle offrir un cadeau ?

— Un marchand ambulant traversait la lande, expliqua Martha, et sa carriole s'est arrêtée à notre porte. Il avait des pots, des casseroles, et toutes sortes d'autres articles, mais mère n'avait pas de quoi faire des emplettes. Comme il s'en allait, notre Elizabeth a crié : « Mère, il a des cordes à sauter avec des bouts bleus et rouges. » Et mère a dit tout à coup : « Holà, monsieur, arrêtez ! combien les cordes à sauter ? » Et il a dit : « Quatre sous. » Mère s'est mise à fouiller dans sa poche et m'a dit : « Martha, tu m'as apporté tes gages comme une bonne fille que tu es. J'aurais bien l'emploi de quatre sous, là où nous en avons un, mais je m'en vais prendre de quoi acheter à cette enfant une corde à sauter » ; et elle en a acheté une : la voilà !

Elle sortit l'objet de son tablier et l'exhiba avec fierté. C'était une corde mince, mais solide, avec des bouts rayés, rouges et bleus. Mary Lennox n'avait jamais vu de corde à sauter. Elle regarda celle-ci d'un air intrigué.

— Pourquoi est-ce faire ? demanda-t-elle avec curiosité.

— Veux-tu dire qu'il n'y a pas de corde à sauter aux Indes, quand même il y a des éléphants, des tigres et des chameaux ? Voilà pourquoi c'est faire. Regarde-moi !

Elle courut au milieu de la chambre et, empoignant un bout de chaque main, se mit à sauter, et à sauter, tandis que Mary déplaçait sa chaise pour la regarder et que les étranges figures des vieux portraits semblaient la regarder aussi, et se demander ce que cette vulgaire petite paysanne pouvait bien avoir l'impudence de faire sous leur nez. Mais Martha ne les voyait même pas. Ravie de l'intérêt et de la curiosité qui se peignaient sur le visage de Madame Mary, elle continua à sauter et compta les coups jusqu'à ce qu'elle en eût fait cent.

— Je pourrais en faire plus que ça, dit-elle en s'arrêtant. J'en ai fait jusqu'à cinq cents quand j'avais douze ans, mais je n'étais pas aussi grosse que maintenant, et je m'étais entraînée.

Mary se leva de sa chaise, commençant aussi à s'animer.

— Ça a l'air amusant, dit-elle, votre mère est bonne, Martha. Pensez-vous que je pourrais jamais sauter ainsi ?

— Essaye seulement, dit Martha en lui tendant la corde. On ne peut pas faire cent coups tout de suite, mais en s'y exerçant, on y arrive. C'est ce que mère a dit : « Rien ne lui fera plus de bien qu'une corde à sauter. C'est le jouet le plus sensé qu'on puisse donner à un enfant. Qu'elle s'amuse à sauter en plein air : ça lui développera les muscles des bras et des jambes et les fortifiera. »

Il était clair que les bras et les jambes de Madame Mary avaient besoin de se fortifier : elle sautait assez gauchement, mais cela l'amusait tant qu'elle ne voulait plus s'arrêter.

— Mets tes affaires et va sauter dehors, dit Martha. Mère dit qu'il te faut rester dehors le plus possible, même quand il pleut un peu, en te couvrant bien.

Mary mit son manteau et son chapeau, prit sa corde et ouvrit la porte pour sortir, puis une pensée soudaine l'arrêta, et elle revint sur ses pas avec un peu d'hésitation.

— Martha, dit-elle, c'étaient vos gages, les quatre sous étaient à vous, merci !

Elle dit cela avec raideur, parce qu'elle n'était pas habituée à remercier les gens ni à le remarquer quand ils lui rendaient service.

— Merci, dit-elle, et elle tendit la main à Martha, ne sachant que faire d'autre.

Martha lui secoua la main, un peu gauchement aussi, comme si elle non plus n'était pas habituée à ce genre de manifestation, puis elle se mit à rire.

— Tu es une drôle de petite bonne femme, dit-elle, notre Elizabeth m'aurait embrassée.

Mary prit l'air plus raide que jamais.

— Désirez-vous que je vous embrasse ?

Martha rit de nouveau.

— Non, non, dit-elle, si tu étais différente, tu en aurais peut-être envie toi-même, mais tu ne l'es pas. Cours dehors jouer avec ta corde.

Madame Mary se sentait un peu gênée en quittant la chambre. Les gens de ce pays étaient bizarres, et Martha l'étonnait toujours un peu. Au début, elle lui déplaisait beaucoup, mais plus maintenant.

La corde à sauter était une chose merveilleuse. Elle compta et sauta, et sauta et compta si bien que ses joues devinrent vermeilles et qu'elle s'amusa comme elle ne l'avait fait de sa vie. Le soleil brillait, le vent soufflait un peu – non pas un vent rude, mais une brise qui arrivait en délicieuses petites bouffées, apportant une fraîche senteur de terre récemment remuée. Mary fit, en sautant, tout le tour du jardin où était la fontaine, montant et redescendant les allées. Enfin elle entra, en sautant toujours, dans le potager et y trouva Ben Weatherstaff en train de bêcher et de parler à son rouge-gorge, qui sautillait autour de lui. Elle descendit l'allée qui menait vers lui. Il leva la tête et la regarda d'un air de curiosité. Elle s'était demandé s'il ferait attention à elle, souhaitant qu'il la vît sauter.

— Eh bien, cria-t-il, tu es peut-être une enfant après tout, et tu as peut-être du sang dans les veines au lieu de petit-lait aigre. Tu as pris un peu de couleur dans les joues en sautant, aussi vrai que je m'appelle Ben Weatherstaff. Je n'aurais pas cru ça possible !

— Je n'avais jamais sauté, dit Mary. Je ne fais que commencer, je peux seulement aller jusqu'à vingt.

— Continue ! dit Ben, tu ne t'en tires pas mal pour une petite demoiselle qui a vécu avec des païens. Vois comme il te regarde !

Il fit un signe de tête vers le rouge-gorge.

— Il t'a suivie hier, il va recommencer aujourd'hui. Il faudra bien qu'il découvre ce que c'est qu'une corde à sauter, il n'en a jamais vu. Ah ! (il hocha la tête vers l'oiseau), ta curiosité sera ta perte, quelque jour, si tu ne te méfies pas.

Mary fit, en sautant, le tour de tous les jardins et du verger, se reposant de temps en temps. Enfin, elle gagna son allée favorite, et résolut d'essayer de la parcourir tout entière en sautant. C'était long, et elle commença lentement, mais, avant d'être à mi-chemin, elle avait si chaud et se sentait si essoufflée qu'elle dut s'arrêter. Elle était contente quand même, car elle avait compté jusqu'à trente. Elle s'arrêta donc avec un petit rire de plaisir et vit devant elle – oui ! c'était bien le rouge-gorge se balançant sur un rameau de lierre. Il l'avait suivie et la salua d'un gazouillement. En sautant jusqu'à lui, Mary avait senti quelque chose de lourd dans sa poche, qui retombait à chaque bond et, en voyant le rouge-gorge, elle rit de nouveau.

— Tu m'as montré la clé, hier, dit-elle, tu devrais me montrer la porte aujourd'hui, mais je ne crois pas que tu saches où elle est.

Le rouge-gorge s'envola de son rameau flexible jusqu'au sommet du mur et, ouvrant son bec, il exécuta un trille sonore et exquis, tout simplement pour s'exhiber.

Rien au monde n'est aussi parfaitement adorable qu'un rouge-gorge qui fait des grâces, et ils en font sans cesse.

Mary Lennox avait souvent entendu parler de magie par les histoires de son *ayah* et elle déclara toujours que ce qui advint, à ce moment-là, tint de la magie.

Une des agréables petites bouffées de vent souffla le long de l'allée, plus forte que les autres, assez forte pour faire osciller les branches des arbres, et plus qu'assez forte pour soulever les longs rameaux de lierre qui tapissaient le mur. Mary s'était approchée du rouge-gorge ; soudain, la brise écarta quelques rameaux et, plus soudainement encore, Mary s'élança et les saisit. Car elle avait vu briller quelque chose sous le lierre : un bouton arrondi que cachaient les feuilles. C'était un loquet de porte.

Elle fourra sa main sous les feuilles et se mit à les écarter. Si épais que fût le lierre, il formait un rideau mobile, bien qu'il eût crû en partie sur du bois et du fer. Le cœur de Mary se mit à battre et ses mains à trembler de joie et d'émotion. Le rouge-gorge continuait à chanter et à gazouiller, penchant la tête, comme s'il partageait son émoi. Qu'y avait-il sous sa main ? quelque chose de carré, en fer, où son doigt trouva un trou.

C'était la serrure d'une porte fermée depuis dix ans. Plongeant la main dans sa poche, elle retira la clé et constata qu'elle s'adaptait au trou. Elle l'y introduisit et tourna. Il lui fallut y mettre les deux mains, mais elle y parvint.

Alors elle respira profondément puis regarda derrière elle dans l'allée, pour voir si personne n'approchait. Personne. Personne n'y venait jamais, semblait-il. Elle respira de nouveau, dans son soulagement et, soulevant le manteau de lierre, poussa la porte qui s'ouvrit lentement, lentement.

Alors elle la franchit, la referma derrière elle, et resta immobile, adossée à la porte, regardant autour d'elle, presque haletante d'émotion, de joie et d'émerveillement.

Elle se trouvait *dans* le Jardin mystérieux.

9

La maison mystérieuse

C'était l'endroit le plus étrange et le plus charmant qu'on pût rêver. Les murs élevés qui l'entouraient étaient tapissés de branches de rosiers grimpants dénudées, mais si abondantes qu'elles s'enchevêtraient. Mary Lennox savait que c'étaient des rosiers, parce qu'elle en avait vu des quantités aux Indes.

Le sol était tout couvert d'herbe d'un brun hivernal et parsemé de petites touffes de buissons qui étaient sûrement des rosiers s'ils vivaient encore. Il y avait des masses de rosiers en buissons, dont les branches avaient poussé si haut qu'ils semblaient de petits arbustes. Il y avait aussi d'autres arbres dans le jardin, et une des choses qui contribuaient le plus à donner à celui-ci une étrange beauté, c'est que les rosiers grimpants avaient envahi les autres arbres et jeté de longues pousses qui formaient de légers rideaux mobiles, s'entrelaçant entre elles çà et là ou s'enroulant autour d'une branche allongée, s'élançant d'un arbre à l'autre et dessinant des ponts gracieux. Ces pousses ne portaient ni feuilles ni fleurs, et Mary ne savait pas si elles étaient mortes ou vivantes, mais leurs minces tiges, grises ou brunes, tissaient une sorte de manteau délicat sur les murs, les arbres et même l'herbe desséchée qu'elles recouvraient en partie en rampant sur le sol. C'étaient ces guirlandes légères lancées d'arbre en arbre qui donnaient au jardin un air de mystère. Mary avait bien pensé qu'il serait différent de tous les autres, ayant été abandonné si longtemps et, en vérité, il ne ressemblait à aucun endroit qu'elle eût vu de sa vie.

— Comme c'est tranquille ! murmura-t-elle, comme c'est tranquille !

Puis elle attendit un moment, écoutant le silence. Le rouge-gorge, qui s'était envolé sur le sommet de son arbre, se taisait comme tout le reste. Il n'agitait même pas les ailes, mais restait là perché, regardant Mary.

— Ce n'est pas étonnant que ce soit tranquille, murmura-t-elle encore, je suis la première personne qui ait parlé ici depuis dix ans.

Elle s'éloigna de la porte, marchant doucement comme si elle eût craint d'éveiller quelqu'un. Elle était contente qu'il y eût de l'herbe sous ses pieds, pour étouffer le bruit de ses pas. Elle passa sous une des arches féeriques, entre les arbres, et regarda les rameaux et les frêles pousses dont elle était formée.

— Je me demande si tout cela est mort, dit-elle. Est-ce que tout le jardin est mort ? J'espère bien que non.

Si elle avait été Ben Weatherstaff, elle aurait pu savoir si le bois était vivant en l'examinant, mais tout ce qu'elle pouvait voir, c'était des branches et des tiges grises ou brunes qui ne montraient nulle part la moindre trace de bourgeon.

Mais elle était tout de même dans le jardin merveilleux, et elle pourrait y venir quand elle voudrait, par la porte cachée sous le lierre, et il lui semblait avoir trouvé un monde qui lui appartenait.

La corde à sauter était restée sur son bras, et après s'être promenée un moment, elle résolut de faire tout le tour du jardin en sautant, s'arrêtant de temps en temps pour regarder. Il y avait çà et là des traces de sentiers dans l'herbe et, dans un ou deux coins, des bosquets de verdure permanente, avec des sièges en pierre ou de grandes urnes à fleurs couvertes de mousse.

En approchant d'un de ces bosquets, elle s'arrêta. Elle y voyait un reste de plate-bande et crut apercevoir quelque chose qui émergeait de la terre noire : quelques petites pointes effilées d'un vert pâle. Elle se rappela ce que lui avait dit Ben Weatherstaff et s'agenouilla pour les regarder.

— Oui, ce sont de toutes petites pousses, et cela pourrait être des crocus, ou des perce-neige, ou des jonquilles, murmura-t-elle.

Elle se pencha vers les fleurs et aspira la fraîche senteur de l'herbe humide. Comme cela sentait bon !

— Il y en a peut-être d'autres qui poussent dans d'autres endroits, dit-elle. Je vais parcourir tout le jardin et regarder.

Elle ne sauta pas cette fois, mais marcha lentement, les yeux fixés vers le sol. Elle regarda dans les anciennes plates-bandes et dans l'herbe et, quand elle eut fini sa tournée, s'appliquant à ne rien négliger, elle avait trouvé une quantité d'autres pointes vert pâle et en éprouvait une grande joie.

— Ce n'est pas un jardin tout à fait mort, dit-elle doucement, mais à haute voix. Même si les roses sont mortes d'autres plantes sont vivantes.

Elle n'entendait rien au jardinage, mais l'herbe semblait si épaisse dans quelques-uns des endroits où les pointes vertes s'évertuaient à pousser que celles-ci lui firent l'effet de ne pas avoir la place de croître. Elle chercha jusqu'à ce qu'elle eût trouvé un morceau de bois un peu tranchant et, s'agenouillant, elle creusa la terre et écarta les herbes pour ménager aux tiges vertes un bon petit espace libre.

— Maintenant, elles ont l'air de pouvoir respirer, dit-elle, quand elle eut dégagé quelques plantes. Je vais en faire autant un peu partout, là où je verrai des pointes. Si je n'ai pas le temps aujourd'hui, je peux revenir demain.

Elle alla d'un endroit à l'autre, et creusa et sarcla, avec un plaisir si intense que, de plate-bande en plate-bande, elle arriva à l'herbe qui poussait sous les arbres. L'exercice l'avait si bien échauffée qu'elle ôta son manteau, puis son chapeau et, sans le savoir, elle souriait tout le temps au gazon et aux tiges vert pâle.

Le rouge-gorge était terriblement affairé. Il était enchanté de voir qu'on jardinait enfin sur son propre domaine. Souvent, il s'était étonné de la conduite de Ben Weatherstaff. Là où on jardine, toutes sortes de mets délicieux émergent du sol remué. Et voilà que cette nouvelle créature, qui n'atteignait pas la moitié de la hauteur de Ben, avait pourtant le bon sens de venir dans son jardin et de se mettre à la besogne tout de suite.

Madame Mary travailla jusqu'à ce qu'il fût l'heure d'aller déjeuner, même elle se rappela un peu tard qu'il en était temps et, quand elle remit son manteau et son chapeau et ramassa sa corde à sauter, elle ne pouvait croire qu'elle avait été au travail deux ou trois heures. Vraiment, elle ne s'était pas ennuyée un instant, et des douzaines, des vingtaines de petites pointes vert pâle apparaissaient dans les espaces libres, l'air deux fois plus heureuses que lorsque les mauvaises herbes les enserraient.

— Je reviendrai cette après-midi, dit-elle en regardant tout autour d'elle son nouveau royaume et s'adressant aux arbres et aux rosiers comme s'ils pouvaient l'entendre.

Puis elle traversa le gazon d'une course légère, ouvrit la vieille porte pesante, et se glissa sous le lierre. Ses joues étaient si rouges, ses yeux si brillants, et elle mangea d'un tel appétit que Martha fut enchantée.

— Deux morceaux de viande et deux portions de pudding au riz ! dit-elle, ah ! mère sera contente quand je lui dirai comme la corde à sauter t'a réussi !

En creusant le sol avec son morceau de bois pointu Mary avait déterré une sorte de racine blanche qui ressemblait assez à un oignon. Elle l'avait remis en place en le recouvrant soigneusement de terre, et elle se demandait maintenant si Martha pourrait lui dire ce que c'était.

— Martha, dit-elle, qu'est-ce que ces racines blanches qui ont l'air d'oignons ?

— Ce sont des oignons de plantes, répondit Martha, des masses de fleurs du printemps en sortent. Les tout petits sont des perce-neige et des crocus, et les grands sont des narcisses et des jonquilles. Les plus grands de tous sont des lis et des iris. Ah ! c'est beau, tout ça, Dickon en a planté dans notre morceau de jardin.

— Est-ce que Dickon s'y connaît ? demanda Mary, frappée d'une nouvelle idée.

— Notre Dickon ! il peut faire pousser une fleur sur un mur de brique ! Mère dit qu'il fait sortir les choses de terre en les appelant.

— Est-ce que les oignons vivent longtemps ? Est-ce qu'ils vivraient des années et des années si personne ne les soignait ? demanda anxieusement Mary.

— Ce sont des plantes qui se soignent elles-mêmes, dit Martha. C'est pour cela que les pauvres gens peuvent s'en accorder. Si on ne les dérange pas, la plupart travaillent sous terre, des années, et multiplient, et font des petits. Il y a un endroit dans les bois du parc où poussent des milliers de perce-neige. C'est ce qu'il y a de plus beau à voir dans tout le comté quand vient le printemps. Personne ne sait quand on les a plantés.

— Je voudrais que le printemps soit déjà là, dit Mary. Je voudrais voir toutes les plantes qui poussent en Angleterre.

Elle avait fini son déjeuner et s'était installée à sa place favorite, sur le tapis devant le foyer.

— J'aimerais… j'aimerais avoir une petite bêche, dit-elle.

— Qu'est-ce que tu pourrais bien faire d'une bêche ? dit Martha en riant. Vas-tu te mettre à bêcher, à présent ? il faut que je dise aussi ça à mère.

Mary regarda le feu, méditant un peu. Il lui fallait faire attention si elle voulait garder son royaume secret. Elle ne faisait aucun mal, mais si Mr Craven découvrait qu'on avait trouvé la porte, il serait terriblement en colère, et se procurerait une nouvelle clé, et refermerait le jardin pour toujours. Cela, elle ne pourrait vraiment pas le supporter.

— C'est si grand ici, et si solitaire, dit-elle lentement, comme si elle pesait intérieurement cette idée. La maison est solitaire, et les jardins et le parc. Tant d'endroits semblent être fermés ! Je n'ai jamais fait grand-chose aux Indes, mais il y avait des choses à regarder là-bas – des Hindous, des soldats qui défilaient, quelquefois des musiques, et mon *ayah* me racontait des histoires. Il n'y a personne à qui parler ici, excepté vous et Ben Weatherstaff, mais vous avez votre travail, et Ben Weatherstaff ne veut souvent pas causer avec moi. J'ai pensé que, si j'avais une petite bêche, je pourrais bêcher quelque part, comme lui, et faire un petit jardin, s'il voulait me donner des semences.

Le visage de Martha s'éclaira tout à fait.

— Là ! s'écria-t-elle, c'est justement une des choses que mère a dites. « Il y a tant de place dans cette énorme propriété, a-t-elle dit, pourquoi ne lui en donne-t-on pas un peu pour elle ; quand même elle n'y planterait que du persil et des radis. Elle piocherait et bêcherait à cœur joie. » Ce sont ses paroles mêmes.

— Vraiment, dit Mary, que de choses votre mère sait, n'est-ce pas ?

— Ah ! dit Martha, c'est bien comme elle dit : « Une femme qui élève douze enfants apprend quelque chose de plus que son ABC. Les enfants, ça vaut l'arithmétique pour vous apprendre du nouveau. »

— Combien coûterait une bêche, une petite ? demanda Mary.

— Eh bien, répondit Martha, réfléchissant, au village, il y a une ou deux boutiques et j'ai vu des petits assortiments d'outils, une pioche, une bêche et un râteau attachés ensemble, le tout pour deux francs cinquante. Et ils sont assez forts pour qu'on s'en serve.

— J'ai plus que ça dans ma bourse, dit Mary. Mrs Morris m'a donné cinq francs, et Mrs Medlock m'a aussi donné de l'argent de la part de Mr Craven.

— Ah ! il s'est tout de même souvenu de toi ! s'écria Martha.

— Mrs Medlock a dit que j'aurais un franc vingt-cinq à dépenser par semaine. Elle me le donne chaque samedi. Je ne savais pas comment l'employer.

— Ma parole ! mais c'est une fortune ! dit Martha. Tu peux acheter tout ce que tu désires au monde. Le loyer de notre chaumière ne coûte que trente sous par semaine, et c'est la croix et la bannière pour se le procurer. Je viens d'avoir une idée, ajouta-t-elle, les mains sur les hanches.

— Laquelle ? dit vivement Mary.

— Dans la boutique du village, on vend des paquets de graines à deux sous, et notre Dickon sait quelles sont les plus jolies et comment les faire pousser. Il va au village souvent, rien que pour s'amuser. Sais-tu imprimer les lettres ? ajouta-t-elle brusquement.

— Je sais écrire, dit Mary.

Martha secoua la tête.

— Notre Dickon ne sait lire que l'imprimé. Si tu savais l'écrire, nous pourrions lui faire une lettre et lui demander d'aller acheter des outils et des graines en même temps.

— Oh ! que vous êtes gentille ! cria Mary, que vous êtes gentille ! Je ne savais pas que vous étiez si bonne. Je suis sûre que je pourrai arriver à imprimer des lettres. Demandons à Mrs Medlock de l'encre, une plume et du papier.

— J'en ai un peu à moi, dit Martha. J'en ai acheté pour pouvoir imprimer un bout de lettre à mère, le dimanche. Je vais aller les chercher.

Elle sortit en courant de la chambre et Mary resta debout près du feu, serrant étroitement ses petites mains maigres l'une contre l'autre dans l'excès de sa joie.

— Si j'ai une bêche, murmura-t-elle, je pourrai rendre la terre belle et douce et arracher les mauvaises herbes. Si j'ai des graines je puis faire pousser des fleurs, le jardin ne sera pas mort du tout, il revivra.

Elle ne sortit plus de l'après-midi parce que, lorsque Martha revint avec sa plume, de l'encre et du papier, elle fut obligée de débarrasser la table, de descendre les assiettes et les plats, et quand elle entra à la cuisine, Mrs Medlock y était, et lui donna quelque chose à faire, de sorte que Mary attendit son retour pendant un temps qui lui sembla long. Puis ce fut tout un travail d'écrire à Dickon. Mary n'avait jamais écrit grand-chose parce que ses institutrices s'étaient trop déplu auprès d'elle pour y rester longtemps. Son orthographe n'était pas brillante, mais elle réussit à « imprimer » en s'appliquant. Voici la lettre que Martha lui dicta :

Mon cher Dickon,

J'espère que la présente te trouvera aussi bien qu'elle me laisse. Miss Mary a beaucoup d'argent. Veux-tu aller au village lui acheter des outils de jardinage, et des graines de fleurs, pour faire une plate-bande ? Choisis les plus jolies, et les plus faciles à faire pousser, parce qu'elle ne l'a jamais fait encore et habitait aux Indes, où c'est différent. Présente mes messages à mère, et à tout le monde. Miss Mary va me raconter encore beaucoup de choses, pour qu'à ma prochaine sortie je puisse vous parler d'éléphants, de chameaux, et de messieurs qui chassent des lions et des tigres.

— Nous mettrons l'argent dans l'enveloppe et je demanderai au garçon boucher de le porter au village. C'est un grand ami de Dickon, dit Martha.

— Comment est-ce que j'aurai les choses quand Dickon les aura achetées ? demanda Mary.

— Il te les apportera lui-même, il sera content de faire la promenade.

— Oh ! s'écria Mary, alors je le verrai ! je ne croyais pas que je verrais jamais Dickon !

— Aimerais-tu le voir ? demanda Martha, frappée de l'air joyeux de la petite.

— Oh ! oui ! je n'ai jamais vu un garçon que les renards et les corbeaux aiment. J'aimerais beaucoup le voir !

Martha fit un petit mouvement comme si elle se rappelait tout à coup quelque chose.

— Tiens, fit-elle, dire que j'oubliais, et c'est la première chose que je pensais te dire ce matin. J'ai demandé à mère, et elle en parlera à Mrs Medlock elle-même.

— Voulez-vous dire ?… commença Mary.

— Ce que je t'ai dit mardi. Lui demander si tu pourrais venir en voiture jusqu'à notre chaumière et y manger un peu de gâteau d'avoine de mère, avec du beurre et un verre de lait.

Il semblait que toutes les choses intéressantes arrivassent le même jour. Traverser la lande en plein jour par un ciel bleu ! Aller dans la chaumière où il y avait douze enfants !

— Est-ce qu'elle croit que Mrs Medlock le permettra ? demanda-t-elle avec anxiété.

— Oui, elle le croit. Elle sait comme mère est une femme ordonnée, et comme elle tient la chaumière propre.

— Si je venais, je verrais votre mère avec Dickon, dit Mary pensive et heureuse. Elle ne semble pas ressembler aux mères des Indes.

Son travail au jardin et les émotions de l'après-midi avaient fini par la rendre silencieuse et songeuse. Martha resta avec elle jusqu'au thé, mais elles causèrent peu et se reposèrent confortablement. Juste avant que Martha allât chercher le plateau du thé, Mary lui posa une question.

— Martha, dit-elle, est-ce que la fille de cuisine a eu mal aux dents aujourd'hui ?

Elle vit Martha tressaillir légèrement.

— Qu'est-ce qui te fait demander cela ?

— C'est que, quand je vous ai attendue si longtemps, j'ai ouvert la porte et descendu le corridor pour savoir si vous veniez. Et j'ai de nouveau entendu quelqu'un pleurer comme l'autre soir. Il n'y a pas de vent aujourd'hui, ainsi vous voyez que ça ne pouvait pas être le vent.

— Ah ! dit Martha, l'air embarrassé. Il ne faut pas que tu ailles te promener et écouter dans les corridors. Mr Craven serait si fâché qu'on ne sait pas ce qu'il pourrait faire.

— Je n'écoutais pas, dit Mary. Je vous attendais seulement et je l'ai entendu. Cela fait trois fois.

— Ma parole ! voilà la sonnette de Mrs Medlock ! dit Martha, et elle sortit de la chambre en courant.

— C'est la plus étrange maison, où personne ait jamais demeuré, dit Mary d'une voix somnolente, en laissant tomber sa tête sur le siège capitonné du fauteuil.

Le grand air, le jardinage et la corde à sauter lui donnaient une sensation de fatigue si confortable qu'elle s'endormit.

10
Dickon

Le soleil brilla pendant près d'une semaine sur le Jardin mystérieux. C'est là le nom que Mary donnait à son royaume quand elle y pensait. Elle aimait ce nom et, plus encore, la certitude que, quand la porte secrète se refermait sur elle, personne ne savait où elle était. Cela lui donnait l'impression d'être enfermée loin du monde dans quelque lieu enchanté. Le petit nombre de livres qu'elle connaissait et aimait étaient des recueils de contes de fées, et il y était quelquefois question de jardins secrets. Parfois les gens s'y endormaient pour cent ans, ce qui devait être, lui semblait-il, plutôt ennuyeux. Elle n'avait nullement l'intention de s'endormir, et elle s'éveillait au contraire à la vie, chaque jour davantage, au manoir de Misselthwaite. Elle commençait à aimer à être au grand air, le vent lui plaisait maintenant au lieu de la mettre en rage. Elle pouvait courir plus vite et plus longtemps et sauter à la corde en comptant jusqu'à cent. Les pousses vert pâle du Jardin mystérieux devaient être très étonnées. Elles se trouvaient si bien entourées d'espace libre que rien ne les empêchait plus de respirer et, à l'insu de Mary, elles commençaient à s'émoustiller sous la terre sombre, et à travailler de tout leur cœur. Le soleil pouvait parvenir jusqu'à elles et les réchauffer ; la pluie, quand elle tombait, les atteignait tout de suite : aussi commençaient-elles à se sentir pleines de vie.

Mary était une drôle de petite bonne femme, très opiniâtre, et maintenant qu'elle avait devant elle un but intéressant, elle s'y absorbait tout entière. Elle bêchait et sarclait avec persévérance ; ce travail, au lieu de la lasser, lui plaisait chaque jour davantage. Cela lui faisait l'effet d'un jeu captivant. Elle trouva bien plus de pointes vert pâle qu'elle ne l'avait osé espérer. Celles-ci semblaient germer de partout et, chaque matin, Mary était sûre d'en trouver de nouvelles, de toutes petites qui, parfois, émergeaient à peine du sol. Il y en avait tant qu'elle se rappela ce que Martha lui avait dit des milliers de perce-neige et des oignons qui faisaient des petits. Ceux-ci avaient été laissés à eux-mêmes pendant dix ans et peut-être, comme les perce-neige, avaient-ils crû par milliers. Elle se demandait dans combien de temps on verrait que c'étaient des fleurs. Quelquefois elle cessait de bêcher pour regarder le jardin et essayer de se l'imaginer couvert de délicieuses corolles épanouies.

Pendant cette semaine de soleil elle devint plus intime avec Ben Weatherstaff. Elle le surprit plusieurs fois en surgissant près de lui comme si elle sortait de terre. Le fait est qu'elle craignait qu'en la voyant venir il ramassât ses outils et s'éloignât, aussi s'avançait-elle toujours vers lui aussi silencieusement que possible. Mais, à la vérité, il ne lui témoignait plus la même froideur. Peut-être était-il secrètement flatté du goût qu'elle manifestait pour sa vénérable société. Puis, elle était plus polie maintenant. Il ne savait pas que, la première fois qu'elle l'avait vu, elle lui avait parlé comme elle aurait parlé à un indigène, sans se douter qu'un vieux paysan du comté d'York, indépendant et quelque peu acariâtre, n'est pas accoutumé à faire des courbettes à ses maîtres, et à ne recevoir d'eux que des ordres.

— Tu es comme le rouge-gorge, lui dit-il un matin, lorsque, levant la tête, il la vit debout près de lui. Je ne sais jamais quand je te verrai ni de quel côté tu viendras.

— C'est mon ami, maintenant, dit Mary.

— Cela lui ressemble bien ! ricana Ben Weatherstaff, d'être gracieux devant les dames par vanité et par coquetterie. Il ne reculerait devant rien pour pouvoir s'exhiber et déployer les plumes de sa queue. Il est aussi plein d'orgueil qu'un œuf de nourriture.

Ben était rarement communicatif ; quelquefois, il ne répondait que par un grognement aux questions de Mary, mais, ce matin-là, il se montra plus loquace qu'à l'ordinaire. Il se redressa et posa un pied chaussé d'un soulier à gros clous sur sa bêche en la regardant des pieds à la tête.

— Depuis quand es-tu ici ? fit-il.

— Un mois, je crois, répondit-elle.

— Tu commences à faire honneur à Misselthwaite, dit-il, tu es un peu plus grasse et un peu moins jaune. Tu avais l'air d'un petit poulet plumé la première fois que tu es venue dans ce jardin. Je me suis dit : de ma vie je n'ai vu de gosse si laide ni si maussade.

Mary n'était pas coquette et n'avait jamais beaucoup pensé à sa figure, de sorte qu'elle ne s'émut guère de ces compliments.

— Je sais que je suis plus grasse, dit-elle, mes bas me serrent davantage, ils faisaient des plis. Voilà le rouge-gorge, Ben Weatherstaff.

En effet, le rouge-gorge avait surgi : elle le trouva plus joli que jamais : son gilet rouge luisait comme du satin, et il déployait ses ailes et sa queue et penchait la tête, sautillant autour d'eux et faisant mille grâces. Il semblait décidé à se faire admirer par Ben Weatherstaff. Mais Ben était d'humeur caustique.

— Oui, te voilà bien ! dit-il, tu te contentes de moi quelquefois, faute de mieux, tu as astiqué ton gilet et tes plumes ces deux dernières semaines. Je sais à quoi ça rime. Tu fais ta cour à quelque belle jeune madame et te vantes auprès d'elle d'être le plus beau rouge-gorge de Misselthwaite et prêt à battre tous les autres messieurs.

— Oh ! regardez-le ! s'écria Mary.

Le rouge-gorge était évidemment d'humeur conquérante. Il sautillait de plus en plus près d'eux et regardait Ben Weatherstaff d'un air de plus en plus engageant. Il s'envola sur le groseillier le plus proche, pencha la tête et lui chanta une petite chanson.

— Tu penses que tu vas m'embobiner comme ça, dit Ben Weatherstaff, plissant son vieux visage pour ne pas avoir l'air content (Mary le voyait bien), tu penses que personne ne peut te résister, voilà ce que tu penses.

Le rouge-gorge déploya ses ailes. Mary pouvait à peine en croire ses yeux : il vola droit à la bêche de Ben Weatherstaff et se posa sur l'extrémité du manche. Alors une expression nouvelle se fit jour lentement sur le vieux visage ridé. Ben se tenait immobile comme s'il craignait de respirer ; on sentait que, pour tout l'or du monde, il n'aurait voulu faire un mouvement de peur de faire fuir son rouge-gorge. Il murmura :

— Eh bien ! je veux bien être pendu ! du ton dont il aurait dit quelque chose de tout différent. Tu sais rudement bien embobiner ton monde ! rudement bien ! on te croirait sorcier, tant tu es malin !

Et il resta debout, immobile, respirant à peine, jusqu'à ce que le rouge-gorge, avec un gracieux petit mouvement d'ailes, reprît son essor. Il continua alors à regarder le manche de sa bêche comme s'il y avait eu là quelque sortilège, puis se mit à bêcher sans rien dire pendant plusieurs minutes.

Mais, comme de temps en temps ses traits rudes se détendaient en un sourire, Mary ne craignit pas de lui parler.

— Avez-vous un jardin à vous ? demanda-t-elle.

— Non, je suis célibataire, et j'habite à la loge avec Martin.

— Si vous en aviez un, reprit Mary, qu'est-ce que vous y planteriez ?

— Des choux, des pommes de terre et des oignons.

— Mais si vous vouliez un jardin à fleurs, insista Mary, qu'est-ce que vous planteriez ?

— Des oignons à fleurs, des choses qui sentent bon, mais surtout des roses.

Le visage de Mary s'éclaira…

— Est-ce que vous aimez les roses ? dit-elle.

Ben Weatherstaff arracha une mauvaise herbe et la jeta au loin avant de répondre.

— Eh bien, oui ! j'ai pris ça à une jeune dame dont j'ai été le jardinier. Elle en avait une quantité, dans un endroit qu'elle aimait, et elle les chérissait comme si c'étaient des enfants – ou des rouges-gorges. Je l'ai vue se baisser pour les embrasser.

Il arracha une autre mauvaise herbe en fronçant les sourcils :

— Il y a de cela dix ans.

— Où est-elle maintenant ? demanda Mary avec grand intérêt.

— Au ciel, répondit-il en enfonçant profondément sa bêche dans le sol, du moins d'après ce qu'on a dit à l'église.

— Qu'est-ce qui est arrivé aux roses ? demanda Mary avec un intérêt croissant.

— On les a abandonnées.

Ici Mary parut s'émouvoir tout à fait.

— Est-ce qu'elles sont mortes ? est-ce que les roses meurent toujours, quand on les abandonne ? risqua-t-elle.

— Eh bien, voilà, je m'étais mis à les aimer et je l'aimais, elle – et elle les aimait, avoua à contrecœur Ben Weatherstaff, une ou deux fois par an, j'allais y travailler un brin, les tailler et bêcher près des racines. Elles sont devenues sauvages, mais le sol est riche, quelques-unes ont survécu.

— Quand elles n'ont pas de feuilles et semblent grises, ou brunes, et desséchées, comment peut-on savoir si elles sont mortes ou vivantes ? demanda Mary.

— Attends que le printemps s'en mêle, attends que le soleil brille sur la pluie, et que la pluie tombe sur le soleil, et tu verras.

— Comment, comment ? cria Mary, oubliant toute prudence.

— Regarde le long des branches et des rameaux et, si tu vois une petite grosseur brune enfler çà et là, examine-la après une pluie chaude, et tu verras.

Il s'arrêta tout à coup et regarda avec curiosité le visage anxieux de l'enfant.

— Pourquoi te soucies-tu tant de roses tout à coup ? demanda-t-il.

Madame Mary se sentit rougir. Elle n'osait presque pas répondre.

— Je… je voudrais jouer que j'ai un jardin à moi, bégaya-t-elle. Je… je n'ai rien à faire ici… je n'ai rien… et personne.

— Ma foi, dit Ben Weatherstaff lentement, en la regardant, c'est vrai, tu n'as personne.

Il dit cela d'une façon si singulière que Mary se demanda s'il n'avait pas un peu pitié d'elle ; autrefois, elle se sentait simplement fatiguée et de mauvaise humeur parce que choses et gens lui déplaisaient. Mais à présent, le monde lui semblait changer et devenir plus agréable. Si personne ne découvrait son Jardin mystérieux, elle serait toujours heureuse. Elle resta avec Ben encore dix minutes environ et lui posa toutes les questions qu'elle osa risquer. Il répondit à toutes de sa façon bizarre, en grommelant, mais il ne semblait pas vraiment de mauvaise humeur et ne ramassa pas sa bêche pour s'en aller. Il fit une remarque sur les roses au moment où elle allait le quitter et rappela ainsi à Mary les roses qu'il disait avoir aimées.

— Est-ce que vous allez voir ces roses-là maintenant ? demanda-t-elle.

— Pas cette année, mes rhumatismes me tiennent trop aux jointures.

Il dit cela de sa voix bourrue, puis, tout à coup sembla fâché contre elle, elle ne saisit pas pourquoi.

— Dis donc ! fit-il rudement, as-tu fini de me poser des questions ? tu es la pire donzelle que j'aie jamais rencontrée pour vous harceler de questions. Va-t'en jouer, je ne cause plus aujourd'hui.

Et il dit cela d'un ton si rogue qu'elle comprit qu'il ne servirait à rien de rester une minute de plus. Elle s'en alla lentement, en sautant à la corde, vers l'allée extérieure, pensant à Ben et se disant que, malgré sa maussaderie, lui aussi lui plaisait. Elle aimait le vieux Ben Weatherstaff. Oui, elle l'aimait. Elle avait toujours envie de le faire causer et elle commençait à croire qu'il savait sur les fleurs tout ce qu'on peut savoir.

Il y avait une allée bordée de lauriers qui contournait tout le Jardin secret et aboutissait à une porte : celle-ci donnait accès à un bois du parc. Elle eut l'idée de suivre cette allée en sautant et de regarder dans le bois pour voir s'il y avait des lapins trottinant par là. Elle sauta avec entrain et, arrivant à la porte elle la franchit, intriguée et attirée à la fois par un bruit singulier, une sorte de sifflement léger.

Ce qu'elle vit alors était étrange en vérité : elle en perdit un instant la respiration ! Un jeune garçon était assis par terre, adossé à un arbre et jouant d'un chalumeau en bois grossier. C'était un petit gars, d'une douzaine d'années, avec une figure singulière. Il semblait reluisant de propreté, son nez était retroussé, ses joues rouges comme des coquelicots, et jamais Mary n'avait vu d'yeux si ronds et si bleus dans un visage humain. Sur le tronc de l'arbre où il était appuyé, un écureuil marron était perché et le regardait et, derrière un buisson tout proche, un faisan tendait son cou délicat pour voir aussi ; tout près du musicien deux lapins étaient assis, humant l'air avec des museaux frémissants, et il semblait réellement que tous s'étaient approchés pour entendre l'étrange et doux petit appel du chalumeau.

Quand le jeune garçon vit Mary il leva la main et lui parla d'une voix presque aussi douce que celle de son instrument, et assez semblable à celle-ci :

— Ne bouge pas, dit-il, ça les ferait fuir.

Mary resta immobile. Il cessa de jouer et commença à se lever. Il se mouvait si lentement qu'on ne le voyait presque pas bouger, mais enfin il se trouva sur ses pieds, et alors l'écureuil grimpa lentement dans l'arbre, le faisan retira sa tête, les lapins retombèrent sur leurs pattes et s'en allèrent, mais sans le moindre signe de frayeur.

— Je suis Dickon, dit le petit garçon. Je sais que tu es miss Mary.

Alors Mary se rendit compte qu'elle avait su tout de suite que c'était Dickon. Qui d'autre eût pu charmer des lapins et des faisans comme les indigènes charment les serpents aux Indes ? Il avait une grande bouche, rouge et sinueuse, et souriait de tout son visage.

— Je me suis levé lentement, expliqua-t-il, parce que si tu fais un mouvement brusque ça les effraie, il faut se mouvoir doucement et parler bas quand on a affaire à des créatures sauvages.

Il ne lui parlait pas comme s'ils ne s'étaient jamais vus, mais comme s'il la connaissait très bien. Mary n'avait jamais fréquenté de garçon de son âge, et elle lui parlait avec un peu de raideur par timidité.

— Avez-vous reçu la lettre de Martha ? demanda-t-elle.

Il secoua affirmativement sa tête bouclée couleur de rouille.

— C'est pour ça que je suis venu.

Il se baissa pour ramasser quelque chose qui était resté sur le sol.

— J'ai les outils de jardinage ; il y a une petite pioche, un râteau, une fourche et une bêche. Ils sont bons ! il y a une pelle aussi ! et la marchande a ajouté un paquet de graines de pavots blancs et de pieds-d'alouette quand j'ai acheté les autres graines.

— Voulez-vous me montrer les graines ? dit Mary.

Elle aurait voulu pouvoir s'exprimer comme lui : il parlait avec tant d'aisance.

On sentait qu'elle lui plaisait, et qu'il n'avait pas la moindre crainte de ne pas lui plaire à elle, quoiqu'il ne fût qu'un pauvre petit paysan de la lande, avec des habits rapiécés, une drôle de figure, et une tête ébouriffée couleur de rouille.

Quand elle s'approcha de lui, elle remarqua qu'un parfum frais et sain de bruyère, d'herbe et de feuilles émanait de toute sa personne comme s'il eût été de la même substance. Cette odeur plaisait beaucoup à Mary et, en regardant sa drôle de figure aux joues rouges et aux yeux bleus tout ronds, elle oublia sa timidité.

— Asseyons-nous sur ce tronc et regardons-les, dit-elle.

Ils s'assirent et il sortit un petit paquet brun informe de la poche de sa jaquette. Il défit la ficelle et, à l'intérieur il y avait une quantité de paquets plus petits, et plus réguliers, chacun ayant une image de fleur.

— Il y a une quantité de mignonnettes et de pavots, dit-il, la mignonnette est la fleur la plus parfumée qui existe, et elle pousse partout où on la sème, comme les pavots. Celles qu'on peut faire pousser et fleurir rien qu'en les appelant, pour ainsi dire, sont les plus jolies de toutes.

Il s'arrêta et tourna vivement la tête, sa figure vermeille s'éclairant.

— Où est ce rouge-gorge qui nous appelle ?

— Est-ce qu'il nous appelle vraiment ? demanda Mary.

— Oui, fit Dickon, comme si c'était la chose du monde la plus naturelle, il appelle quelqu'un qu'il connaît, comme pour dire : « Me voici, regarde-moi, j'ai envie de causer un peu. » Le voici dans le buisson ! À qui est-il ?

— Il est à Ben Weatherstaff, mais je crois qu'il me connaît un peu, répondit Mary.

— Oui certes qu'il te connaît, fit Dickon parlant de nouveau au souffle, et tu lui plais, il t'a prise en amitié, il va me parler de toi dans un instant.

Il s'approcha du buisson avec les mouvements lents que Mary avait déjà remarqués, et émit un son presque pareil au pépiement du rouge-gorge. Celui-ci écouta quelques secondes très attentivement, puis il répondit tout comme s'il répliquait à une question.

— Oui, c'est un ami à toi, fit Dickon en riant.

— Vraiment ? en êtes-vous sûr ? dit vivement Mary.

Elle désirait tant en être sûre elle-même !

— Croyez-vous vraiment que je lui plais ?

— Il ne viendrait pas si près de toi autrement, répliqua Dickon, les oiseaux sont très difficiles, et un rouge-gorge peut se montrer plus dédaigneux qu'une personne. Tu vois ! il est en train de te faire des avances. « Tu ne me vois donc pas ? », qu'il te dit.

Et il semblait vraiment que ce fût vrai : le rouge-gorge se dandinait, pépiait et penchait la tête en sautillant sur son buisson.

— Est-ce que vous comprenez tout ce que disent les oiseaux ? dit Mary.

Le large sourire de Dickon s'élargit encore : son visage n'était presque plus qu'une grande bouche, rouge et sinueuse, tandis qu'il frottait sa tête ébouriffée.

— Je crois que oui, et c'est aussi leur avis, dit-il. Il y a si longtemps que je vis avec eux sur la lande ! Je les ai regardés briser leur coquille et en sortir, se couvrir de plumes, apprendre à voler, et s'essayer à chanter si longtemps que je suis comme des leurs. Quelquefois je pense que je suis peut-être un oiseau, ou un renard, ou un lapin, ou un écureuil, ou même un hanneton sans m'en douter.

Il revint s'asseoir sur le tronc en riant, et recommença à lui parler des graines. Il lui dit comment étaient les fleurs de chacune des semences, comment les planter, et les soigner, les nourrir, les arroser.

— Tiens, dit-il tout à coup, se tournant vers elle, je vais te les planter moi-même. Où est ton jardin ?

Mary joignit convulsivement sur ses genoux ses petites mains maigres. Elle ne savait que dire, aussi, pendant une minute, elle ne dit rien. Elle n'avait pas prévu cela. Son cœur se serrait et elle se sentit devenir rouge, puis pâle.

— Tu as bien un bout de jardin, n'est-ce pas ? fit Dickon.

Il l'avait vue rougir et pâlir et, comme elle ne disait plus rien, il commença à être un peu intrigué.

— On n'a pas voulu t'en donner un morceau ? demanda-t-il, tu n'en as pas encore ?

Mary serra plus étroitement ses mains l'une contre l'autre et tourna les yeux vers lui.

— Je ne connais pas les garçons du tout, dit-elle lentement, est-ce que vous pourriez garder un secret ? je ne sais pas ce que je ferais si quelqu'un le découvrait, je crois que j'en mourrais !

Elle prononça ces derniers mots avec une véhémence farouche.

Dickon eut l'air plus intrigué que jamais, et passa plusieurs fois sa main sur sa tête ébouriffée, mais il répondit avec bonne humeur :

— Je garde des secrets toute la journée. Si je disais aux autres gars les secrets des petits renards, des oiseaux et des bêtes sauvages, rien ne serait en sûreté sur la lande ; oui, je sais garder les secrets.

Madame Mary n'avait pas l'intention d'étendre la main et de saisir la manche de Dickon, mais c'est ce qu'elle fit.

— J'ai volé un jardin, dit-elle très vite. Il n'est pas à moi, il n'est à personne. Personne ne le veut, personne ne s'en soucie, personne n'y entre jamais. Peut-être que tout y est déjà mort, je n'en sais rien.

Jamais Madame Mary ne s'était sentie d'humeur aussi combative.

— Ça m'est égal, ça m'est égal ! Personne n'a le droit de me le prendre puisque je l'aime, et que personne d'autre ne s'en soucie ! Ils le laissent mourir ainsi fermé, ajouta-t-elle avec une violence passionnée et, cachant sa figure dans ses mains, elle éclata en sanglots, cette pauvre petite Madame Mary !

Les étranges yeux bleus de Dickon s'arrondissaient de plus en plus.

— Eh-h-h ! fit-il, prolongeant son exclamation d'une façon qui exprimait et de la surprise et de la sympathie.

— Je n'ai rien à faire ! dit Mary ; rien ne m'appartient. Je l'ai trouvé toute seule, et j'y suis entrée toute seule. Je n'ai fait que ce qu'avait fait le rouge-gorge, et on ne le lui prendrait pas, à lui !

— Où est-ce ? demanda Dickon à voix basse.

Madame Mary se leva tout de suite du tronc. Elle se sentait de nouveau « contrariée », et obstinée aussi, et prête à tout braver. Elle était de nouveau impérieuse, comme aux Indes, et à la fois véhémente et éplorée.

— Venez avec moi et je vous le montrerai, dit-elle.

Elle le conduisit par l'allée aux lauriers jusqu'à celle où le lierre croissait si épais.

Dickon la suivit avec une expression singulière où il y avait de la pitié.

Il lui semblait qu'il allait voir le nid de quelque oiseau inconnu, et qu'il fallait se mouvoir doucement. Quand elle s'approcha du mur et souleva le manteau de lierre, il tressaillit. Il y avait une porte, Mary l'ouvrit lentement et ils entrèrent ensemble. Alors Mary s'arrêta et fit de sa petite main un geste circulaire, plein de défi.

— Le voilà ! dit-elle, c'est un jardin mystérieux et je suis la seule personne au monde qui désire qu'il soit vivant !

Dickon regarda tout autour de lui et regarda encore.

— Eh ! dit-il presque en un murmure. C'est un endroit étrange et beau ! On dirait presque qu'on est dans un rêve !

11

Le nid de mésange

Pendant deux ou trois minutes, Dickon resta immobile et regarda autour de lui tandis que Mary l'observait – puis il se mit à se promener doucement, à pas très légers. Ses yeux semblaient prendre note de chaque détail : des arbres gris couverts de plantes grimpantes qui retombaient des branches, du rideau mobile sur les murs et sur l'herbe, des bosquets, seuls restés verts, avec les bancs de pierre et les hautes urnes à fleurs.

— Je ne pensais pas voir jamais cet endroit, murmura-t-il enfin.

— En aviez-vous entendu parler ? demanda Mary.

Elle avait parlé à haute voix et il l'avertit d'un signe :

— Il nous faut parler bas, dit-il, ou bien quelqu'un nous entendra et se demandera ce qui se passe ici.

— Oh ! j'oubliais, dit Mary effrayée, et portant vivement sa main à sa bouche. Vous aviez entendu parler du jardin ? reprit-elle quand elle se fut ressaisie.

Dickon fit un signe affirmatif.

— Martha m'avait dit qu'il y en avait un où personne n'entrait jamais, répondit-il, nous nous demandions comment il était.

Il s'arrêta et regarda autour de lui le gracieux rideau gris et ses yeux ronds brillaient d'une joie singulière.

— Ah ! les nids qu'il doit y avoir ici au printemps ! dit-il. Ce doit être l'endroit le plus sûr de toute l'Angleterre pour nicher ! Personne qui en approche et des berceaux de rosiers pour y bâtir ! Je me demande pourquoi tous les oiseaux de la lande ne nichent pas ici.

Madame Mary mit de nouveau involontairement la main sur le bras de Dickon.

— Est-ce qu'il y aura des roses ? murmura-t-elle, pouvez-vous le voir ? je pensais qu'elles étaient peut-être toutes mortes.

— Oh ! non ! pas toutes, répondit-il ; regarde ici !

Il s'approcha d'un arbre, un arbre très vieux, très vieux, dont l'écorce était toute couverte de lichen grisâtre, mais qui soutenait un rideau de branches et de pousses entrelacées. Il prit un couteau de sa poche et en ouvrit une des lames.

— Il y a une quantité de bois mort qui est à couper, dit-il, et il y a une quantité de vieux bois, mais le vieux en a poussé du nouveau l'année dernière. Ce rameau-ci est nouveau ; et il désigna une pousse qui était d'un brun verdâtre et non d'un gris sec et mort.

Mary la toucha elle-même avec curiosité et respect.

— Cette branche-là, dit-elle, est-ce que celle-là est tout à fait vivante, tout à fait ?

Le sourire de Dickon s'élargit encore.

— Elle est aussi vivace que moi, dit-il.

— Quel bonheur ! dit Mary, je voudrais qu'elles le soient toutes. Faisons le tour du jardin et comptons combien il y en a de vivaces.

Elle était toute à sa joie et Dickon n'était guère moins ému qu'elle. Ils allèrent d'arbre en arbre, de buisson en buisson. Dickon tenait son couteau dans la main, et lui montrait mainte merveille.

— Elles sont devenues sauvages, dit-il, mais les autres ont poussé, poussé, et ont fait des rejetons que c'en est miracle. Regarde ici !

Il attira à lui une épaisse branche grise, à l'aspect desséché.

— On pourrait croire que c'est là un bois mort, mais je ne le pense pas, pas jusqu'à la racine. Je vais le couper tout en bas et nous verrons.

Il s'agenouilla et coupa la branche desséchée tout près du sol.

— Là ! cria-t-il triomphalement, il y a du vert encore dans ce bois, regarde !

Mary était déjà à genoux, regardant de tous ses yeux.

— Quand c'est un peu verdâtre et juteux comme ça, c'est vivant, expliqua-t-il ; quand l'intérieur est sec, et que ça casse facilement, comme ce morceau-ci que je viens de couper, c'est mort. Il y a ici une grosse racine dont tout ce bois vivace est sorti et si on coupe le vieux bois, et qu'on bêche autour pour améliorer la terre, il y aura…

Il s'arrêta et leva la tête pour considérer les branches grimpantes entrelacées au-dessus de lui.

— Il y aura une cascade de roses ici en été !

Ils allèrent de nouveau de buisson en buisson et d'arbre en arbre. Dickon était très fort et très expert à manier son couteau, et savait retrancher le bois sec et mort, et distinguer un rameau compromis d'une pousse encore pleine de sève. Au bout d'une demi-heure, il sembla à Mary qu'elle savait aussi voir la différence, et elle poussait une exclamation, d'ailleurs étouffée, quand elle apercevait la moindre nuance de vert humide. La pioche, la bêche et la fourche leur rendaient de grands services. Dickon montra à Mary comment employer la fourche tandis qu'il creusait autour des racines avec la pioche, et remuait la terre pour y faire pénétrer l'air.

Ils étaient en train de travailler assidûment autour d'un des plus grands buissons de rosiers quand il aperçut quelque chose qui lui arracha une exclamation de surprise :

— Comment ! cria-t-il en montrant l'herbe à quelques mètres de là, qui a fait cela ?

C'était un des petits espaces libres ménagés par Mary autour des pointes vert pâle.

— C'est moi, dit Mary.

— Comment ! je croyais que tu n'entendais rien au jardinage.

— C'est vrai, répondit-elle, mais elles étaient si petites, et l'herbe autour était si épaisse et si forte qu'elles avaient l'air de ne pas avoir de place pour respirer. Alors je leur en ai donné, je ne sais même pas ce que c'est.

Dickon alla s'agenouiller auprès des jeunes pousses, souriant jusqu'aux oreilles.

— Tu as eu raison, dit-il, un jardinier n'aurait pas pu te donner un meilleur conseil. Elles pousseront à présent comme des champignons. Ce sont des crocus et des perce-neige et ceux-ci sont des narcisses.

Et il désignait un autre coin :

— Et ceux-ci des jonquilles. Ce que ça va être beau !

Il examinait de place en place l'œuvre de Mary.

— Tu as fait une fameuse quantité de besogne pour une petite demoiselle, dit-il en la regardant.

— C'est que je suis en train de devenir plus grasse et plus forte, dit Mary, avant j'étais toujours fatiguée. Quand je bêche, ça ne me fatigue pas, j'aime à sentir la terre remuée.

— C'est joliment bon pour toi ! dit-il en hochant doctement la tête, il n'y a rien qui sente aussi bon que la bonne terre fraîche, sauf les jeunes plantes après la pluie. Je m'en vais par la lande souvent quand il pleut ; je m'étends sous un buisson, et j'écoute le bruit de la pluie sur la bruyère, et je hume, je hume le bon air ! Ma mère dit que mon nez tremble comme celui d'un lapin.

— Est-ce que vous ne vous enrhumez jamais ? demanda Mary en le regardant avec surprise.

Elle n'avait jamais vu de garçon si drôle ni aucun qui lui plût autant.

— Oh ! non, dit-il en riant, je n'ai jamais pris froid depuis que je suis né ; c'est qu'on ne m'a pas calfeutré : j'ai toujours couru la lande par tous les temps comme les lapins. Mère dit que j'ai respiré trop d'air frais depuis dix ans pour me mettre jamais à éternuer. Je suis solide comme un petit chêne.

Il travaillait tout en bavardant, et Mary le suivait, l'aidant avec la fourche ou la pelle.

— Il y a une masse de travail à faire ici, dit-il avec enthousiasme.

— Est-ce que vous voulez revenir m'aider à le faire ? supplia Mary. Je suis sûre que je pourrai vous aider, je puis bêcher et arracher les mauvaises herbes, et faire tout ce que vous me dites. Oh ! revenez, Dickon !

— Je viendrai tous les jours si tu veux, pluie ou soleil, répondit-il d'un ton ferme. Je ne me suis jamais mieux amusé de ma vie ! Être enfermé ici et réveiller un jardin !

— Si vous voulez bien venir, dit Mary, si vous voulez bien m'aider à le faire vivre, je vous… je ne sais pas ce que je ferai, termina-t-elle piteusement.

Que pouvait-on donner à un pareil garçon ?

— Je vais te dire ce que tu feras, reprit Dickon avec son joyeux sourire, tu deviendras bien grasse, et aussi affamée qu'un petit renard, et tu apprendras à parler au rouge-gorge comme moi. Ah ! nous en aurons du bon temps !

Il se mit à se promener dans le jardin, en regardant les arbres, les murs et les buissons, d'un air méditatif.

— Je ne voudrais pas faire précisément un jardin de jardinier, bien taillé et bien peigné, dit-il, et toi ? C'est plus joli comme ceci avec des plantes sauvages qui s'entrelacent.

— Ne le faisons pas trop soigné, dit Mary. Oh ! non, cela n'aurait plus l'air d'être un jardin mystérieux.

Dickon frottait sa tête couleur de rouille d'un air intrigué.

— C'est bien un jardin mystérieux, pour sûr, dit-il ; tout de même m'est avis que quelqu'un d'autre que le rouge-gorge y est venu, depuis qu'on l'a fermé il y a dix ans.

— Mais puisque la porte était fermée à clé et la clé enterrée, dit Mary, personne n'a pu y entrer.

— C'est vrai, répondit-il, c'est un drôle d'endroit, il me semble qu'on y a un peu taillé et pioché, ici et là, il y a moins de dix ans.

— Mais comment aurait-on pu le faire ? dit Mary.

Dickon examinait une branche de rosier et il secoua la tête.

— Oui, comment ? murmura-t-il, puisque la porte est fermée et la clé enterrée ?

Madame Mary resta toujours persuadée que, dût-elle vivre cent ans, elle ne pourrait jamais oublier cette première matinée où son jardin commença à pousser. Naturellement il lui sembla qu'il commençait à pousser ce matin-là. Quand Dickon se mit à sarcler de petits espaces pour y semer des graines, elle se souvint de ce que Basil lui avait chanté pour la taquiner.

— Est-ce qu'il y a du romarin ? demanda-t-elle.

— Non, répondit Dickon, pourquoi ?

Alors Mary lui parla de Basil et de ses frères et sœurs aux Indes qui, tous, la détestaient et l'appelaient « Madame Mary que tout contrarie ».

— Ils dansaient autour de moi et ils me chantaient :

Madame Mary,
Que tout contrarie,
Qu'avez-vous dans votre jardin ?
De la menthe, du romarin.
Et des soucis couleur chagrin.

C'est pour cela que je vous parlais de romarin.

Elle fronça les sourcils et son pied poussa la pelle dans le sol avec une âpre énergie.

— Si j'étais contrariée, dit-elle, c'est qu'ils étaient contrariants.

Mais Dickon riait.

— Ma foi ! dit-il – et Mary remarqua que tout en émiettant la riche terre noire, il en humait le parfum –, je ne vois pas trop pourquoi on serait contrarié dans un monde où il y a des fleurs et des plantes, et où on peut se faire tant d'amis parmi les créatures sauvages et les voir faire leurs terriers ou leurs nids, et les entendre chanter et siffler, n'est-ce pas ?

Mary, agenouillée auprès de lui, et semant les graines, le regarda et cessa de froncer les sourcils.

— Dickon, fit-elle, vous êtes aussi gentil que Martha me l'avait dit, je vous aime et ça fait la cinquième personne ; je n'aurais jamais cru que j'aimerais cinq personnes.

Dickon s'assit sur ses talons, comme Martha quand elle frottait la grille. Il avait vraiment une amusante et charmante figure, pensait Mary, avec ses yeux bleus tout ronds, ses joues rouges et son nez allègrement retroussé.

— Tu n'aimes que cinq personnes, dit-il, qui sont les quatre autres ?

— Votre mère et Martha (Mary comptait sur ses doigts), et le rouge-gorge, et Ben Weatherstaff.

Dickon partit d'un tel éclat de rire qu'il fut obligé d'en étouffer le bruit en se couvrant la bouche de son bras.

— Je sais que tu me trouves un drôle de gars, dit-il, mais je crois que tu es la plus drôle de petite demoiselle que j'aie jamais vue.

Alors Mary fit une chose étrange : se penchant vers Dickon, elle lui posa une question qu'elle n'avait jamais songé à poser à personne auparavant.

Et elle tutoya Dickon pour la première fois comme il la tutoyait.

— Est-ce que je te plais ? demanda-t-elle.

— Oui, répondit-il avec chaleur, et rudement ! tu me plais tout à fait, et au rouge-gorge aussi, je crois.

— Alors ça fait deux, dit Mary, ça me fait deux !

Et ils se mirent à travailler plus ferme que jamais et plus joyeusement.

Mary fut surprise et fâchée d'entendre la grosse horloge de la cour sonner l'heure de son second déjeuner.

— Il me faut m'en aller, dit-elle tristement, et toi aussi, n'est-ce pas ?

Dickon sourit :

— Mon déjeuner est facile à emporter avec moi, dit-il, mère me met toujours un morceau dans la poche.

Il ramassa sa veste sur l'herbe et sortit de sa poche un petit paquet rebondi enveloppé d'un mouchoir blanc et bleu, grossier mais très propre. Il renfermait deux épaisses tranches de pain avec quelque chose au milieu.

— Le plus souvent ce n'est que du pain, dit-il, mais j'ai un beau morceau de lard aujourd'hui.

Mary trouva que c'était un drôle de déjeuner, mais lui semblait l'apprécier vivement.

— Cours manger ton repas, dit-il, c'est moi qui aurai fini le premier, je ferai encore un peu de travail avant de rentrer à la maison.

Il s'assit le dos contre un arbre.

— Je vais appeler le rouge-gorge, dit-il, et lui donner la couenne du lard, ils en raffolent.

Mary ne pouvait se décider à le quitter. Il lui semblait tout à coup qu'il pourrait bien être une sorte de génie des bois et s'évanouir avant son retour. Tout ce qui venait d'arriver lui semblait trop beau pour être vrai.

Elle alla lentement vers la porte du jardin mais s'arrêta à mi-chemin et revint sur ses pas.

— Quoi qu'il arrive, tu ne diras jamais… dit-elle.

Les joues vermeilles de Dickon étaient distendues par sa première grosse bouchée de pain et de lard, mais il s'arrangea pour esquisser un sourire encourageant.

— Si une mésange m'avait montré son nid, crois-tu que je le dirais à personne ? Jamais de la vie ! dit-il, tu ne risques pas plus qu'une mésange.

Et Mary sentit qu'elle pouvait être absolument tranquille.

12

Un morceau de terre

Mary courut si vite qu'elle était plutôt essoufflée en entrant dans sa chambre. Ses cheveux étaient ébouriffés sur son front, et ses joues d'un rose vif. Le déjeuner l'attendait sur la table et Martha l'attendait aussi.

— Tu es un peu en retard, dit-elle, où as-tu été ?

— J'ai vu Dickon ! dit Mary, j'ai vu Dickon !

— Je savais qu'il viendrait, dit Martha ravie, et qu'est-ce que tu en dis ?

— Je le trouve... je le trouve beau, dit Mary avec décision.

Martha parut un peu interdite, mais contente tout de même.

— Ma foi ! dit-elle, c'est le meilleur gars du monde, mais nous ne l'avons jamais trouvé beau, son nez est trop retroussé.

— J'aime son nez retroussé, dit Mary.

— Et ses yeux sont si ronds, dit Martha d'un ton de doute, quoiqu'ils soient d'une jolie couleur.

— J'aime ses yeux ronds, dit Mary, et ils sont absolument de la couleur du ciel sur la lande.

Martha rayonna d'aise.

— Mère dit qu'ils sont devenus de cette couleur à force de regarder les oiseaux et les nuages. Mais il faut avouer qu'il a une grande bouche, n'est-ce pas ?

— J'aime sa grande bouche, dit Mary avec obstination, je voudrais que la mienne soit toute pareille.

Martha éclata d'un rire joyeux.

— Ça ferait un drôle d'effet dans ton petit morceau de figure, dit-elle, mais je savais que ce serait comme ça quand tu le verrais. Qu'est-ce que tu dis des graines et des outils ?

— Comment savez-vous qu'il les a apportés ?

— Eh ! je n'en ai jamais douté un instant. J'étais sûre que s'il se trouvait des outils dans le comté d'York, il en apporterait, c'est un garçon si sûr.

Mary avait peur que Martha ne lui posât des questions difficiles, mais elle n'en fit rien. Elle témoigna un vif intérêt pour les graines et les outils et Mary n'eut qu'un instant d'inquiétude. Ce fut lorsqu'elle demanda où l'on devait planter les graines.

— À qui as-tu demandé ? interrogea-t-elle.

— À personne encore, dit Mary, hésitant.

— Eh bien, je ne m'adresserais pas au jardinier en chef à ta place. C'est un trop beau monsieur, ce Mr Roach.

— Je ne l'ai jamais vu, dit Mary, je n'ai vu que des aides-jardiniers et Ben Weatherstaff.

— Si j'étais toi, je demanderais à Ben Weatherstaff, conseilla Martha. Il n'est pas moitié aussi méchant qu'il en a l'air, malgré toute sa maussaderie. Mr Craven le laisse faire ce qu'il veut parce qu'il était ici du vivant de Mrs Craven et qu'il la faisait souvent rire. Elle l'aimait bien. Peut-être qu'il te trouverait un coin un peu à l'écart.

— Si c'était à l'écart et que personne ne le désire, personne ne pourrait être fâché que je le prenne, n'est-ce pas ? dit Mary avec anxiété.

— Il n'y aurait aucune raison d'être fâché, dit Martha, tu ne ferais aucun mal.

Mary mangea son déjeuner aussi vite qu'elle put et, se levant de table, elle allait courir dans sa chambre mettre son chapeau quand Martha l'arrêta.

— J'ai quelque chose à te dire, dit-elle, j'ai voulu te laisser manger d'abord ton déjeuner. Mr Craven est revenu ce matin, et je crois qu'il veut te voir.

Mary devint toute pâle.

— Oh ! dit-elle, pourquoi, pourquoi ? Il ne voulait pas me voir quand je suis arrivée, j'ai entendu Pitcher le dire.

— Eh bien, expliqua Martha, Mrs Medlock dit que c'est à cause de mère. Elle l'a rencontré en allant au village. Elle ne lui avait jamais parlé avant, mais Mrs Craven était entrée deux ou trois fois dans notre chaumière. Il l'avait oublié, mais pas mère, et elle a eu le courage de l'arrêter. Je ne sais pas ce qu'elle lui a dit de toi, mais il paraît qu'il s'est mis en tête de te voir avant de s'en aller demain matin.

— Oh ! cria Mary, il s'en va demain, quel bonheur !

— Il s'en va pour longtemps. Peut-être qu'il ne reviendra pas jusqu'à l'automne, ou l'hiver. Il va voyager dans des pays étrangers, comme il fait toujours.

— Oh ! quel bonheur, quel bonheur, dit Mary toute soulagée.

S'il ne revenait pas jusqu'à l'hiver, ou même l'automne, elle aurait le temps de voir revivre le Jardin mystérieux. Même s'il découvrait tout alors, et le lui prenait, elle aurait pu en jouir quelque temps.

— Quand pensez-vous qu'il désire…

Elle n'acheva pas sa phrase parce que la porte s'ouvrit et Mrs Medlock entra. Elle portait sa plus belle robe noire et son plus beau bonnet, et son col était fixé par une grande broche ornée d'un portrait d'homme. C'était une photographie coloriée de feu Mr Medlock et elle la portait toujours quand elle était sur son trente et un. Elle semblait nerveuse et agitée.

— Vos cheveux sont ébouriffés, dit-elle vivement. Allez les brosser. Martha, aide-la à passer sa meilleure robe. Mr Craven m'a fait dire de la lui amener dans son bureau.

Les joues de Mary perdirent tout incarnat. Son cœur se mit à battre très fort et elle se sentit redevenir une petite fille taciturne, raide et sans charme.

Elle ne répondit même pas à Mrs Medlock mais s'en alla vers sa chambre suivie de Martha. Elle ne dit rien non plus pendant que celle-ci lui mettait une autre robe et lui brossait ses cheveux et, quand elle fut bien en ordre, elle suivit encore en silence Mrs Medlock le long des corridors. Qu'aurait-elle pu dire ? Elle était obligée de paraître devant Mr Craven, et elle savait qu'elle ne lui plairait pas, et que lui ne lui plairait pas à elle, elle savait bien ce qu'il pensait d'elle.

Mrs Medlock la conduisit dans une partie de la maison qu'elle ne connaissait pas. Enfin la femme de charge frappa à une porte et quelqu'un dit : « Entrez ! » Elles entrèrent ensemble. Un homme était assis dans un fauteuil à côté du feu, et Mrs Medlock lui adressa la parole.

— Voilà miss Mary, monsieur, dit-elle.

— Vous pouvez vous en aller et me la laisser. Je sonnerai pour que vous veniez la chercher, dit Mr Craven.

Lorsqu'elle fut sortie et eut refermé la porte, Mary ne sut que rester debout et attendre, l'air gauche et fermé, tortillant ses petits doigts maigres. Elle pouvait voir que l'homme assis dans le fauteuil n'était pas précisément bossu, mais bien légèrement difforme, avec des épaules trop hautes et des cheveux noirs semés de blanc. Il tourna la tête et lui dit :

— Viens ici.

Mary s'approcha.

Il n'était pas laid. Son visage aurait même été plutôt beau s'il n'avait eu une expression aussi douloureuse. On sentait que la présence de l'enfant le tourmentait et l'agitait, comme s'il ne savait au monde que faire d'elle.

— Est-ce que tu vas bien ? demanda-t-il.

— Oui, répondit Mary.

— Est-ce qu'on te soigne bien ?

— Oui.

Il se frotta le front avec agitation, en la regardant des pieds à la tête.

— Tu es très maigre, dit-il.

— Je suis en train de devenir plus grasse, répondit Mary, de son ton le plus raide, elle le sentait.

Comme sa figure était douloureuse ! Ses yeux noirs semblaient à peine la voir, semblaient chercher quelqu'un d'autre, et il paraissait ramener avec peine ses pensées vers l'enfant.

— Je t'avais oubliée, dit-il, comment aurais-je pu me souvenir de toi ? Je voulais t'envoyer une gouvernante, ou une bonne, ou quelque chose de ce genre, mais j'ai oublié.

— S'il vous plaît, commença Mary, s'il vous plaît.

Mais quelque chose la serra à la gorge.

— Que veux-tu dire ? demanda-t-il.

— Je suis… je suis trop grande pour avoir une bonne, dit Mary, je vous en prie, je vous en prie, ne me donnez pas de gouvernante !

Il se frotta de nouveau le front et la regarda fixement.

— C'est ce que disait la femme Sowerby, murmura-t-il d'un air absent.

Alors Mary rassembla un peu de courage.

— Est-ce… est-ce la mère de Martha ? balbutia-t-elle.

— Oui, je le crois, répliqua-t-il.

— Elle connaît les enfants à fond, dit Mary, elle en a douze, elle les connaît.

Il sembla revenir à lui.

— Que désires-tu faire ?

— Je voudrais jouer dehors, répondit Mary, espérant que sa voix ne tremblait pas trop, je n'aimais pas ça aux Indes, mais ici, ça me donne faim, et me fait engraisser.

Il l'observait.

— Mrs Sowerby a dit que cela te ferait du bien. Cela se peut, dit-il. Elle pensait qu'il valait mieux pour toi te fortifier un peu avant d'avoir une gouvernante.

— Ça me fortifie de jouer dehors et de respirer le vent de la lande, plaida Mary.

— Où joues-tu ?

— Partout, dit Mary d'une voix étranglée, la mère de Martha m'a envoyé une corde à sauter, je saute et je cours, et je regarde partout si les choses commencent à sortir de terre… je ne fais pas de mal.

— N'aie donc pas l'air si épouvanté ! dit-il nerveusement. Quel mal pourrais-tu faire ? une enfant comme toi, tu peux faire ce que tu veux !

Mary porta une main à son gosier de peur qu'il remarquât la boule qu'elle y sentait monter. Elle se rapprocha de lui d'un pas.

— Vraiment, je le peux ? dit-elle.

— N'aie donc pas l'air si épouvanté, répéta-t-il. Naturellement ! Je suis ton tuteur ! un drôle de tuteur pour un enfant, sans doute, je ne puis te donner de temps ni d'attention, je suis trop malade et malheureux, et désemparé, mais je désire que tu sois bien et heureuse. Je n'ai aucune habitude des enfants, mais Mrs Medlock doit veiller à ce que rien ne te manque. Je t'ai envoyé chercher aujourd'hui parce que Mrs Sowerby a dit que je devais te voir. Sa fille lui a parlé de toi. Elle pense que tu as besoin d'air, de liberté, de vie en plein air.

— Elle connaît les enfants à fond, répéta involontairement Mary.

— Elle est payée pour ça, dit Mr Craven, je l'ai bien trouvée un peu hardie de m'arrêter sur la lande, mais elle a dit… Mrs Craven a été bonne pour elle.

Il semblait se résoudre avec peine à prononcer le nom de sa femme morte.

— C'est une personne respectable. À présent que je t'ai vue, je trouve qu'elle a dit des choses sensées. Joue dehors tant que tu voudras. Le domaine est grand, et tu peux aller où tu veux et t'amuser comme tu veux. As-tu envie de quelque chose ? ajouta-t-il, comme frappé d'une idée subite : de jouets, de livres, de poupées ?

— Pourrais-je, hasarda Mary en tremblant, pourrais-je avoir un morceau de terre ?

Dans son émoi, elle ne se rendait pas compte de la singularité de sa requête presque involontaire. Mr Craven sembla tout saisi.

— De terre ? répéta-t-il, que veux-tu dire ?

— Pour y planter des graines – pour faire pousser des plantes, pour les voir vivre, bégaya-t-elle.

Il la regarda un moment, puis passa vivement sa main sur ses yeux.

— Est-ce que… est-ce que tu aimes tant que ça les jardins ? dit-il lentement.

— Je ne m'en souciais pas aux Indes, dit Mary, j'étais toujours malade et fatiguée, et il faisait trop chaud. Je faisais quelquefois de petites plates-bandes dans la terre, et j'y enfonçais des fleurs, mais ici c'est différent.

Il se leva et se mit à marcher lentement en long et en large dans la chambre. Quand il s'arrêta pour lui parler, ses yeux sombres avaient un regard plein de douceur et presque de tendresse.

— Tu peux avoir autant de terre que tu veux, dit-il, tu me rappelles une autre personne qui aimait aussi la terre et les choses qui poussent. Quand tu verras un morceau de terre qui te plaît, ajouta-t-il avec quelque chose qui ressemblait à un sourire, prends-le, mon enfant, et fais-le vivre.

— Puis-je le prendre n'importe où, si on n'en a pas besoin ?

— N'importe où, répondit-il ; là, tu peux me laisser à présent, je suis fatigué.

Il toucha la sonnette pour appeler Mrs Medlock.

— Adieu, je serai absent tout l'été.

Mrs Medlock apparut si vite que Mary la soupçonna d'être restée postée dans le corridor.

— Mrs Medlock, lui dit Mr Craven, maintenant que j'ai vu l'enfant, je comprends ce que voulait dire Mrs Sowerby. Il faut qu'elle devienne moins délicate avant de prendre des leçons. Donnez-lui une nourriture simple et saine, laissez-la courir dans le jardin, ne la surveillez pas trop, elle a besoin de liberté, de grand air et de mouvement. Mrs Sowerby peut venir la voir de temps en temps et elle peut aller quelquefois à la chaumière des Sowerby.

Mrs Medlock eut l'air content. Elle était soulagée de savoir qu'elle n'avait pas besoin de trop surveiller Mary. L'enfant lui était à charge, et elle s'en était occupée le moins possible. De plus elle aimait bien la mère de Martha.

— Merci, monsieur, dit-elle, Susan Sowerby et moi avons été à l'école ensemble, et c'est une femme sensée, et d'un bon cœur, comme on n'en rencontre pas tous les jours. Je n'ai jamais eu d'enfant moi-même, et elle en a eu douze, et on n'en a jamais vu de mieux portants ni de mieux élevés. Ça ne peut pas faire de mal à miss Mary de les fréquenter. Pour ma part je demanderai toujours conseil à Susan Sowerby quand il s'agira d'enfant. Elle a ce qu'on peut appeler des idées saines, si vous comprenez ce que je veux dire.

— Je comprends, répondit Mr Craven, emmenez miss Mary à présent et envoyez-moi Pitcher.

Quand Mrs Medlock la quitta, à l'entrée de son propre corridor, Mary s'élança vers sa chambre. Elle trouva Martha qui l'attendait, s'étant dépêchée de servir le déjeuner pour revenir.

— Je puis avoir mon jardin, s'écria Mary, je puis l'avoir où je veux, je n'aurai pas de gouvernante de longtemps, votre mère viendra me voir et je peux aller à votre chaumière. Il dit qu'une petite fille comme moi ne peut pas faire de mal et que je peux faire ce que je veux partout.

— Ah ! dit joyeusement Martha, c'est gentil de sa part, n'est-ce pas ?

— Martha, dit solennellement Mary, je suis sûre qu'il est bon, seulement il a l'air si malheureux, et son front est tout plissé.

Elle retourna en courant aussi vite qu'elle le put au jardin. Elle avait été absente tellement plus longtemps qu'elle ne comptait l'être, et elle savait que Dickon serait parti pour faire ses huit kilomètres de chemin. Quand elle se glissa par la porte couverte de lierre, elle vit qu'il ne travaillait plus, là où elle l'avait laissé : les outils de jardinage étaient rangés ensemble sous un arbre. Elle y courut, regardant tout autour d'elle. Pas de Dickon ! et le Jardin mystérieux était vide, sauf que le rouge-gorge venait de voler par-dessus le mur, et la regardait, perché sur une branche de rosier.

— Il est parti ! dit-elle tristement. Oh, est-ce que ce n'était vraiment qu'un bon génie des bois ?

Quelque chose de blanc attaché à un rosier attira son regard. C'était un morceau de papier – un morceau de la lettre qu'elle avait imprimée pour que Martha l'envoyât à Dickon. Le papier était épinglé au buisson par une longue épine et elle comprit aussitôt que c'était Dickon qui l'avait laissé là. Il portait quelques lettres grossièrement imprimées et une sorte de dessin. D'abord elle ne put voir ce que cela représentait, puis elle vit que c'était un nid avec un oiseau en train de couver.

Au-dessus il y avait des lettres imprimées, et celles-ci disaient : « Je reviendrai. »

13
Colin

Mary emporta le dessin avec elle quand elle rentra souper et le montra à Martha.

— Eh ! dit Martha avec orgueil, je ne savais pas que notre Dickon était si habile que ça ! Ce dessin représente une mésange sur son nid, de grandeur nature et deux fois plus naturelle !

Alors Mary comprit que c'était là un message de Dickon et que cela signifiait qu'il garderait son secret. Son jardin était son nid et elle était la mésange. Ah ! comme il lui plaisait, ce singulier petit paysan !

Elle espérait qu'il reviendrait le lendemain même et s'endormit en rêvant de ce lendemain.

Mais on ne sait jamais comment le temps se comportera dans le comté d'York, surtout au printemps, et elle fut réveillée la nuit suivante par le bruit de la pluie qui battait les vitres à grosses gouttes. Elle tombait à torrents et le vent gémissait à tous les angles et dans la cheminée de la vaste vieille maison. Mary s'assit dans son lit désolée et furieuse.

— La pluie fait exprès de me contrarier, dit-elle, elle tombe parce qu'elle sait que je ne la voulais pas !

Elle se rejeta sur son oreiller et y enfonça son visage. Elle ne pleura pas, mais, immobile dans l'obscurité, elle détesta le bruit de la lourde pluie battante, et le vent, et ses gémissements. Elle ne pouvait plus se rendormir. Les sons mélancoliques la tenaient éveillée parce qu'elle se sentait elle-même mélancolique. Si elle avait été heureuse, ces mêmes sons l'eussent bercée et endormie. Comme le vent gémissait et comme les grosses gouttes de pluie s'abattaient sur la vitre !

— On dirait tout à fait une personne perdue sur la lande, qui cherche et qui pleure, dit-elle.

Elle était restée réveillée à se tourner et se retourner pendant près d'une heure, quand, tout à coup, quelque chose la fit se dresser sur son lit et tourner la tête vers la porte, écoutant. Elle écouta et écouta encore.

— Ce n'est pas le vent maintenant, dit-elle tout haut. Ce n'est pas le vent, c'est différent, c'est cette plainte que j'ai entendue avant.

La porte de sa chambre était entrouverte et le son lui parvenait par le corridor : un bruit faible et lointain de pleurs irrités. Elle écouta pendant quelques minutes et chaque minute la confirmait dans sa certitude. Il lui semblait qu'il lui fallait découvrir ce que c'était. Cela lui faisait un effet plus étrange encore que le Jardin mystérieux et la clé enterrée. Peut-être le fait qu'elle était en humeur de révolte l'enhardissait-il. Elle mit pied à terre.

— Je vais découvrir ce que c'est, dit-elle. Tout le monde est au lit et je me moque de Mrs Medlock, oui, je m'en moque !

Il y avait une bougie à son chevet, et elle la prit et sortit doucement de la chambre. Le corridor semblait très long et très sombre, mais elle était trop excitée pour s'en alarmer. Elle croyait se rappeler les tournants qu'il fallait prendre pour trouver le couloir où s'ouvrait la porte couverte de tapisserie, celle par laquelle Mrs Medlock avait surgi, le jour où elle s'était égarée. Le bruit venait de ce côté. Aussi avançait-elle, avec sa lumière vacillante, presque à tâtons, le cœur lui battant si fort qu'il lui semblait l'entendre. Les pleurs faibles et lointains continuaient et l'aidaient à se diriger. Quelquefois ils cessaient un moment, puis recommençaient. Était-ce là qu'il fallait tourner ? Elle s'arrêta et réfléchit – oui, c'était bien là.

Le long de ce couloir, puis à gauche, puis en montant deux larges marches, puis de nouveau à droite. Oui, voilà la porte de tapisserie.

Elle l'ouvrit très doucement et la referma derrière elle, elle se trouva debout dans le corridor et entendit les pleurs très distinctement, quoiqu'ils ne fussent pas bruyants. C'était de l'autre côté du mur, à sa gauche et, quelques mètres plus loin, il y avait une porte. Elle voyait une lueur briller au bas de cette porte. Quelqu'un pleurait dans la chambre et ce quelqu'un était un enfant.

Alors elle alla vers la porte, l'ouvrit et se trouva debout dans la chambre.

C'était une grande pièce avec de beaux meubles anciens. Il y avait un feu discret dans la cheminée et une veilleuse au chevet d'un grand lit sculpté, tendu de brocart et dans le lit était couché un petit garçon, qui pleurait et gémissait.

Mary se demanda si elle était bien éveillée ou si elle s'était rendormie et faisait un rêve.

Le petit garçon avait des traits délicats mais nettement dessinés, d'une teinte d'ivoire et des yeux qui semblaient trop grands pour son visage. Il avait aussi une masse de cheveux qui lui retombaient sur le front en boucles épaisses, et faisaient paraître sa figure mince encore plus petite. Il avait l'air de sortir de maladie, mais semblait pleurer de fatigue et de mauvaise humeur plutôt que de souffrance.

Mary restait debout près de la porte, sa bougie en main, retenant son souffle. Enfin, elle traversa doucement la chambre ; comme elle approchait, la lumière attira l'attention du petit garçon et, tournant la tête sur son oreiller, il la regarda fixement avec ses yeux gris si grands ouverts qu'ils semblaient immenses.

— Qui êtes-vous ? dit-il enfin, dans un murmure quelque peu effrayé, êtes-vous un revenant ?

— Non, répondit Mary, également bas, et avec quelque frayeur aussi, et vous ?

Il la regardait fixement de ses yeux dilatés. Mary ne pouvait s'empêcher de remarquer combien ses yeux étaient étranges. D'un gris d'agate, ils semblaient trop grands pour son visage, parce qu'ils étaient frangés de longs cils noirs.

— Non, répliqua-t-il au bout d'un moment, je suis Colin.

— Qui est-ce, Colin ? balbutia-t-elle.

— Colin Craven. Et vous, qui êtes-vous ?

— Je suis Mary Lennox. Mr Craven est mon oncle.

— C'est mon père, dit le petit garçon.

— Votre père ! s'écria Mary stupéfaite, personne ne m'avait jamais dit qu'il a un fils. Pourquoi ?

— Venez ici, dit-il, tenant toujours fixés sur elle ses yeux étranges, avec une expression inquiète.

Elle s'approcha du lit et il la toucha de la main.

— Vous êtes une vraie personne, n'est-ce pas ? dit-il, j'ai souvent des rêves qui semblent si réels ! je ne rêve pas en ce moment ?

Mary avait passé un peignoir blanc avant de quitter sa chambre. Elle le lui fit toucher.

— Tâtez cela et voyez comme c'est épais et chaud, dit-elle, je vous pincerai un peu, si vous voulez, pour vous montrer que je suis une vraie personne. Pendant une minute, moi aussi j'ai cru rêver.

— D'où venez-vous ? demanda-t-il.

— De ma chambre. Le vent hurlait tellement que je ne pouvais pas dormir, et j'ai entendu quelqu'un pleurer, et j'ai voulu découvrir qui c'était. Pourquoi pleuriez-vous ?

— Parce que je ne pouvais pas dormir non plus et que j'avais mal à la tête. Redites-moi votre nom.

— Mary Lennox. Est-ce que personne ne vous a dit que je devais venir ici ?

Il palpait encore le pli du peignoir, mais semblait commencer à croire à la réalité de l'existence de Mary.

— Non, répondit-il, on n'osait pas, parce que j'aurais eu peur que vous me voyiez. Je ne veux pas que les gens me voient et parlent de moi.

— Pourquoi ? demanda encore Mary, de plus en plus intriguée.

— Parce que je suis toujours comme ceci, malade et obligé de rester couché. Mon père non plus ne veut pas que les gens parlent de moi. Il le défend aux domestiques. Si je vis, je deviendrai probablement bossu, mais je ne vivrai pas. Mon père a horreur de l'idée que je pourrais lui ressembler.

— Oh ! quelle étrange maison ! dit Mary, quelle étrange maison ! Tout ici est une sorte de secret. Des chambres fermées à clé – et des jardins fermés à clé et vous à présent ! est-ce qu'on vous a enfermé ?

— Non, je reste dans cette chambre parce que je ne veux pas en bouger, ça me fatigue trop.

— Est-ce que votre père vient vous voir ? risqua Mary.

— Quelquefois, quand je dors généralement. Il ne désire pas me voir.

— Pourquoi ? ne put s'empêcher de répéter Mary.

Une ombre d'irritation passa sur le visage de l'enfant.

— Ma mère est morte quand je suis né et ça le rend malheureux de me regarder. Il croit que je ne le sais pas, mais j'ai entendu les gens causer, il me déteste presque.

— Il déteste le jardin parce qu'elle est morte, dit Mary, comme se parlant à elle-même.

— Quel jardin ? demanda le petit garçon.

— Oh ! simplement – un jardin qu'elle aimait, balbutia Mary. Êtes-vous toujours resté ici ?

— Presque toujours. Quelquefois on m'a emmené au bord de la mer, mais je ne veux pas y rester parce que les gens me regardent. Autrefois, je portais une machine en fer, pour me tenir le dos droit, mais un grand docteur est venu de Londres, et il a dit que c'était de la bêtise. Il leur a dit de l'ôter et de me tenir dehors au grand air. Je déteste le grand air et je ne veux pas aller dehors.

— Je n'aimais pas non plus, quand je suis venue ici, dit Mary. Pourquoi me regardez-vous comme ça ?

— À cause de ces rêves qui semblent si réels, répondit-il d'un ton plaintif. Quelquefois, quand j'ouvre les yeux, je ne me crois pas éveillé.

— Nous sommes tous les deux bel et bien éveillés, dit Mary.

Elle regarda la chambre avec son haut plafond, ses recoins obscurs et la faible flamme du foyer.

— Ça a l'air d'un rêve et c'est le milieu de la nuit, et tout le monde dans la maison est endormi, tout le monde sauf nous. Nous sommes tout à fait éveillés.

— Je ne voudrais pas que ce fût un rêve, dit anxieusement le petit garçon.

Mary parut subitement frappée d'une idée.

— Si vous n'aimez pas que les gens vous voient, dit-elle, vous désirez peut-être que je m'en aille.

Il tenait encore le pli de son peignoir et le tira à lui.

— Non, dit-il, si vous partiez, je serais sûr que c'est un rêve. Si vous êtes bien une vraie personne asseyez-vous sur ce grand tabouret et causons. Je désire savoir beaucoup de choses sur vous.

Mary posa sa bougie sur la table, près du lit, et s'assit sur le tabouret capitonné. Elle n'avait aucune envie de s'en aller. Elle avait envie de rester dans la mystérieuse chambre tenue secrète et de parler au mystérieux petit garçon.

— Que voulez-vous que je vous dise ? fit-elle.

Il désirait savoir depuis combien de temps elle était à Misselthwaite, dans quel corridor donnait sa chambre, ce qu'elle faisait, si elle détestait la lande autant que lui, où elle demeurait avant de venir dans le comté d'York. Elle répondit à toutes ces questions et à beaucoup d'autres, et il retomba sur son oreiller et l'écouta. Il se fit raconter beaucoup de choses sur sa vie aux Indes et sur son voyage à travers l'océan. Elle découvrit que, par suite de son existence d'invalide, il n'avait pas été instruit comme les autres enfants. Une de ses gardes-malades lui avait appris à lire quand il était tout petit, et il passait sa vie à lire, ou à regarder des images dans des livres magnifiques.

Quoique son père le vît rarement éveillé, il lui avait donné toutes sortes de choses merveilleuses pour l'amuser. Mais Colin ne semblait pas s'être jamais amusé. Il pouvait obtenir tout ce qu'il demandait et n'était jamais forcé à faire ce qui ne lui plaisait pas.

— Tout le monde est obligé de faire ce qui me plaît, dit-il languissamment. Ça me rend malade de me mettre en colère. Personne ne pense que je vivrai.

Il dit cela comme s'il était si habitué à cette idée qu'elle lui était devenue indifférente. Il semblait se plaire à entendre la voix de Mary. Tandis qu'elle continuait à bavarder, il l'écoutait d'un air d'intérêt, malgré le sommeil qui commençait à l'envahir. Une ou deux fois elle se demanda s'il ne s'assoupissait pas peu à peu. Mais il lui posa alors une question qui mit un nouveau sujet sur le tapis.

— Quel âge avez-vous ? demanda-t-il.

— J'ai dix ans, et vous aussi, répondit étourdiment Mary.

— Comment le savez-vous ? demanda-t-il avec étonnement.

— Parce que, quand vous êtes né, on a fermé la porte du jardin et enterré la clé, et il y a dix ans qu'il est fermé.

Colin s'assit à demi, et se tourna vers elle, s'accoudant sur son lit.

— Quel est le jardin dont on a fermé la porte ? qui a fait ça ? où a-t-on enterré la clé ? demanda-t-il avec un soudain intérêt.

— C'était… c'était le jardin que Mr Craven déteste, dit Mary avec embarras. Il a fermé la porte. Personne, personne n'a su où il a enterré la clé.

— Quelle espèce de jardin est-ce ? insista vivement Colin.

— On n'a permis à personne d'y entrer depuis dix ans, répondit prudemment Mary.

Mais il était trop tard pour se montrer prudente. Colin ressemblait trop à Mary elle-même. Sa vie avait été également vide d'intérêt, et l'idée d'un jardin caché le fascinait comme elle. Il lui posa question sur question. Où était-il ? n'avait-elle jamais cherché la porte ? n'avait-elle jamais interrogé les jardiniers ?

— Ils ne veulent pas en parler, dit Mary. Je crois qu'on leur a dit de ne pas répondre aux questions.

— Je les y forcerai bien, dit Colin.

— Vraiment ! balbutia Mary alarmée.

S'il pouvait vraiment forcer les gens à lui répondre, qui sait ce qui pourrait arriver ?

— Tout le monde est obligé de faire ce que je désire, je vous l'ai dit, fit-il. Si je devais vivre, tout le domaine m'appartiendrait un jour. Ils le savent tous. Je les forcerai à me dire la vérité.

Mary ne savait pas qu'elle-même avait été gâtée, mais elle pouvait voir clairement que ce mystérieux petit garçon l'était. Il pensait que le monde entier lui appartenait. Comme il était singulier, et avec quel calme il parlait de ne pas vivre !

— Croyez-vous que vous ne vivrez pas ? demanda-t-elle, en partie par curiosité, et en partie dans l'espoir de lui faire oublier le jardin.

— Je pense que non, répondit-il avec la même indifférence. Aussi loin que je puis me souvenir de quoi que ce soit, je me rappelle avoir entendu dire aux gens que je ne vivrais pas. D'abord ils croyaient que j'étais trop petit pour comprendre, et maintenant, ils croient que je n'entends pas, mais j'entends très bien. Mon docteur est le cousin de mon père. Il est très pauvre et, si je meurs, il aura tout Misselthwaite quand mon père mourra. Je pense qu'il ne désire guère me voir vivre.

— Et vous, avez-vous envie de vivre ? interrogea Mary.

— Non, répondit-il, d'un ton las et maussade. Mais je n'ai pas envie de mourir. Quand je suis malade, je reste couché à penser à ça et ça me fait pleurer, pleurer.

— Je vous ai entendu pleurer trois fois, dit Mary, mais je ne savais pas ce que c'était, est-ce pour cela que vous pleuriez ?

Elle désirait tant lui faire oublier le jardin !

— Peut-être bien, répondit-il, parlons d'autre chose. Parlez-moi du jardin. N'avez-vous pas envie de le voir ?

— Si, répondit Mary à voix très basse.

— Moi aussi ! continua-t-il obstinément, je ne crois pas que j'aie jamais eu envie de voir quoi que ce soit, mais j'ai envie de voir ce jardin, j'ai envie qu'on déterre la clé, j'ai envie qu'on m'ouvre la porte. Je m'y ferais porter dans mon fauteuil roulant, ça me ferait respirer l'air frais. Je vais les forcer à ouvrir la porte !

Il s'excitait tout à fait, et ses yeux étranges commençaient à briller comme des étoiles, et semblaient plus immenses que jamais.

— Ils sont obligés de faire ce que je désire, dit-il, je les forcerai à m'y amener, et je vous laisserai aussi y entrer.

Mary serra convulsivement ses mains l'une contre l'autre. Tout serait gâté, tout ! Dickon ne reviendrait jamais, elle n'aurait plus jamais l'impression d'être comme une mésange dont le nid est bien caché.

— Oh, non ! non ! non ! ne faites pas cela, cria-t-elle.

Il la regarda fixement comme s'il pensait qu'elle devenait folle.

— Comment, s'écria-t-il, vous avez dit que vous désiriez aussi le voir !

— C'est vrai, répondit-elle avec une sorte de sanglot, mais si vous les forcez à ouvrir la porte, et à vous y faire entrer, ce ne sera plus jamais un secret.

Il se pencha vers elle.

— Un secret ! dit-il, que voulez-vous dire, expliquez-moi.

Mary s'expliqua à mots précipités :

— Vous comprenez… vous comprenez, haleta-t-elle, si personne que nous ne sait… s'il y avait une porte cachée quelque part sous le lierre… s'il y en avait une et si nous pouvions la découvrir… et si nous pouvions nous y glisser ensemble et la fermer derrière nous, sans que personne sache qui était dedans, et si nous disions que le jardin est à nous et que nous sommes des mésanges, et que c'est notre nid, et si nous y jouions presque tous les jours, et que nous y bêchions, et y plantions des graines, et le faisions revivre…

— Est-ce qu'il est mort ? interrompit-il.

— Il le sera bientôt si personne ne s'en occupe : les oignons survivront, mais les roses…

Il l'arrêta de nouveau, aussi excité qu'elle à présent.

— Les oignons ?

— Ce sont les racines des jonquilles, des muguets, des perce-neige. Ils sont en train de travailler sous terre à présent, ils poussent des pointes vert pâle parce que le printemps vient.

— Est-ce que le printemps vient ? dit-il, comment est-ce ? On ne le voit pas dans sa chambre, quand on est malade.

— C'est le soleil qui brille sur la pluie, et la pluie qui tombe sur le soleil, et les plantes qui poussent et travaillent sous terre, dit Mary. Si le jardin restait un secret, et que nous puissions y entrer, nous pourrions regarder les plantes grandir de jour en jour et voir combien de choses sont encore vivantes. Tu comprends ? Oh ! est-ce que tu ne comprends pas comme ce serait plus amusant si c'était un secret ?

Mary avait tutoyé son cousin pour la première fois, dans son émotion. Il retomba sur son oreiller et s'y reposa, immobile, avec une expression singulière.

— Je n'ai jamais eu de secret, dit-il enfin, excepté celui de savoir que je ne vivrais pas ! On ne sait pas que je le sais, et ainsi c'est une sorte de secret, mais j'aime mieux ce genre-ci.

— Si tu veux bien ne pas les forcer à te porter dans le jardin, supplia Mary, peut-être… je suis presque certaine que je pourrai trouver le moyen d'y entrer un jour. Et alors… si le docteur veut bien que tu y ailles dans ton fauteuil roulant et, si tu peux toujours faire ce que tu veux… peut-être, peut-être que nous pourrions trouver un garçon qui te pousserait, et nous y entrerions seuls, et ce serait toujours un secret.

— J'aimerais bien ça, dit-il très lentement avec un regard rêveur, j'aimerais bien ça ! Je ne craindrais pas le grand air dans le Jardin mystérieux.

Mary commença à respirer et à se sentir rassurée, voyant que l'idée de garder le secret semblait plaire à Colin. Elle se sentait presque certaine que, si elle continuait à lui parler et arrivait à lui faire voir le jardin en imagination, comme elle l'avait vu, il l'aimerait tant qu'il ne pourrait plus supporter l'idée de voir n'importe qui y entrer à sa guise.

— Je te dirai comment je crois que le jardin pourrait être, si nous réussissions à y entrer, dit-elle. Il a été fermé si longtemps que peut-être les plantes y ont poussé en désordre.

Il resta couché immobile à l'écouter tandis qu'elle continuait à lui parler des rosiers qui *pourraient* avoir grimpé d'arbre en arbre et retomber en guirlandes, des nombreux oiseaux qui *pourraient* y avoir fait leurs nids, parce que c'était un endroit si sûr.

Puis elle lui parla du rouge-gorge et de Ben Weatherstaff, et il y avait tant à dire au sujet du rouge-gorge, et c'était si facile d'en parler sans danger qu'elle cessa d'être inquiète. Le rouge-gorge plut tellement à Colin qu'il en eut un sourire qui le rendait presque joli. Mary avait pensé d'abord qu'il était encore plus laid qu'elle, avec ses grands yeux et ses lourdes boucles.

— Je ne savais pas que les oiseaux pouvaient être ainsi, dit-il, mais, quand on reste dans sa chambre, on ne voit jamais rien. Quelle masse de choses tu sais ! Il me semble que tu as vu le Jardin, que tu as été dedans.

Elle ne sut que dire, et ne répondit rien. Mais il n'attendait évidemment pas de réponse et, l'instant d'après, il lui causa une surprise.

— Je vais te montrer quelque chose, dit-il, vois-tu ce rideau de soie rose, là, sur le mur, au-dessus de la cheminée ?

Mary ne l'avait pas encore remarqué mais elle le vit en levant les yeux. C'était un rideau de soie légère qui semblait recouvrir quelque tableau.

— Oui, répondit-elle.

— Il y a un cordon qui pend, dit Colin, va le tirer.

Mary se leva, très intriguée, et trouva le cordon. En tirant le rideau, elle découvrit en effet un tableau. C'était le portrait d'une jeune femme au visage rieur. Elle avait des cheveux dorés, attachés par un ruban bleu, et ses beaux yeux rayonnants ressemblaient aux yeux tristes de Colin. D'un gris d'agate, ils semblaient deux fois plus grands qu'ils n'étaient en réalité, à cause des longs cils noirs qui les entouraient.

— C'est ma mère, dit Colin d'un ton plaintif, je ne vois pas pourquoi elle est morte – quelquefois je lui en veux horriblement.

— Quelle idée ! dit Mary.

— Si elle avait vécu, je n'aurais pas toujours été malade, grommela-t-il, je pense que j'aurais pu vivre aussi et mon père n'aurait pas eu horreur de me regarder. Je pense que j'aurais eu un dos comme tout le monde. Replace le rideau.

Mary obéit et retourna à son tabouret.

— Elle est beaucoup plus jolie que toi, dit-elle, mais ses yeux sont tout à fait comme les tiens, du moins ils sont de la même forme et de la même couleur. Pourquoi est-elle recouverte d'un rideau ?

Colin se retourna fiévreusement dans son lit.

— C'est moi qui l'ai fait faire, dit-il ; quelquefois, je n'aime pas la voir me regarder, elle sourit trop quand je suis malade et malheureux. Et puis elle est à moi, et je ne veux pas que tout le monde la voie.

Il y eut quelques instants de silence et ce fut Mary qui le rompit.

— Que ferait Mrs Medlock si elle découvrait que je suis venue ici ? demanda-t-elle.

— Elle ferait ce que je lui dirais de faire, répondit-il, et je lui dirais que je veux que tu viennes ici causer avec moi tous les jours. Je suis content que tu sois venue.

— Moi aussi, dit Mary, je viendrai aussi souvent que je pourrai, mais – elle hésita – il faut que je cherche tous les jours la porte du jardin.

— Oui, dit Colin, il le faut, et tu viendras m'en parler après.

Il resta immobile à réfléchir pendant quelques minutes comme auparavant, puis il dit :

— Je crois que toi aussi tu seras un secret. Je ne leur dirai rien jusqu'à ce qu'ils le découvrent. Je peux toujours renvoyer la garde de la chambre en disant que je veux être seul. Connais-tu Martha ?

— Oui, je la connais très bien, dit Mary, elle me sert.

Il indiqua d'un signe de tête le corridor.

— C'est elle qui couche maintenant dans l'autre chambre, la garde est partie hier pour passer la nuit chez sa sœur et elle m'envoie toujours Martha quand elle sort. Martha te dira quand tu peux venir.

Alors Mary comprit l'air embarrassé de Martha quand elle lui avait posé des questions sur les pleurs.

— Martha te connaissait tout ce temps ? dit-elle.

— Oui, elle me sert souvent. La garde aime à me quitter le plus possible, et alors c'est Martha qui vient.

— Il y a longtemps que je suis ici, dit Mary, faut-il que je m'en aille à présent ? Tu as l'air d'avoir sommeil.

— J'aimerais pouvoir dormir avant que tu me quittes, dit-il un peu timidement.

— Ferme les yeux, dit Mary, rapprochant son tabouret, et je ferai ce que faisait mon *ayah* aux Indes. Je te caresserai la main en chantant quelque chose tout doucement.

— J'aimerai peut-être cela, dit-il d'une voix somnolente.

Mary le plaignait un peu, et désirait qu'il pût dormir. Aussi, elle se pencha vers le lit et se mit à lui caresser la main en chantant très doucement un petit air berceur en hindoustani.

— J'aime cela, dit-il d'une voix encore plus somnolente, et elle continua à chanter en caressant la petite main maigre.

Mais bientôt, en regardant Colin, elle vit que ses longs cils noirs étaient abaissés sur ses joues : ses yeux étaient fermés et il dormait profondément.

Alors elle se leva doucement, prit sa bougie et s'esquiva sans bruit.

14
Un jeune rajah

La lande était cachée par la brume quand vint le matin et la pluie n'avait cessé de tomber à torrents. Il ne pouvait être question de sortir. Martha était si affairée que Mary ne trouva pas l'occasion de lui parler, mais l'après-midi, elle lui demanda de venir s'installer un peu avec elle dans la nursery. Martha vint, apportant le bas qu'elle était toujours occupée à tricoter, quand elle ne faisait pas autre chose.

— Qu'est-ce que tu as ? demanda-t-elle aussitôt assise. Tu as l'air d'avoir quelque chose à me dire.

— C'est vrai, dit Mary, j'ai découvert d'où venaient les pleurs.

Martha laissa tomber son tricot sur ses genoux et la regarda toute saisie.

— Non ! s'écria-t-elle, ce n'est pas vrai !

— Je les ai de nouveau entendus cette nuit, continua Mary. Je me suis levée et je suis allée voir d'où ils venaient. C'était Colin. Je l'ai trouvé.

Martha devint rouge de peur.

— Oh ! miss Mary ! dit-elle, pleurant presque. Ce n'est pas bien ! Ce n'est pas bien ! Tu me feras des ennuis ! Je ne t'en ai jamais rien dit, mais ça me fera des ennuis. Je perdrai ma place et que fera mère ?

— Vous ne perdrez pas votre place, dit Mary. Il a été content que je sois venue. Nous avons causé, causé, et il a dit qu'il était content que je sois venue.

— C'est vrai ? cria Martha, tu en es sûre ? Tu ne sais pas comment il est quand quelque chose le contrarie. C'est un grand garçon, mais il pleure comme un bébé ; quand il est en colère, il crie exprès pour nous effrayer. Il sait que nous sommes toujours dans l'huile bouillante à son sujet.

— Il n'a pas été contrarié, dit Mary. Je lui ai demandé s'il voulait que je m'en aille, et il m'a retenue. Il m'a posé des questions, et je me suis assise sur un grand tabouret, et lui ai parlé des Indes, et du rouge-gorge, et du Jardin. Il ne voulait plus me laisser partir. Il m'a montré le portrait de sa mère. Avant de le quitter, je l'ai endormi en chantant.

Martha n'en revenait pas.

— Je puis à peine te croire, protesta-t-elle. C'est comme si tu étais entrée tout droit dans la caverne d'un lion ! S'il avait été de l'humeur où il est le plus souvent, il se serait mis dans une de ses rages et aurait réveillé toute la maison. Il ne veut pas que les étrangers le regardent.

— Il m'a laissée le regarder. Je l'ai regardé tout le temps, et il m'a regardée. Nous ne nous quittions pas des yeux, dit Mary.

— Je ne sais pas que faire, cria Martha bouleversée. Si Mrs Medlock le découvre, elle pensera que j'ai désobéi à ses ordres et que je t'en ai parlé et on m'expédiera à mère.

— Il ne va pas le dire encore à Mrs Medlock. Ce sera d'abord une sorte de secret, dit Mary avec fermeté. Et il dit que tout le monde est obligé de faire ce qu'il veut.

— Oui, ça c'est bien vrai… le mauvais gars ! soupira Martha, essuyant son front avec son tablier.

— Il dit que Mrs Medlock aussi y est forcée. Et il veut que je vienne lui parler tous les jours. Et il faut que vous me disiez quand je dois venir.

— Moi ! dit Martha, je perdrai ma place, c'est clair.

— Mais non, si vous faites ce qu'il veut et que tout le monde a ordre de lui obéir, argua Mary.

— Veux-tu dire, cria Martha, les yeux écarquillés, qu'il a été gentil avec toi ?

— Je crois presque que je lui ai plu, répondit Mary.

— Alors tu dois l'avoir ensorcelé, conclut Martha, respirant longuement.

— Voulez-vous parler de magie ? interrogea Mary. J'ai entendu parler de magie aux Indes, mais je ne sais pas le faire. Je suis simplement entrée dans sa chambre et j'ai été si étonnée de le voir que je suis restée immobile à le regarder. Et alors il s'est retourné et m'a regardée. Et il a cru que j'étais un revenant ou un rêve, et moi j'ai pensé que lui en était peut-être un. C'était si bizarre d'être là seuls ensemble, au milieu de la nuit, et de ne pas nous connaître ! Alors nous nous sommes mis à nous poser des questions. Et quand je lui ai demandé s'il voulait que je m'en aille, il a dit que non.

— C'est la fin du monde ! articula Martha.

— Qu'est-ce qu'il a ? demanda Mary.

— Personne ne le sait pour sûr et certain, dit Martha. Mr Craven a presque perdu la tête quand le petit est né. Les docteurs pensaient qu'il faudrait le mettre dans un asile. C'est parce que Mrs Craven est morte, comme je te l'ai dit. Il ne voulait pas regarder le bébé. Il ne faisait que délirer, et dire que ce serait un autre bossu comme lui, et qu'il vaudrait mieux qu'il meure.

— Est-ce que Colin est bossu ? demanda Mary. Il n'en a pas l'air.

— Il ne l'est pas encore, dit Martha, mais il est mal parti. Mère dit qu'il y avait assez de pleurs et de grincements de dents dans la maison pour faire mal partir n'importe quel enfant. On avait peur qu'il ait le dos faible et on l'a toujours soigné pour ça, et tenu couché, et on ne l'a jamais fait marcher. À une époque, on lui a fait porter un corset, mais ça l'a tellement énervé qu'il s'est rendu tout à fait malade. Alors un grand docteur est venu le voir, et le leur a fait enlever. Il a parlé sec à l'autre docteur – quoique poliment. Il a dit qu'il y avait eu trop de drogues, et qu'on l'avait trop laissé faire à sa tête.

— Je le trouve très gâté, dit Mary.

— C'est le plus mauvais gamin que j'aie jamais connu, dit Martha. Ce n'est pas pour dire qu'il n'a pas été souvent malade. Il a eu des toux, et des refroidissements qui l'ont presque tué deux ou trois fois. Une fois, il a eu une fièvre rhumatismale, et une fois la typhoïde. Ah ! Mrs Medlock a eu une belle peur ! Il avait eu le délire. Elle parlait à la garde, croyant qu'il était sans connaissance, et elle a dit : « Il mourra cette fois, c'est sûr, et c'est ce qui pourra arriver de mieux pour lui et pour tout le monde. » Et, en le regardant, elle a vu que ses yeux étaient grands ouverts, et qu'il la regardait, aussi éveillé qu'elle. Elle ne savait pas ce qui allait se passer, mais il n'a fait que la fixer en lui disant : « Donnez-moi de l'eau et taisez-vous. »

— Pensez-vous qu'il mourra ? demanda Mary.

— Mère dit qu'il n'y a pas de raison pour qu'un enfant vive quand il ne prend jamais l'air et ne fait que rester couché sur son dos à lire et à prendre des drogues. Il est faible et déteste sortir, et il prend froid si facilement qu'il dit que ça le rend malade.

Mary restait immobile à regarder le feu.

— Je me demande, dit-elle lentement, si ça ne lui ferait pas du bien d'aller dans un jardin et de voir les plantes pousser. Ça m'a fait du bien à moi.

— Une des pires crises qu'il a eues, dit Martha, c'est une fois qu'on l'a porté dehors au moment où on coupait l'herbe. Il avait lu dans un journal que les gens attrapaient ce qu'on appelle le rhume des foins, et il s'est mis à éternuer et il a dit qu'il l'avait attrapé. Puis, un nouveau jardinier, qui ne connaissait pas la consigne, a passé, et l'a regardé d'un air curieux. Alors il s'est mis en rage, et a dit qu'il le regardait parce qu'il allait devenir bossu. Il a pleuré jusqu'à en avoir la fièvre, et a été malade toute la nuit.

— S'il se met en colère contre moi, je ne retournerai jamais le voir, dit Mary.

— Tu y retourneras s'il le veut, dit Martha, il vaut autant que tu saches ça dès le début.

Bientôt après une sonnette se fit entendre, et elle roula son tricot.

— Je suppose que la garde veut que je reste un peu avec lui, dit-elle, j'espère qu'il est de bonne humeur.

Au bout de dix minutes elle revint d'un air très intrigué.

— Eh bien, tu l'as ensorcelé ! dit-elle, il est sur son sofa avec ses livres d'images. Il a dit à la garde de rester dehors jusqu'à six heures. Je dois attendre dans la chambre à côté. Dès qu'elle fut partie, il m'a appelée, et m'a dit : « Je veux que Mary Lennox vienne me parler et rappelez-vous que vous ne devez le dire à personne. » Allez-y, mademoiselle, aussi vite que vous le pourrez.

Mary y était toute disposée. Elle ne désirait pas voir Colin autant qu'elle désirait voir Dickon, mais elle le désirait beaucoup quand même.

Il y avait un beau feu dans l'âtre quand elle entra dans la chambre et, au grand jour, elle vit que c'était vraiment une très belle chambre. Des tapis et des draperies aux riches couleurs, de beaux tableaux lui donnaient un aspect chaud et confortable, malgré le ciel gris et la pluie battante. Colin lui-même avait assez l'air d'un tableau. Il était enveloppé d'une robe de chambre en velours et appuyé contre un grand coussin de brocart. Il avait une tache rouge sur chaque joue.

— Entre, dit-il, j'ai pensé à toi toute la matinée.

— Moi aussi, j'ai pensé à toi, répondit Mary, si tu savais comme Martha a eu peur ! elle dit que Mrs Medlock croira qu'elle m'a parlé de toi et la renverra.

Il fronça les sourcils.

— Va lui dire de venir ici, dit-il, elle est dans la chambre à côté.

Mary alla chercher la pauvre Martha qui tremblait. Colin fronçait toujours les sourcils.

— Est-ce que vous devez ou non faire ce que je veux ? demanda-t-il.

— Je dois faire ce que vous voulez, monsieur, balbutia Martha, toute rouge.

— Est-ce que Medlock doit faire ce que je veux ?

— Tout le monde le doit, monsieur, dit-elle.

— Eh bien, alors, si je vous ordonne de m'amener miss Mary, comment Medlock peut-elle vous renvoyer quand elle le découvrira ?

— S'il vous plaît, monsieur, ne la laissez pas me renvoyer, supplia Martha.

— Je la renverrai, elle, si elle ose dire un mot à ce sujet, dit maître Craven d'un air majestueux. Ça ne lui plairait pas, je vous le garantis.

— Merci, monsieur, fit Martha avec une révérence. Je désire faire mon devoir, monsieur.

— Votre devoir est de faire ce que je veux, dit-il d'un ton encore plus majestueux. Je vous protégerai. À présent, allez-vous-en.

Quand la porte se fut refermée sur Martha, Colin vit que Madame Mary le regardait comme s'il lui avait donné à réfléchir.

— Pourquoi me regardes-tu ainsi ? dit-il ; à quoi penses-tu ?

— Je pense à deux choses.

— Auxquelles ? Assieds-toi là et dis-les-moi.

— Voici la première, dit Mary, s'asseyant sur le haut tabouret : Une fois, aux Indes, j'ai vu un petit garçon qui était un rajah. Il était couvert de rubis, d'émeraudes et de diamants. Et il parlait à ses gens tout à fait comme tu viens de parler à Martha. Tout le monde était obligé de faire ce qu'il voulait à la minute. Je crois que le rajah les aurait fait tuer s'ils ne lui avaient pas obéi.

— Tu me raconteras d'autres choses sur les rajahs tout à l'heure, dit-il, mais d'abord dis-moi la seconde chose.

— Je pensais, dit Mary, comme tu es différent de Dickon.

— Qui est Dickon ?

Il n'y aurait pas de danger à le lui dire, pensa Mary. Elle pouvait parler de Dickon sans faire allusion au Jardin mystérieux. Avant de le connaître, elle aimait entendre Martha en parler. Et elle le sentirait ainsi plus près d'elle.

— C'est le frère de Martha. Il a douze ans, expliqua-t-elle, il ne ressemble à personne d'autre au monde. Il sait charmer les renards, les écureuils et les oiseaux, tout comme les Hindous charment les serpents. Il joue un air très doux sur un chalumeau et ils viennent l'écouter.

Il y avait quelques gros livres sur la table, à côté de Colin, et il en attira tout à coup un vers lui.

— Il y a ici une image d'un charmeur de serpents, s'écria-t-il, viens le regarder.

Le livre était magnifique, orné de superbes illustrations coloriées, et il lui en montra une.

— Est-ce qu'il sait faire ça ? demanda-t-il avec curiosité.

— Il jouait de son chalumeau, et ils écoutaient, expliqua Mary. Mais il n'appelait pas ça de la magie. Il dit que c'est à force de vivre sur la lande et de connaître leurs habitudes. Il dit qu'il lui semble quelquefois être lui-même un oiseau ou un lapin, tant il les aime. Je crois qu'il a posé des questions au rouge-gorge. Ils avaient l'air de causer ensemble avec de petits pépiements.

Colin écoutait, appuyé sur son coussin, et ses yeux devenaient de plus en plus grands et les taches de ses joues de plus en plus rouges.

— Parle-moi encore de lui, dit-il.

— Il connaît à fond tous les œufs et les nids, continua Mary. Et il sait où vivent les renards, les blaireaux et les loutres. Il en garde le secret pour que les autres garçons n'aillent pas trouver leurs trous et leur faire peur. Il connaît tout ce qui pousse et tout ce qui vit sur la lande.

— Est-ce qu'il aime la lande ? demanda Colin. Comment peut-il aimer un endroit si dénudé et si lugubre ?

— C'est le plus bel endroit du monde, protesta Mary. Des milliers de plantes ravissantes y poussent et des milliers de petites créatures y sont occupées à bâtir des nids, à y faire des trous et des terriers, et piaillent ou chantent, ou crient les unes aux autres. Elles sont si affairées et s'amusent tant sous la terre, ou dans les arbres, ou dans la bruyère. C'est leur domaine.

— Comment sais-tu tout ça ? fit Colin, se tournant vers elle, appuyé sur son coude.

— Je n'y ai jamais été, c'est vrai, dit Mary revenant à elle tout à coup. Je n'ai fait que la traverser en voiture dans l'obscurité. Je l'ai trouvée hideuse. C'est Martha qui m'en a parlé. On croit voir les choses et les entendre, il vous semble être dans la bruyère et que le soleil brille, et que les ajoncs sentent le miel, et tout cela plein d'abeilles et de papillons.

— On ne voit jamais rien quand on est malade, dit Colin fébrilement.

Il avait l'air d'une personne qui écoute de loin un bruit nouveau pour elle et se demande ce que c'est.

— Bien sûr que non si on reste dans sa chambre, dit Mary.

— Je ne pourrais pas aller sur la lande, dit-il d'un ton boudeur.

Mary se tut un moment, puis elle risqua quelque chose de hardi.

— Tu pourrais peut-être un jour.

Il fit un mouvement de surprise.

— Aller sur la lande ? Comment cela ? Puisque je vais mourir ?

— Comment le sais-tu ? dit Mary sans aucune sympathie.

Elle n'aimait pas la façon dont il parlait de mourir. Elle ne le plaignait guère. Il lui semblait plutôt que le malade s'en vantait presque.

— Oh ! je l'ai entendu dire aussi loin que je peux me souvenir, répondit-il d'un ton maussade. Ils sont toujours à chuchoter et croient que je ne les entends pas. Ils voudraient bien que ça m'arrive d'ailleurs.

Madame Mary pinça les lèvres.

— Si on désirait que je meure, dit-elle, je ferais exprès de ne pas mourir. Qui le désire ?

— Les domestiques et, naturellement, le Dr Craven, parce qu'il aurait Misselthwaite et deviendrait riche ! Il n'ose pas le dire, mais il a toujours l'air plus gai quand je vais plus mal. Quand j'ai eu la fièvre typhoïde sa figure est devenue toute ronde. Je crois que mon père aussi le désire.

— Je ne le crois pas, dit Martha avec obstination.

À ces mots Colin se tourna encore vers elle, et la regarda de nouveau.

— Vraiment ? dit-il.

Il retomba sur son coussin et demeura immobile et rêveur. Et il y eut un long silence. Peut-être tous deux remuaient-ils des pensées singulières, généralement étrangères aux enfants.

— J'aime le grand docteur de Londres parce qu'il leur a fait enlever la machine de fer, dit enfin Mary. Est-ce qu'il a aussi dit, lui, que tu allais mourir ?

— Non.

— Qu'est-ce qu'il a dit ?

— Il n'a pas chuchoté, dit Colin. Peut-être qu'il savait que je déteste ça. Il a dit : « L'enfant pourrait vivre s'il voulait s'y décider. Donnez-lui-en l'envie. » Il avait l'air en colère.

— Je vais te dire ce qui t'en donnerait peut-être l'envie, dit Mary, réfléchissant.

Il lui semblait qu'elle souhaitait simplement voir la chose fixée, d'une manière ou de l'autre.

— Je crois que Dickon le ferait. Il parle toujours de choses vivantes. Il ne parle jamais de choses mortes ou malades. Il est toujours à regarder le ciel, et les oiseaux qui volent – ou la terre pour voir ce qui y pousse. Il a des yeux si ronds et si bleus, et si grands ouverts à force de regarder ! Et il rit d'un si bon rire avec sa grande bouche, et ses joues sont rouges comme… comme des cerises !

Elle rapprocha son tabouret du sofa et son expression changea tout à fait au souvenir de la grande bouche sinueuse et des yeux grands ouverts.

— Écoute ! dit-elle, ne parlons plus de mourir, je n'aime pas ça. Parlons de vivre ! Parlons de Dickon ! Et puis nous regarderons tes images.

Elle n'aurait pu être mieux inspirée. Parler de Dickon, c'était parler de la lande et de la chaumière où quatorze personnes vivaient avec vingt francs par semaine, et des enfants qui se nourrissaient de la lande comme les poneys sauvages, et de la mère de Dickon, et de la corde à sauter, et de la lande ensoleillée, et des pointes vert pâle qui émergeaient de la terre noire. Tout cela était si vivant que Mary bavarda comme elle ne l'avait jamais fait auparavant, et que Colin parla aussi, et écouta comme cela ne lui était arrivé de sa vie. Et tous deux se mirent à rire de mille riens, comme le font les enfants quand ils sont heureux ensemble. Et ils rirent tant qu'ils finirent par faire autant de bruit que s'ils avaient été deux enfants de dix ans, bien portants et normaux – et non une petite fille malingre au cœur froid et desséché et un petit garçon invalide, convaincu qu'il allait mourir.

Ils bavardèrent si bien qu'ils en oublièrent les nuages et le temps qui passait. Ils venaient de rire bruyamment au sujet de Ben Weatherstaff et de son rouge-gorge et Colin s'était positivement assis, oubliant la faiblesse de son dos, quand une idée frappa tout à coup celui-ci.

— Sais-tu qu'il y a quelque chose à quoi nous n'avons jamais pensé, dit-il, c'est que nous sommes cousins.

Cela leur sembla si drôle d'avoir tant causé sans faire jamais cette simple remarque qu'ils se mirent à rire de plus belle, tout simplement parce qu'ils étaient d'humeur à rire de tout. Et, au milieu de leur gaieté la porte s'ouvrit et le Dr Craven et Mrs Medlock apparurent.

Le Dr Craven tressaillit en les voyant et Mrs Medlock tomba presque à la renverse parce qu'il l'avait heurtée dans son saisissement.

— Seigneur Dieu ! cria la pauvre femme, les yeux lui sortant presque de la tête, Seigneur Dieu !

— Qu'est-ce qui se passe ? dit le Dr Craven, s'avançant enfin, qu'est-ce que cela veut dire ?

Alors Mary pensa de nouveau au petit rajah. Colin répondit comme si ni la consternation du docteur, ni la terreur de Mrs Medlock n'avaient la moindre importance. Il était aussi calme que si un chat et un chien étaient entrés dans la chambre.

— C'est ma cousine, Mary Lennox, dit-il, je lui ai demandé de venir me voir chaque fois que je l'enverrai chercher.

Le Dr Craven se tourna vers Mrs Medlock d'un air de reproche.

— Oh ! Monsieur ! dit-elle, toute haletante, je ne sais pas comment c'est arrivé. Il n'y a pas un domestique dans la maison qui se permette de dire un mot, ils ont tous leur consigne.

— Personne ne lui a rien dit, fit Colin. Elle m'a entendu pleurer et m'a trouvé toute seule. Je suis content qu'elle soit venue. Ne soyez pas si dinde, Medlock !

Mary vit que le Dr Craven n'avait pas l'air content, mais il était non moins clair qu'il n'osait pas contrarier son malade. Il s'assit auprès de Colin et lui tâta le pouls.

— J'ai peur que tu ne te sois excité, dit-il. Ce n'est pas bon pour toi de t'exciter, mon garçon.

— Je m'exciterais si on l'empêchait de venir me voir, répondit Colin et ses yeux brillaient déjà d'une façon inquiétante. Je vais mieux. Elle me fait du bien. Je veux que la garde apporte du thé pour elle en même temps que pour moi. Nous goûterons ensemble.

— Il a vraiment l'air mieux, monsieur, risqua Mrs Medlock. Mais – elle réfléchit – il avait déjà l'air mieux ce matin avant qu'elle entre dans la chambre.

— Elle est entrée dans la chambre la nuit dernière. Elle est restée longtemps avec moi. Elle m'a chanté un chant hindoustani et ça m'a endormi, dit Colin. J'étais mieux quand je me suis réveillé. J'avais envie de déjeuner. J'ai envie de goûter à présent. Dites-le à la garde, Medlock.

Le Dr Craven ne resta pas très longtemps. Il parla à la garde pendant quelques minutes quand elle entra dans la chambre et fit quelques recommandations à Colin. Il ne fallait pas trop causer, il ne fallait pas oublier qu'il était malade, il ne fallait pas oublier qu'il se fatiguait facilement. Mary pensa qu'il y avait toute une liste de choses désagréables à ne pas oublier.

Colin avait l'air impatienté et tenait ses yeux étranges, bordés de longs cils noirs, fixés sur la figure du Dr Craven.

— Je veux oublier, dit-il, elle me fait oublier ! c'est pour ça que j'aime la voir.

Le Dr Craven n'avait pas l'air convaincu en quittant la chambre. Il jeta un regard perplexe sur la petite fille assise sur le grand tabouret. Elle était redevenue muette et comme figée quand il était entré, et il ne pouvait s'expliquer l'attrait qu'elle semblait exercer sur Colin.

Toutefois le petit garçon paraissait réellement plus heureux, et le docteur soupira profondément en descendant le corridor.

— On veut toujours me faire manger quand je n'en ai pas envie, dit Colin tandis que la garde apportait le thé et le disposait sur la table près du sofa. Mais maintenant je mangerai volontiers si tu veux me tenir compagnie. Ces galettes ont l'air bonnes chaudes. Parle-moi des rajahs.

15

La saison des nids

Après une autre semaine de pluie, la haute voûte du ciel bleu reparut, inondant la terre d'un chaud soleil. Bien que dans l'impossibilité de voir le Jardin secret et Dickon, madame Mary ne s'était pas ennuyée un instant. La semaine ne lui avait pas paru longue. Elle avait passé chaque jour de bonnes heures avec Colin, dans sa chambre, à causer de rajahs, et de jardins, et de Dickon, et de la chaumière de la lande. Ils avaient regardé les magnifiques livres ornés d'images, et tantôt Mary avait lu à Colin, tantôt Colin à Mary. Quand le petit garçon se trouvait distrait et intéressé, il n'avait presque pas l'air malade, pensait Mary, sauf que son visage était décoloré, et qu'il était toujours sur le sofa.

— Vous êtes une petite rusée d'avoir écouté et de vous être levée pour découvrir ce qui se passait, l'autre nuit, dit un jour à Mary Mrs Medlock, mais il faut bien avouer que cela a été une sorte de bénédiction pour nous autres. Il n'a pas eu un accès de rage ni de pleurs depuis que vous avez fait connaissance. La garde allait justement nous lâcher tant elle en avait assez de lui. Mais elle veut bien rester à présent que vous faites votre part.

Mrs Medlock riait un peu.

Dans ses entretiens avec Colin, Mary s'était toujours efforcée d'être très prudente au sujet du Jardin mystérieux. Il y avait certaines choses qu'elle désirait apprendre de lui, mais il s'agissait de les apprendre sans lui poser de questions directes. D'abord, lorsqu'elle commença à se plaire dans la société de son cousin, elle voulut voir s'il était le genre de garçon à qui on pouvait confier un secret. Il ne ressemblait nullement à Dickon, mais il était évidemment si charmé de l'idée d'un jardin ignoré de tous qu'on pourrait peut-être se fier à lui. Mais elle ne le connaissait pas depuis assez longtemps pour en être sûre. La seconde chose qu'elle désirait savoir, c'est si, à supposer qu'on pût se fier à lui pour de bon, il ne serait pas possible de l'introduire dans le Jardin sans que personne s'en doutât. Le docteur de Londres lui avait prescrit le grand air et Colin avait dit qu'il ne craindrait pas de sortir dans un jardin secret. Peut-être que, s'il allait beaucoup au grand air, et voyait Dickon, et le rouge-gorge, et regardait les plantes pousser, il ne penserait plus tant à mourir. Mary, en se regardant dans la glace, récemment, avait constaté qu'elle n'était plus la même personne que la petite fille débarquée des Indes. La nouvelle image était plus agréable. Martha avait remarqué ce changement.

— L'air de la lande t'a déjà fait du bien, lui avait-elle dit, tu n'es plus du tout si jaune ni si desséchée. Même tes cheveux ne sont plus flasques, ni si plats sur ta tête, ils ont pris un peu de vie, et ça les fait bouffer un peu.

— Ils font comme moi, dit Mary, ils deviennent plus forts, et je suis sûre que j'en ai davantage.

— On le dirait, pour sûr, dit Martha en les ébouriffant un peu autour de sa figure, tu n'es plus du tout si laide quand tu es coiffée ainsi, et que tu as un peu de couleur aux joues.

Si le jardin et le grand air lui avaient fait du bien, peut-être en feraient-ils aussi à Colin. Mais s'il détestait que les gens le regardent, peut-être qu'il n'aimerait pas voir Dickon.

— Pourquoi cela te fâche-t-il tant qu'on te regarde ? lui demanda-t-elle un jour.

— J'ai toujours détesté cela, répondit-il, même quand j'étais tout petit. Et puis, quand on m'emmenait au bord de la mer et que j'étais couché dans une voiture, tout le monde me regardait ; les dames s'arrêtaient pour parler à ma garde et elles se mettaient à chuchoter, et je savais qu'elles disaient que je ne vivrais pas. Et puis, quelquefois, les dames me caressaient la joue en disant : « Pauvre petit ! » Une fois, quand une dame a fait cela, j'ai crié très fort et lui ai mordu la main. Elle a eu si peur qu'elle s'est sauvée.

— Elle pensait que tu étais devenu enragé comme un chien, dit Mary sans l'ombre d'admiration.

— Je me moque de ce qu'elle a pensé, dit Colin en fronçant les sourcils.

— Je me demande pourquoi tu n'as pas crié et ne m'as pas mordue quand je suis entrée dans ta chambre, dit Mary en esquissant un sourire.

— J'ai cru que tu étais un revenant ou un rêve : on ne peut pas mordre un revenant ou un rêve, et si on crie cela leur est égal.

— Est-ce que tu détesterais que… qu'un garçon te regarde ? demanda Mary, hésitant.

Il retomba sur son coussin et se tut, réfléchissant.

— Il y a un garçon, dit-il enfin très lentement, comme s'il pesait ses paroles, il y a un garçon à qui je crois que je le permettrais. C'est ce garçon, Dickon, qui sait où demeurent les renards.

— Je suis sûre que lui ne te gênerait pas, dit Mary.

— Il ne gêne pas les oiseaux, ni les autres animaux, observa Colin, méditant toujours, peut-être que c'est pour cela. C'est une sorte de charmeur d'animaux. Et je suis un animal humain.

Il se mit à rire, et Mary également, et ils finirent par se tordre tous deux, trouvant l'idée d'un animal humain, qui se cache dans son trou, tout à fait désopilante.

Dès lors Mary sentit qu'elle n'avait rien à craindre en ce qui concernait Dickon.

Le matin où le ciel était redevenu bleu, Mary s'éveilla de très bonne heure. Le soleil pénétrait à flots dans sa chambre à travers les stores, en rayons obliques, et ce spectacle avait quelque chose de si joyeux qu'elle sauta du lit et courut à la fenêtre. Elle tira les stores, ouvrit la fenêtre, et une grande bouffée d'air parfumé lui parvint. La lande était bleue, et le monde entier semblait avoir été soumis à quelque magie. Il y avait çà et là, de tous côtés, de petits sons limpides, comme si des centaines d'oiseaux étaient en train d'accorder leurs instruments pour un concert. Mary sortit sa main par la fenêtre et la tint un moment au soleil.

— Il fait chaud ! chaud ! dit-elle, cela va faire monter et monter les pointes vertes ; les oignons et les racines vont travailler et pousser sous la terre.

Elle s'agenouilla et se pencha tant qu'elle put par la fenêtre, respirant profondément, humant l'air pur et riant au souvenir de ce que la mère de Dickon avait dit, sur son nez qui frémissait comme celui d'un lapin.

— Il doit être de très bonne heure, dit-elle. Les petits nuages sont tout roses, et je n'ai jamais vu de ciel comme celui-ci. Personne n'est encore debout, je n'entends même pas les garçons d'écurie.

Une idée subite la dressa sur ses pieds.

— Je ne puis pas attendre ! Je vais voir le jardin !

Elle avait appris à s'habiller seule et fut prête en cinq minutes. Elle connaissait une petite porte de côté qu'elle pouvait ouvrir toute seule, et elle descendit en courant, chaussée seulement de ses bas, et mit ses souliers dans le vestibule. Elle défit la chaîne et le verrou, ouvrit la porte et franchit le seuil d'un bond : elle se trouva alors debout sur l'herbe qui semblait plus verte, inondée de soleil, caressée par des brises tièdes et parfumées, et entourée de gazouillements et de chants d'oiseaux qui venaient de chaque buisson et de chaque arbre. Elle joignit les mains de joie et leva les yeux : le ciel était si bleu, et rose, et blanc, et nacré, si rayonnant de lumière printanière qu'elle aurait voulu gazouiller et chanter aussi. Elle comprit que les fauvettes, les rouges-gorges et les alouettes ne pouvaient absolument pas s'en empêcher. Elle courut, à travers buissons et sentiers, vers le Jardin mystérieux.

— Tout a déjà changé, dit-elle, l'herbe est plus verte, et les plantes poussent partout : les bourgeons se déroulent, et montrent les feuilles vertes. Cette après-midi, je suis sûre que Dickon viendra.

La longue pluie chaude avait eu d'étranges reflets sur les plates-bandes herbeuses qui bordaient l'allée, près du mur du fond. Des pousses vertes sortaient partout des racines de plantes en touffes : il y avait même, çà et là, des taches de violet intense et de jaune d'or parmi les tiges des crocus. Six mois auparavant, madame Mary ne se serait pas aperçue que le monde s'éveillait, mais à présent, rien ne lui échappait.

Quand elle eut atteint l'endroit où la porte se cachait sous le lierre, elle fut surprise d'entendre un son bizarre et perçant. C'était un croassement, le croassement d'une corneille, et cela venait du sommet du mur. Quand elle leva les yeux, elle vit, perché là, un grand oiseau au plumage luisant, d'un bleu noir, qui la regardait d'un air plein de sagacité. Elle n'avait jamais vu de si près une corneille et se sentit un peu inquiète, mais l'oiseau déploya ses ailes et s'envola dans le jardin. Espérant qu'il n'y resterait pas, mais curieuse de savoir à quoi s'en tenir, elle ouvrit la porte. Quand elle entra dans le jardin, elle vit que son hôte avait probablement l'intention de prolonger sa visite, car il s'était posé sur un pommier nain ; sous le pommier était couché un petit animal rougeâtre à queue touffue, et tous deux regardaient le corps penché et la tête couleur de rouille de Dickon, qui était agenouillé sur l'herbe, travaillant ferme.

Mary vola vers lui à travers le gazon.

— Oh ! Dickon ! Dickon ! cria-t-elle, comment as-tu pu arriver si tôt ? Comment ? Le soleil vient de se lever !

Il se leva lui-même en riant, radieux et ébouriffé, ses yeux semblables à un morceau de ciel.

— Eh ! dit-il, j'étais levé longtemps avant lui ! Comment aurais-je pu rester au lit ? Le monde est né ce matin, il me semble ! Il travaille, bourdonne, gratte, gazouille, bâtit des nids, et embaume, de telle façon qu'il n'y a pas moyen de rester sur son dos ! Quand le soleil a paru, la lande est devenue folle de joie. J'étais au milieu de la bruyère, et j'ai couru comme un fou moi-même, en criant et chantant. Et je suis venu droit ici. Je ne pouvais m'en empêcher ! le jardin attendait !

Mary mit ses deux mains sur sa poitrine, haletant comme si elle-même venait de courir.

— Oh, Dickon, Dickon ! dit-elle, je suis si heureuse que je peux à peine respirer !

Voyant Dickon parler à une étrangère, le petit animal à la queue touffue se leva de sa place, sous l'arbre et s'approcha, et la corneille avec un croassement s'élança de sa branche et se percha tranquillement sur l'épaule de Dickon.

— Voici le renardeau ! dit celui-ci en caressant la tête du petit animal roux. Il s'appelle « Capitaine » et voilà Suie. Suie a traversé la lande avec moi en volant et Capitaine a couru comme si les chiens étaient à ses trousses. Ils étaient tous deux de la même humeur que moi.

Ni l'un ni l'autre des animaux ne semblait avoir la moindre peur de Mary. Quand Dickon se mit à se promener, Suie resta sur son épaule et Capitaine trotta paisiblement à ses côtés.

— Regarde ici ! fit Dickon, regarde comme celles-ci ont poussé ! et celles-ci, et celles-ci ! Et regarde celles de ce coin-là !

Il se jeta à genoux sur l'herbe et Mary en fit autant. Ils se trouvaient devant une masse compacte de crocus épanouis, violet, orange et or. Mary se baissa et les embrassa à plusieurs reprises.

— On n'embrasse jamais une personne de cette façon, dit-elle en se relevant, les fleurs c'est si différent !

Dickon eut l'air surpris, mais il sourit.

— Ma foi ! dit-il, j'ai embrassé bien des fois mère comme ça en revenant de la lande après y avoir vagabondé toute la journée, quand je la retrouvais là debout, sur le seuil, au soleil, l'air si heureuse et tranquille.

Ils coururent d'un coin du jardin à l'autre, et trouvèrent tant de merveilles qu'ils durent se rappeler la nécessité de murmurer, ou du moins de parler à voix basse. Il lui montra des bourgeons gonflant sur des branches de rosier qui semblaient mortes auparavant, et des milliers de points verts émergeant de la terre humide. Ils appliquèrent contre celle-ci leurs jeunes nez avides et humèrent sa chaude haleine printanière. Ils bêchèrent et sarclèrent en étouffant des rires d'allégresse si bien que Madame Mary eut bientôt les cheveux aussi ébouriffés que Dickon et des joues presque également rubicondes.

Toutes les joies de la terre se trouvaient réunies dans le Jardin mystérieux ce matin-là, et au milieu de ces délices, survint une aventure plus délectable encore, parce que plus merveilleuse. Quelque chose vola rapidement par-dessus le mur et s'élança à travers les arbres vers un taillis du jardin ; un oiseau à la gorge écarlate, qui tenait un brin de paille dans son bec. Dickon se tint tout à fait immobile et toucha Mary de la main presque comme s'ils s'étaient pris à rire dans une église.

— Il ne faut pas bouger, murmura-t-il dans son patois, il ne faut quasi pas respirer. Je savais qu'il cherchait une compagne la dernière fois que je l'ai vu : c'est le rouge-gorge de Ben Weatherstaff. Il est en train de faire son nid. Il restera ici si nous ne lui faisons pas peur.

Ils s'assirent doucement sur l'herbe et restèrent immobiles.

— Si nous parlons de lui, je ne pourrai m'empêcher de le regarder, dit Mary aussi doucement qu'elle put, il nous faut parler de quelque chose d'autre. J'ai quelque chose à te dire.

— Il aimera mieux cela, fit Dickon, qu'as-tu à me dire ?

— Eh bien, sais-tu qui est Colin ? murmura-t-elle.

Il tourna vivement la tête et la regarda.

— Que sais-tu de lui ? demanda-t-il.

— Je l'ai vu. Je suis allée causer avec lui tous les jours cette semaine. Il veut que je vienne. Il dit que je lui fais oublier qu'il est malade et qu'il va mourir.

L'étonnement qui s'était peint sur le visage arrondi de Dickon fit place à une expression de soulagement.

— J'en suis content ! dit-il, j'en suis rudement content ! Ça me soulage. Je savais que je ne devais pas t'en parler et je n'aime pas cacher les choses.

— N'aimes-tu pas cacher le Jardin ? demanda Mary.

— Je n'en parlerai jamais, répondit-il. Mais j'ai dit à mère : « Mère, j'ai un secret à garder. Ce n'est rien de pire que de cacher le nid d'un oiseau. Cela ne te fait rien, n'est-ce pas ? »

Mary aimait toujours entendre parler de « mère ».

— Qu'est-ce qu'elle a dit ? demanda-t-elle sans aucune appréhension.

Dickon eut un large sourire.

— Ça lui ressemblait tout à fait, ce qu'elle a dit, répondit-il, elle m'a un peu ébouriffé la tête et elle a fait : « Eh ! mon gars, tu peux avoir tous les secrets que tu veux, il y a douze ans que je te connais ! »

— Comment as-tu entendu parler de Colin ? demanda Mary.

— Tous les gens qui connaissent Mr Craven savent qu'il a un petit garçon qui va devenir un infirme et ils savent aussi que Mr Craven n'aime pas qu'on en parle.

Tout le monde plaint Mr Craven parce que Mrs Craven était une si jolie jeune femme et qu'ils s'aimaient tant. Mrs Craven s'arrêtait chez nous chaque fois qu'elle allait au village et elle ne craignait pas de parler devant nous autres enfants, parce qu'elle savait qu'on nous avait élevés à être discrets. Comment l'as-tu découvert, toi ? Martha était rudement en peine la dernière fois qu'elle est venue à la maison. Elle nous a dit que tu l'avais entendu pleurer, et que tu lui posais des questions, et qu'elle ne savait que te répondre.

Mary lui raconta tout ce qui s'était passé : les gémissements nocturnes du vent qui l'avaient réveillée, les plaintes lointaines qui l'avaient guidée le long des couloirs sombres avec sa chandelle, et comment elle avait fini par ouvrir la porte de la chambre faiblement éclairée, avec le grand lit à baldaquin dans l'angle. Lorsqu'elle décrivit le petit visage d'ivoire et les yeux étranges bordés de noir, Dickon secoua la tête.

— C'est tout à fait les yeux de sa mère, il paraît, dit-il, et Mr Craven ne peut pas supporter de le voir éveillé parce que ses yeux ressemblent tant à ceux de sa mère et sont pourtant si différents dans son petit morceau de figure.

— Penses-tu qu'il désire qu'il meure ? murmura Mary.

— Non, mais il voudrait qu'il ne soit jamais né. Et mère dit que c'est la pire chose du monde pour un enfant. Ceux qui ne sont pas désirés ne prospèrent presque jamais. Mr Craven se procurerait tout ce que l'argent peut acheter pour le pauvre gars, mais il voudrait oublier qu'il existe. Et, d'abord, il a peur de voir, un jour, en le regardant qu'il est devenu bossu.

— Colin en a si peur lui-même qu'il ne veut pas s'asseoir, dit Mary. Il dit que, s'il sentait jamais une bosse pousser, il deviendrait fou et crierait à en mourir.

— Eh ! il ne devrait pas rester couché à penser à des choses pareilles ! fit Dickon ; un gars qui a de telles idées ne peut pas guérir.

Le renardeau était tapi sur l'herbe, tout près de lui, levant la tête de temps en temps pour demander une caresse, et Dickon se baissa et lui frotta doucement le cou en réfléchissant quelques minutes. Puis il se redressa et regarda un moment le jardin autour de lui.

— Quand nous sommes venus ici pour la première fois, dit-il, tout semblait gris. Regarde maintenant et dis-moi si tu ne vois pas une différence.

Mary regarda et retint son souffle.

— Oui, dit-elle, le mur gris est en train de changer de couleur ! C'est comme si une brume verte le recouvrait. C'est presque comme un voile de gaze verte.

— Oui, fit Dickon, et cela deviendra de plus en plus vert jusqu'à ce que le gris ait tout à fait disparu. Peux-tu deviner à quoi je pense ?

— À quelque chose de bon, j'en suis sûre, dit vivement Mary, je crois que c'est au sujet de Colin.

— Je pensais que, s'il venait ici, il ne serait plus à l'affût des bosses qui pourraient lui pousser sur le dos. Il serait à l'affût des bourgeons qui s'ouvrent sur les rosiers, et il s'en porterait mieux, expliqua Dickon. Je me demande si nous pourrions le décider à venir ici et à rester étendu sous ces arbres dans sa voiture.

— Je me le demandais aussi. J'y ai déjà pensé presque chaque fois que j'ai causé avec lui, dit Mary. Je me suis demandé s'il saurait garder un secret, et si nous pourrions l'amener ici sans que personne nous voie. J'ai pensé que tu pourrais peut-être pousser sa voiture. Le docteur dit qu'il a besoin de grand air et, s'il désire sortir avec nous, personne n'osera lui désobéir. Il ne veut pas sortir avec d'autres et peut-être que, s'il veut sortir avec nous, on en sera content. Il pourrait ordonner aux jardiniers de se tenir loin pour qu'ils ne découvrent pas notre secret.

Dickon réfléchissait profondément tout en grattant le dos de Capitaine.

— Ce serait bon pour lui, j'en réponds ! dit-il. Nous autres, nous ne penserions pas qu'il aurait mieux fait de ne pas naître. Nous ne serions que deux enfants qui regardent le jardin pousser et il en serait un troisième. Deux gars et une petite demoiselle qui regardent le printemps. Je réponds que cela vaudrait mieux que toutes ses drogues.

— Il est resté couché dans sa chambre si longtemps, et il a toujours été si inquiet de son dos que ça l'a rendu bizarre, dit Mary. Il sait pas mal de choses par ses livres, mais il ne sait rien d'autre. Il dit qu'il a toujours été trop malade pour observer, et il déteste sortir, et il déteste les jardins et les jardiniers. Mais il aime à entendre parler de ce jardin parce que c'est un secret. Je n'ose pas lui en dire bien long, mais il dit qu'il aimerait le voir.

— Il faudra que nous le fassions venir ici quelque jour, c'est sûr ! fit Dickon, je pourrais très bien pousser sa voiture. As-tu remarqué comme le rouge-gorge et sa compagne ont travaillé pendant que nous causions ? Regarde-le perché sur cette branche, se demandant où il vaudrait le mieux mettre cette brindille qu'il a dans le bec.

Il siffla doucement un de ses petits appels, et le rouge-gorge tourna la tête et le regarda d'un air interrogateur, tenant toujours sa brindille. Dickon lui parla comme le faisait Ben Weatherstaff, mais d'un ton de conseil amical.

— Où que tu le mettes cela sera bien, dit-il, tu savais bâtir ton nid avant de sortir de l'œuf. Continue, mon gars, tu n'as pas de temps à perdre.

— Oh ! j'aime t'entendre lui parler ! dit Mary, riant de plaisir. Ben Weatherstaff le gronde et se moque de lui, et il sautille et il a l'air de comprendre chaque mot et je sais qu'il aime cela. Ben Weatherstaff dit qu'il est si vaniteux qu'il préférerait qu'on lui jette des pierres plutôt que de ne pas le remarquer.

Dickon rit aussi et continua à parler à l'oiseau.

— Tu sais bien que nous ne voulons pas t'ennuyer, dit-il au rouge-gorge, nous sommes presque des créatures sauvages nous-mêmes. Nous bâtissons notre nid, nous aussi, Dieu te bénisse ! Prends garde de ne pas aller le raconter.

Et, quoique le rouge-gorge ne répondît rien, parce qu'il avait le bec occupé, quand il s'envola avec sa brindille vers son coin du taillis, Mary lut bien dans son regard de perle noire qu'il ne trahirait leur secret pour rien au monde.

16

Révolte

Ils trouvèrent beaucoup à faire dans le jardin, ce matin-là, et Mary fut en retard pour le déjeuner, et si pressée de retourner à son travail qu'elle en oublia tout à fait Colin jusqu'au dernier moment.

— Dites à Colin que je ne peux pas venir le voir encore, dit-elle à Martha, je suis très occupée dans le jardin.

Martha parut alarmée.

— Ah, miss Mary, dit-elle, cela pourrait bien le mettre de mauvaise humeur quand je le lui dirai.

Mais Mary n'avait pas aussi peur de lui que les autres et elle n'était pas portée à s'immoler :

— Je ne puis pas rester, répondit-elle, Dickon m'attend.

Et elle s'en alla en courant.

L'après-midi fut encore plus remplie et plus délicieuse que la matinée. Déjà presque toutes les mauvaises herbes étaient arrachées, et la plupart des rosiers et des arbres avaient été taillés et soignés. Dickon avait apporté une bêche à lui, et il avait enseigné à Mary à employer tous ses outils, de sorte qu'il était déjà évident que cette ravissante solitude, sans devenir « un jardin de jardinier », allait être un gracieux fouillis de plantes bien vivantes avant la fin du printemps.

— Il y aura des fleurs de pommiers et de cerisiers là-haut, fit Dickon, qui travaillait de toutes ses forces. Et des pêchers et des pruniers fleuriront aussi contre le mur, et l'herbe sera un tapis de fleurs.

Le petit renard et la corneille étaient aussi heureux et aussi affairés que les enfants. Le rouge-gorge et sa compagne fulguraient çà et là comme de petits éclairs. La corneille, déployant ses ailes noires, s'envolait par-dessus les sommets des arbres du parc. À chaque fois, elle revenait, se perchait près de Dickon et croassait comme si elle lui contait ses aventures, et Dickon lui parlait tout comme il avait parlé au rouge-gorge. Une fois, comme Dickon était si occupé qu'il ne lui répondait pas tout de suite, Suie vola sur son épaule et lui pinça doucement l'oreille avec son large bec. Quand Mary voulut se reposer un peu, Dickon s'assit avec elle sous un arbre et, sortant son chalumeau de sa poche, il joua ses singulières petites notes si douces ; deux écureuils apparurent alors sur le mur, et se mirent à regarder et à écouter.

— Tu es bien plus forte qu'avant, fit Dickon la regardant tandis qu'elle bêchait. Tu commences à avoir une autre mine, c'est sûr !

Mary était toute rosée par l'exercice et le plaisir.

— Je deviens de plus en plus grasse, dit-elle avec jubilation. Il faudra que Mrs Medlock me fasse faire des robes plus larges. Martha dit que mes cheveux deviennent plus épais : ils ne sont plus si plats ni si filasse.

Le soleil commençait à baisser et à lancer obliquement de grands rayons d'or sous les arbres quand ils se séparèrent.

— Il fera beau demain, fit Dickon, je serai au travail dès le lever du soleil.

— Moi aussi, dit Mary.

Elle retourna à la maison, en courant aussi vite que ses pieds pouvaient la porter. Elle se promettait de parler à Colin du petit renard, de Dickon, de la corneille, et de l'œuvre du printemps. Elle était convaincue qu'il serait ravi de l'entendre. Aussi trouva-t-elle très peu agréable, quand elle ouvrit la porte de sa chambre, d'être reçue par Martha qui l'attendait debout, d'un air dolent.

— Qu'est-ce qu'il y a ? dit-elle, qu'a dit Colin ?

— Ah ! dit Martha, je regrette bien que tu n'y sois pas allée. Il a failli prendre une de ses rages. Nous en avons eu du mal, toute l'après-midi, à le calmer. Il regardait tout le temps la pendule.

Mary pinça les lèvres. Elle n'était pas plus habituée à se préoccuper des autres que ne l'était Colin, et elle ne voyait aucune raison pour que le mauvais caractère d'un petit garçon la gênât dans ses divertissements préférés. Elle ignorait les souffrances des gens qui ont les nerfs malades et ne se doutent pas qu'il est en leur pouvoir de maîtriser leur humeur et s'abstenir de rendre aussi les autres malades. Quand elle avait un mal de tête, aux Indes, elle faisait toujours de son mieux pour que chacun, autour d'elle, en eût un également, ou quelque chose d'équivalent. Et elle était persuadée d'avoir tout à fait raison, mais naturellement, maintenant, elle était non moins convaincue que Colin avait entièrement tort.

Il n'était pas sur son sofa quand elle entra dans la chambre. Il était couché à plat dans son lit et ne tourna pas la tête vers elle quand elle entra. C'était un mauvais début, et Mary s'avança vers lui de son air le plus raide.

— Pourquoi ne t'es-tu pas levé ? dit-elle.

— Je m'étais bien levé ce matin quand je pensais que tu viendrais, répondit-il sans la regarder. J'ai voulu qu'on me recouche cette après-midi. J'avais mal au dos et à la tête et j'étais fatigué. Pourquoi n'es-tu pas venue ?

— Je travaillais dans le jardin avec Dickon, dit Mary.

Colin fronça les sourcils.

— Je ne permettrai pas à ce garçon de venir ici si tu vas t'amuser avec lui au lieu de venir ici causer avec moi, dit-il.

Mary se mit dans une belle rage. Elle pouvait se mettre en rage sans faire de bruit. Elle devenait simplement farouche et obstinée, et pleine de défi :

— Si tu renvoies Dickon, je ne reviendrai jamais dans cette chambre, répliqua-t-elle.

— Tu y viendras si je le veux, dit Colin.

— Jamais, dit Mary.

— Je t'y forcerai, dit Colin, on t'y traînera.

— Vraiment, maître Rajah ! cria furieusement Mary. On pourra m'y traîner mais on ne pourra pas me faire parler quand on m'y aura traînée. Je resterai assise à serrer les dents et ne te dirai pas un mot. Je ne te regarderai même pas. Je regarderai le tapis.

Les deux enfants offraient un spectacle édifiant : ils échangeaient des regards furibonds. Deux petits gamins des rues, à leur place, se seraient jetés l'un sur l'autre et battus comme des chiens. Ils eurent recours à un équivalent.

— Tu es une égoïste ! cria Colin.

— Et toi ? dit Mary. Les gens égoïstes disent toujours cela. Tous ceux qui ne veulent pas faire leurs volontés sont des égoïstes. Tu es plus égoïste que moi ! Tu es le garçon le plus égoïste que je connaisse.

— Ce n'est pas vrai ! siffla Colin, je ne suis pas si égoïste que ton beau Dickon ! Il te garde près de lui à jouer avec de la sale terre, quand il sait que je suis tout seul. Voilà ce que j'appelle être égoïste.

Les yeux de Mary lancèrent des flammes.

— C'est le garçon le plus charmant qui existe dans le monde entier, dit-elle, c'est… c'est un ange !

Elle savait bien que cette déclaration pouvait paraître ridicule, mais cela lui était égal.

— Un joli ange ! ricana férocement Colin, un vulgaire paysan de la lande !

— Cela vaut mieux qu'un vulgaire rajah ! rétorqua Mary, mille fois mieux !

Comme elle était plus forte que lui, elle commençait à avoir le dessus. Le fait est que Colin ne s'était jamais querellé de sa vie avec personne sur un pied d'égalité, et ce n'était pas mauvais pour lui, quoique ni lui ni Mary ne s'en doutassent.

Il tourna la tête sur son oreiller, ferma les yeux, et une grosse larme s'en échappa, et roula sur sa joue. Il commençait à se sentir intéressant et à s'attendrir sur lui-même, mais sur lui seul.

— Je ne suis pas si égoïste que toi, parce que je suis toujours malade, et je suis sûr qu'une bosse me pousse sur le dos, dit-il, et de plus, je vais mourir !

— Ce n'est pas vrai, contredit Mary, sans aucune sympathie.

Il ouvrit tout grand des yeux indignés.

Jamais personne ne lui avait dit rien de pareil. Il en était à la fois furieux et légèrement satisfait – si on peut éprouver ces deux sentiments à la fois.

— Ce n'est pas vrai ? cria-t-il, si, c'est vrai ! Tu le sais bien ! Tout le monde le dit !

— Je ne le crois pas, dit aigrement Mary, tu dis cela pour te faire plaindre. Je crois que tu en es fier. Mais je ne le crois pas ! Si tu étais un gentil garçon, ça pourrait être vrai, mais tu es trop vilain !

En dépit de son dos malade, Colin s'assit sur son lit, dans une rage du meilleur aloi.

— Sors de la chambre ! cria-t-il, va-t'en ! et il saisit son oreiller et le lui jeta.

Il n'était pas assez fort pour le jeter loin, et le coussin tomba aux pieds de Mary ; mais la figure de celle-ci n'était pas agréable à voir.

— Je m'en vais, dit-elle, et je ne reviendrai pas.

Elle se dirigea vers la porte et, quand elle l'eut atteinte, elle se retourna et dit encore :

— J'allais te raconter toutes sortes de choses intéressantes. Dickon a apporté son renard et sa corneille, et j'allais t'en parler. Maintenant je ne te dirai pas un seul mot !

Elle franchit la porte et la referma derrière elle. De l'autre côté, à sa grande surprise, elle trouva la garde, postée là comme si elle était en train d'écouter et, chose plus surprenante encore, elle riait. C'était une grande et belle jeune femme, qui n'aurait pas dû choisir ce métier, car elle détestait les malades et saisissait tous les prétextes pour laisser Colin à Martha ou à n'importe qui. Mary ne l'avait jamais aimée et elle resta debout à la regarder froidement, tandis que la garde continuait à pouffer de rire dans son mouchoir.

— Qu'est-ce qui vous fait rire ? demanda Mary.

— Vous deux gosses, dit la jeune femme. Rien de plus heureux ne pouvait arriver à ce garçon morbide et gâté que de trouver pour lui tenir tête quelqu'un d'aussi gâté que lui. S'il avait eu une petite mégère de sœur avec qui se battre, cela l'aurait sauvé !

— Est-ce qu'il va mourir ?

— Je n'en sais rien, et cela m'est égal, dit la garde, c'est surtout de la colère et de l'hystérie.

— Qu'est-ce que c'est que l'hystérie ?

— Vous le saurez vite si vous le mettez de nouveau en rage, mais en tout cas vous lui avez donné une raison pour s'y mettre, et j'en suis contente !

Mary rentra dans sa chambre d'une tout autre humeur que lorsqu'elle était revenue du jardin. Elle était maussade et désappointée, mais ne plaignait nullement Colin. Elle s'était réjouie de lui raconter une foule de choses et avait l'intention de décider enfin si elle pouvait lui confier le grand secret. Elle commençait à penser que oui, mais à présent elle avait tout à fait changé d'avis. Elle ne le lui dirait jamais et il pourrait rester dans sa chambre et ne respirer jamais le grand air, puis mourir si cela lui plaisait. Ce serait bien fait ! Elle se sentait si irritée et implacable que, pendant quelques minutes, elle en oublia presque Dickon, et le voile vert qui se glissait sur toutes choses, et la douce brise qui soufflait de la lande.

Martha l'attendait ; sur son visage, l'anxiété avait fait place, pour l'heure, à l'intérêt et à la curiosité. Il y avait une caisse sur la table, on en avait enlevé le couvercle, et cela permettait de voir qu'elle était pleine d'élégants paquets.

— C'est Mr Craven qui te l'a envoyée, dit Martha, on dirait qu'il y a des livres d'images.

Mary se rappela ce qu'il lui avait demandé le jour où elle avait été le voir : « Désires-tu quelque chose ? Des poupées ? des jouets ? des livres ? »

Elle ouvrit le paquet, se demandant s'il lui avait envoyé une poupée, et ce qu'elle en ferait. Mais il ne lui en avait pas envoyé. Il y avait plusieurs volumes magnifiques, comme ceux de Colin, et deux de ceux-ci étaient des livres de jardinage et pleins d'illustrations. Il y avait aussi deux ou trois jeux et un charmant petit buvard, avec ses initiales en or, une plume et un encrier en or.

Tout cela était si joli que le plaisir lui fit presque oublier sa colère. Elle ne s'attendait pas à ce que son oncle se souvînt d'elle, et son petit cœur sec en fut tout réchauffé.

— Je sais écrire mieux que je ne sais imprimer, dit-elle, et la première chose que je ferai avec cette plume, c'est de lui écrire pour lui dire que je le remercie beaucoup.

Si elle avait été en bons termes avec Colin, elle aurait couru tout de suite lui montrer ses présents : ils auraient regardé ensemble les images, et lu un peu des livres de jardinage, peut-être essayé les jeux, et il se serait si bien amusé qu'il aurait oublié de penser qu'il allait mourir, et de porter la main à son dos pour sentir s'il y poussait une bosse. Il avait une façon de faire cela qu'elle ne pouvait souffrir. Cela lui faisait une impression pénible de frayeur car il avait toujours l'air si effrayé lui-même. Il disait que, s'il sentait quelque jour la moindre excroissance, il saurait que la bosse avait commencé à pousser. Quelque chose qu'il avait entendu Mrs Medlock chuchoter à la garde lui avait donné cette idée ; il l'avait méditée en secret, jusqu'à ce qu'elle se fût ancrée dans son esprit. Mrs Medlock avait dit que le dos de son père avait commencé ainsi à devenir difforme quand il était enfant. Colin n'avait jamais dit à personne d'autre qu'à Mary que la plupart de ses rages étaient venues de cette terreur secrète et morbide. Quand il le lui avait confié, Mary l'avait plaint.

Il commence toujours à y penser quand il est de mauvaise humeur ou fatigué, se dit-elle, et il a été de mauvaise humeur aujourd'hui. Peut-être qu'il y a pensé toute l'après-midi.

Elle resta immobile à regarder le tapis, réfléchissant.

— J'ai dit que je n'y retournerai jamais – elle hésita, fronçant les sourcils –, mais peut-être… peut-être que j'y retournerai voir s'il me désire demain matin. Peut-être qu'il essaiera de nouveau de me jeter son oreiller, mais, je crois que j'irai le voir !

17
Tempête

Mary s'était levée très tôt le matin et avait travaillé ferme dans le jardin ; aussi était-elle lasse et tombait-elle de sommeil, et aussitôt après avoir mangé son souper, apporté par Martha, elle fut bien aise d'aller se coucher. En posant sa tête sur l'oreiller, elle murmura :

— Je sortirai après le déjeuner pour travailler avec Dickon, et après… je crois que… j'irai le voir.

Vers le milieu de la nuit, à ce qu'il lui sembla, elle fut réveillée par des sons si terribles qu'elle sauta à l'instant de son lit. Qu'est-ce que c'était ? Qu'est-ce que cela pouvait être ? Elle le devina bientôt. Des portes s'ouvraient et se refermaient, des pas pressés traversaient le corridor, et quelqu'un pleurait et criait en même temps, pleurait et criait horriblement.

— C'est Colin, dit-elle, il est dans une de ces rages que la garde appelle hystérie. Que c'est terrible !

Tandis qu'elle écoutait les cris désespérés, elle ne s'étonnait plus que chacun cédât au malade en toutes choses par pure frayeur, rien que pour ne pas entendre cela. Elle se couvrit les oreilles de ses mains, frissonnant et défaillant presque.

— Je ne sais pas que faire, je ne sais pas que faire ! répétait-elle, je ne peux pas le supporter !

Elle se demanda un moment s'il se tairait, si elle osait aller le trouver, puis elle se rappela comment il l'avait chassée de sa chambre, et pensa que sa présence pourrait empirer les choses.

Même en pressant plus fort ses mains sur ses oreilles, elle ne pouvait bannir ces sons horribles.

Elle les détestait tant et en éprouvait une telle terreur qu'elle ne tarda pas à en être irritée, et tentée de se mettre en rage à son tour, et de le terrifier comme il la terrifiait. Elle n'était pas habituée à d'autres fureurs que les siennes. Elle ôta ses mains de ses oreilles, bondit et frappa du pied.

— Il faut le faire taire ! Il faut que quelqu'un le fasse taire ! il faut le battre ! cria-t-elle.

Juste à ce moment, elle entendit quelqu'un qui courait presque le long du corridor, et sa porte s'ouvrit et la garde entra. Elle ne riait plus. Elle était même plutôt pâle.

— Il s'est mis dans un de ses états d'hystérie, dit-elle haletante, il va se faire du mal. Personne ne peut en faire façon. Essayez, vous serez bien gentille. Il vous aime bien.

— Il m'a chassée de sa chambre ce matin, répondit Mary, frappant du pied dans son émoi.

La garde ne fut pas fâchée de la voir frapper du pied. Elle avait craint de la trouver en pleurs, cachant sa tête sous ses draps.

— Voilà qui est bien ! dit-elle, vous êtes dans de bonnes dispositions. Venez le secouer et changer ses idées. Venez, petite, aussi vite que possible.

Plus tard seulement, Mary se rendit compte que cette scène était plaisante en même temps que terrible, qu'il était plaisant de voir toutes ces grandes personnes si terrifiées qu'elles avaient recours à une petite fille, tout simplement parce qu'elles la devinaient presque aussi méchante que Colin lui-même.

Elle vola le long des corridors, et plus elle approchait des cris, plus sa colère croissait. Elle était hors d'elle quand elle atteignit la porte. Elle l'ouvrit rudement et traversa en courant la chambre jusqu'au grand lit à baldaquin.

— Tais-toi ! cria-t-elle presque, tais-toi ! je te déteste ! Tout le monde te déteste ! Je voudrais que tout le monde se sauve de la maison et te laisse crier à en mourir ! Tu mourras dans une minute si tu continues, et ce sera tant mieux !

Une enfant douce et compatissante n'aurait jamais dit ni pensé rien de pareil, mais il se trouva que la secousse de les entendre était la meilleure chose qui pût arriver à cet enfant détraqué, que personne n'osait contrarier, ni reprendre.

Il était couché, le visage enfoui dans son oreiller qu'il battait de ses mains, et il sauta presque en l'air tant il se retourna brusquement aux accents de la petite voix furieuse.

Sa figure était lamentable, blanche et rouge, et gonflée, il haletait et étouffait, mais la féroce petite Mary n'en avait cure.

— Si tu pousses un autre cri, dit-elle, je crierai aussi, et je peux crier plus fort que toi, et je te ferai peur, je te ferai peur !

Il s'était positivement arrêté de crier dans son saisissement. Le cri qu'il avait été sur le point de pousser l'étouffait presque. Les larmes ruisselaient sur son visage et il tremblait de la tête aux pieds.

— Je ne peux pas m'arrêter, haleta-t-il en sanglotant, je ne peux pas… je ne peux pas !

— Tu le peux ! s'écria Mary. C'est surtout de la colère et de l'hystérie – de l'hystérie – de l'hystérie – de l'hystérie.

Elle frappait le pied chaque fois qu'elle répétait le mot.

— J'ai senti la bosse… je l'ai sentie, gémit Colin,… je savais que cela arriverait, j'aurai une bosse sur le dos et je mourrai !

Et il se mit à trembler et enfouit de nouveau sa tête dans l'oreiller en sanglotant et en gémissant, mais il ne cria plus.

— Tu n'as pas senti de bosse, affirma Mary d'un ton farouche, ou si tu l'as sentie, ce n'est qu'une bosse hystérique, l'hystérie donne des bosses. Tu n'as rien du tout à ton horrible dos ! – rien que de l'hystérie ! Tourne-toi et fais-moi voir.

Elle aimait le mot d'*hystérie*, et il lui semblait que Colin aussi en sentait l'effet. Probablement, comme Mary, il ne l'avait jamais entendu encore.

— Nurse, commanda-t-elle, venez ici et montrez-moi son dos immédiatement.

La garde, Mrs Medlock et Martha étaient restées debout, réfugiées ensemble près de la porte, la regardant, bouche bée. Toutes trois avaient frissonné de peur plus d'une fois. Colin poussait de gros sanglots haletants.

— Peut-être... peut-être qu'il ne me laissera pas faire, dit la garde à voix basse, hésitant.

Mais Colin l'entendit et articula entre deux sanglots :

— Mon... montrez-lui, elle verra bien !

C'était un pauvre petit dos bien décharné que la garde découvrit ; on pouvait compter toutes les côtes, et toutes les arêtes de l'épine dorsale, mais Madame Mary ne les compta pas quand elle se pencha pour les examiner, avec une petite figure solennelle et féroce. Elle avait l'air si austère et si farouche que la garde se détourna pour cacher le tremblement de ses lèvres.

Il y eut une minute de silence, car Colin lui-même s'efforça de retenir son souffle tandis que Mary examinait son dos du haut en bas, et de bas en haut, aussi attentivement que si elle avait été le grand docteur de Londres.

— Il n'y a pas une seule bosse, dit-elle, pas de bosse de la grosseur d'une tête d'épingle, excepté les bosses des vertèbres, et c'est parce que tu es maigre. J'ai des bosses aux vertèbres moi aussi, et elles ressortaient autant que les tiennes, jusqu'à ce que j'aie commencé à engraisser, et je ne suis pas encore assez grasse pour les cacher. Il n'y a pas de bosse grosse même comme une tête d'épingle et, si tu dis encore qu'il y en a une, je te rirai au nez !

Nul autre que Colin lui-même ne sut jamais l'effet que produisirent sur lui ces mots d'enfant prononcés d'un ton rageur. S'il avait eu quelqu'un à qui parler de ses terreurs secrètes, s'il avait osé poser des questions à ce sujet, s'il avait eu auprès de lui des compagnons de son âge, au lieu de rester seul sur son dos dans l'immense maison fermée, respirant une atmosphère lourde des craintes de gens pour la plupart ignorants et tous fatigués de lui, il aurait pu découvrir que ses terreurs et sa maladie étaient dans une grande mesure imaginaires. Mais il était resté là, étendu, à penser à lui-même, à ses misères et à sa lassitude pendant des heures et des jours, et des mois, et des années. Maintenant qu'une petite fille colérique et sans pitié lui affirmait obstinément qu'il n'était pas aussi malade qu'il le pensait, il sentait tout à coup qu'elle pourrait bien avoir raison.

— Je ne savais pas, hasarda la garde, qu'il croyait avoir une bosse à l'épine dorsale. J'aurais pu lui dire qu'il n'en avait pas.

Colin respira profondément et tourna légèrement son visage vers elle pour la regarder.

— V… vraiment ? dit-il d'un ton pathétique.

— Oui, monsieur.

— Là ! dit Mary, et elle soupira aussi profondément.

Colin cacha de nouveau son visage et, à part sa respiration saccadée, qui était comme un dernier écho de la tempête de sanglots qui venait de le secouer, il resta immobile une minute, de grosses larmes inondant encore son visage et ruisselant sur l'oreiller. Ces larmes étaient en réalité l'expression d'un grand soulagement. Bientôt il se tourna de nouveau vers la garde et, chose singulière, il ne lui parla plus du tout comme un rajah.

— Pensez-vous que je pourrais… vivre ? demanda-t-il.

La garde n'était ni très intelligente, ni très bonne, mais elle était capable de répéter quelques-unes des paroles du docteur de Londres.

— Vous vivrez probablement, si vous voulez faire ce qu'on vous dit, et vous dominer un peu, et aller beaucoup au grand air.

La rage de Colin était calmée : il était faible, épuisé par les sanglots et, par là même, plus disposé à s'attendrir. Il tendit un peu la main vers Mary, et je suis heureuse de dire que celle-ci, sa propre colère apaisée, s'adoucit aussi, et lui tendit bien vite la main de son côté, de sorte que ce fut une sorte de réconciliation.

— Je… je sortirai avec toi, Mary, dit-il, je n'aurai pas peur du grand air si nous trouvons.

Il s'arrêta juste au moment de dire « le Jardin mystérieux » et termina :

— J'aimerais sortir avec toi si Dickon veut venir pousser mon fauteuil. Je désire tant voir Dickon, et le renard, et la corneille !

La garde refit le lit bouleversé, secoua et remit en place les oreillers. Puis elle fit une tasse de bouillon pour Colin, et en donna aussi une à Mary, qui ne fut pas du tout fâchée de la boire, après toutes ses émotions. Mrs Medlock et Martha s'empressèrent de s'éclipser, et quand tout fut propre, tranquille et en ordre, la garde eut l'air d'avoir envie d'en faire autant. C'était une robuste jeune femme, qui n'aimait pas être frustrée de son sommeil, et elle bâilla ouvertement en regardant Mary qui avait approché son grand tabouret du lit à baldaquin et tenait la main de Colin.

— Vous ferez bien d'aller vous coucher et dormir, il s'assoupira bientôt, s'il n'est pas trop énervé. Alors j'irai me reposer moi-même dans la chambre à côté.

— Aimerais-tu que je te chante ce chant que mon *ayah* m'avait appris ? murmura Mary à Colin.

La main de Colin l'attira doucement à lui, et il tourna vers elle ses yeux fatigués d'un air suppliant.

— Oh oui ! répondit-il, c'est un chant si reposant ! cela m'endormira tout de suite.

— Je l'endormirai, dit Mary à la nurse qui bâillait toujours, vous pouvez vous en aller si vous voulez.

— Mais, dit la garde, feignant d'hésiter, s'il ne s'endort pas d'ici à une demi-heure, vous m'appellerez.

— Très bien, répondit Mary.

La garde sortit aussitôt et, dès qu'elle fut partie, Colin tira de nouveau la main de Mary.

— Ça m'a presque échappé, dit-il, mais je me suis arrêté à temps. Je ne vais pas causer, je vais m'endormir, mais tu as dit que tu avais une foule de choses intéressantes à me dire. Est-ce que… crois-tu que tu as découvert quelque chose sur le Jardin mystérieux et le moyen d'y entrer ?

— Ou… oui, répondit-elle, je crois que oui et, si tu veux t'endormir, je te le dirai demain.

La main de Colin trembla.

— Oh, Mary ! dit-il, oh, Mary ! Si je pouvais y entrer, je crois que je vivrais ! Penses-tu qu'au lieu de me chanter la chanson de ton *ayah* tu pourrais me dire, aussi doucement que tu l'as fait le premier jour, comment tu imagines qu'est le Jardin ? Je suis sûr que cela me fera dormir.

— Oui, dit Mary, ferme les yeux.

Il obéit et resta tout à fait immobile. Et Mary, lui tenant la main, se mit à lui parler très lentement et à voix basse :

— Je crois qu'on l'a abandonné si longtemps qu'il est devenu un délicieux fouillis de plantes. Je crois que les rosiers ont grimpé, grimpé, grimpé sur les arbres, si bien qu'ils retombent des branches et des murs, et recouvrent le sol, comme une espèce de brume grise. Quelques-uns sont morts, mais beaucoup sont vivants et, quand l'été viendra, il y aura des rideaux et des cascades de roses. Je crois que le sol est plein de jonquilles, de perce-neige, de muguets et d'iris, qui poussent dans l'obscurité. Maintenant que le printemps commence, peut-être, peut-être…

Le murmure monotone de sa voix apaisait de plus en plus Colin. Elle le vit, et continua :

— Peut-être qu'ils sortent au milieu de l'herbe, peut-être qu'il y a des masses de crocus violets et dorés… maintenant même ! Peut-être que les feuilles commencent à sortir et à se dérouler, et peut-être que le gris change de teinte, et qu'un voile de gaze verte s'étend, s'étend toujours plus, partout. Et les oiseaux viennent regarder le Jardin, parce que c'est un endroit si sûr et tranquille. Et peut-être… peut-être… peut-être que… (la voix de Mary se fit encore plus lente et douce) le rouge-gorge a trouvé une compagne et fait son nid.

Colin était endormi.

18

Il n'y a pas de temps à perdre

Naturellement, Mary ne se réveilla pas de bonne heure le matin suivant. Elle dormit longtemps, étant fatiguée, et quand Martha lui apporta son déjeuner, elle lui dit que Colin, bien que très calme, était malade, et avait la fièvre, comme toujours quand il s'était épuisé à force de pleurer. Mary mangeait lentement son déjeuner en écoutant ces nouvelles.

— Il dit qu'il voudrait bien que tu viennes le voir aussi tôt que possible, dit Martha. C'est drôle comme il s'est engoué de toi ! Tu lui en as pourtant dit de dures hier soir, n'est-ce pas ? Personne d'autre n'aurait osé le faire. Eh ! pauvre gars ! Il a été si gâté qu'on ne peut plus le corriger. Mère dit que les deux pires choses qui puissent arriver à un enfant, c'est de ne jamais faire ce qu'il veut, ou de le faire toujours. Elle ne sait pas lequel est le pire. Tu étais dans une fameuse rage, toi aussi ! Mais il m'a dit quand je suis entrée dans sa chambre : « S'il vous plaît, demandez à miss Mary si elle veut bien venir causer avec moi. » Il a vraiment dit : « S'il vous plaît ! » Irez-vous, miss ?

— Je courrai d'abord voir Dickon, dit Mary. Non ! j'irai d'abord voir Colin, et je lui dirai… je sais ce que je lui dirai ! ajouta-t-elle, prise d'une inspiration subite.

Elle avait son chapeau sur la tête quand elle apparut dans la chambre de Colin et, pendant une seconde, il eut l'air désappointé. Il était dans son lit, et son visage était pitoyablement pâle avec des cercles noirs autour des yeux.

— Je suis content que tu sois venue, dit-il. J'ai mal à la tête, mal partout tant je suis fatigué. Est-ce que tu vas sortir ?

Mary s'approcha et s'appuya sur son lit.

— Je ne resterai pas longtemps dehors, dit-elle, je vais voir Dickon, mais je reviendrai. Colin, c'est… c'est au sujet du Jardin mystérieux.

Le visage de Colin s'illumina et se colora légèrement.

— Oh ! vraiment ! cria-t-il. J'en ai rêvé toute la nuit ! Je t'ai entendue parler de gris qui se changeait en vert, et j'ai rêvé que j'étais debout dans un endroit tout rempli de petites feuilles vertes agitées par la brise, et il y avait des oiseaux dans des nids, partout, et ils avaient l'air si heureux et tranquilles ! Je resterai étendu à y penser jusqu'à ce que tu reviennes.

En cinq minutes Mary était avec Dickon dans leur Jardin. Le renard et la corneille étaient de nouveau avec lui et, cette fois, il avait apporté deux écureuils apprivoisés.

— Je suis venu sur le poney, ce matin, dit-il. Ah ! c'est un bon petit camarade que Jump. J'ai apporté ces deux-là dans ma poche. Celui-ci s'appelle Noisette et celui-là Coquille.

Quand il dit : « Noisette », un des écureuils sauta sur son épaule droite et, quand il dit : « Coquille », l'autre bondit sur son épaule gauche.

Lorsqu'ils s'assirent sur l'herbe avec Capitaine blotti à leurs pieds, Suie solennellement perchée sur un arbre, et Noisette et Coquille furetant autour d'eux, il sembla à Mary qu'elle ne pourrait pas se décider à quitter de telles délices ; mais, quand elle commença à raconter son histoire, l'expression qui se fit jour lentement sur l'amusante figure de Dickon la fit peu à peu changer d'avis. Elle pouvait voir qu'il plaignait Colin plus qu'elle. Il regarda le ciel et le jardin tout autour d'eux :

— Écoute un peu ces oiseaux : le monde semble en être plein, tous en train de pépier et de gazouiller ! dit-il. Regarde-les voler çà et là et écoute-les s'appeler. Quand le printemps vient, on dirait que le monde entier est plein d'appels. Les feuilles se déroulent pour qu'on les regarde, et tout est parfumé !

Il huma l'air de son allègre petit nez retroussé.

Et ce pauvre garçon enfermé, si privé de tout qu'il se met à penser à des choses qui le font crier ! Ah ! il faut qu'il vienne ici ! il faut qu'il puisse regarder, et écouter, et sentir, et prendre un vrai bain de soleil. Il n'y a pas de temps à perdre !

— Je vais te dire ce que nous ferons d'abord. Il t'a pris en grande amitié. Il veut te voir, et il veut voir Suie et Capitaine. Quand je retournerai à la maison pour causer avec lui, je lui demanderai si tu ne pourrais pas venir le voir demain matin, et apporter tes bêtes, et alors, bientôt, quand les feuilles auront un peu poussé, et peut-être un bourgeon ou deux, nous le ferons sortir et tu le pousseras dans son fauteuil, et nous l'amènerons ici et lui montrerons tout.

Le jardin en était à ce stage où, après chaque jour et chaque nuit, il semble qu'un magicien ait passé par là, créant de la beauté d'un coup de baguette sur chaque branche et chaque coin de terre. Mary trouvait dur de s'en aller, de quitter tout cela, juste au moment où Noisette s'était installé sur sa robe, et où Coquille, dégringolant d'un pommier sous lequel ils étaient assis, la regardait d'un œil interrogateur. Pourtant, elle retourna à la maison et, quand elle approcha du lit de Colin, il se mit à humer l'air comme Dickon quoique d'une façon moins expérimentée.

— Tu sens les fleurs et les choses fraîches, cria-t-il joyeusement. Qu'est-ce que tu sens ? C'est à la fois frais, chaud et doux.

— C'est le vent de la lande, dit Mary, c'est parce que j'étais assise sur l'herbe, sous un arbre, avec Dickon, Capitaine, Noisette et Coquille. C'est le printemps, le grand air, le soleil, qui sentent si bon !

Les deux enfants avaient tant à se dire ! Il semblait que Colin ne pût se rassasier d'entendre parler de Dickon, de Capitaine, de Suie, de Noisette et de Coquille, et du poney qui s'appelait Jump. Mary avait couru dans le bois avec Dickon pour voir Jump. C'était un petit poney de la lande à toison touffue, avec une crinière bouclée lui retombant sur les yeux, une jolie figure, et de délicats naseaux veloutés. Nourri seulement de l'herbe de la lande, il était plutôt maigre, mais aussi solide et vigoureux que si les muscles de ses petites jambes étaient faits de ressorts d'acier. Il avait dressé la tête en hennissant doucement à l'approche de Dickon et, trottant vers lui, lui avait posé la tête sur l'épaule ; Dickon s'était mis à lui parler à l'oreille, et Jump avait répondu en hennissant, en soufflant et en reniflant d'une manière très expressive. Dickon lui avait fait donner à Mary son petit sabot de devant et la baiser sur la joue avec son museau de velours.

— Est-ce qu'il comprend vraiment ce que dit Dickon ? demanda Colin.

— Il semble le comprendre, répondit Mary. Dickon dit que toutes les bêtes peuvent vous comprendre si on devient pour elles de vrais amis, mais qu'il faut l'être pour de bon.

Colin resta un moment couché, immobile, et ses étranges yeux gris semblaient fixer la muraille, mais Mary vit qu'il réfléchissait.

— J'aimerais devenir l'ami des bêtes, dit-il enfin, mais je ne le suis pas. Je n'en ai jamais eu à moi, et je ne peux pas souffrir les gens.

— Est-ce que tu ne peux pas me souffrir ? demanda Mary.

— Si, répondit-il, c'est très bizarre, mais je t'aime même bien.

— Ben Weatherstaff trouve que je suis comme toi, dit Mary, et que nous avons tous deux le même fichu caractère. Je crois que tu lui ressembles aussi. Nous nous ressemblons tous trois : toi, moi, et Ben Weatherstaff. Il dit que nous ne sommes pas bien agréables à voir, et que nous sommes aussi maussades que nous en avons l'air. Mais je ne le suis plus autant depuis que je connais le rouge-gorge et Dickon.

— Est-ce que tu ne pouvais pas non plus souffrir les gens ?

— Non, répondit Mary avec franchise. Je t'aurais détesté si je t'avais vu avant de connaître le rouge-gorge et Dickon.

Colin avança sa menotte maigre, et toucha celle de Mary.

— Mary, je regrette ce que je t'ai dit, que je voulais renvoyer Dickon. J'étais furieux quand tu as dit que c'était un ange et je me suis moqué de toi ; mais, c'est peut-être vrai !

— C'est vrai que c'était drôle de dire cela, avoua-t-elle bravement, parce qu'il a un nez retroussé, et une grande bouche, et des habits tout rapiécés, et il parle le patois du comté, mais, si un ange venait dans le comté d'York, et vivait sur la lande, s'il y avait un ange du comté d'York, je crois qu'il connaîtrait toutes les plantes, et saurait les faire pousser, et qu'il saurait parler aux bêtes sauvages comme le fait Dickon, et les bêtes sauraient qu'il est leur ami pour de bon.

— Cela ne me ferait rien que Dickon me regarde, dit Colin, je voudrais le voir.

— Je suis contente que tu dises cela, fit Mary, parce que, parce que…

Tout à coup elle décida que la minute était venue de tout lui dire. Colin comprit que quelque chose allait se passer.

— Parce que ? cria-t-il vivement.

Mary était si anxieuse qu'elle se leva de son tabouret, vint à lui, et lui saisit les deux mains.

— Puis-je me fier à toi ? je me suis fiée à Dickon parce que les oiseaux se fiaient à lui. Puis-je me fier à toi pour de bon ?… de bon ? supplia-t-elle.

Le visage de la petite fille était si grave que Colin murmura presque sa réponse :

— Oui ! oui !

— Eh bien, Dickon viendra te voir demain matin, et il apportera ses bêtes.

— Oh ! oh ! cria Colin avec ravissement.

— Mais ce n'est pas tout, continua Mary pâle d'émotion contenue. Il y a une porte pour entrer dans le jardin. Je l'ai trouvée. Elle est derrière le lierre qui tapisse le mur.

Si Colin avait été un robuste garçon, bien normal, il aurait probablement crié : Hourrah ! Hourrah ! Hourrah ! mais il était faible et un peu morbide, ses yeux s'élargirent, sa respiration s'arrêta.

— Oh Mary ! cria-t-il avec une espèce de sanglot, est-ce que je le verrai ? est-ce que j'y entrerai ? est-ce que je vivrai pour y entrer ?

Et il lui saisit les mains, et la tira vers lui.

— Bien sûr que tu le verras, dit rudement Mary, bien sûr que tu vivras pour y entrer, ne sois pas si sot.

Et elle était à la fois si sensée, et si franchement enfant, qu'elle le remit d'aplomb en un clin d'œil, et qu'il se mit à rire de ses propres frayeurs. Quelques minutes après, elle était de nouveau sur son tabouret, lui racontant non plus comment elle imaginait le Jardin mystérieux, mais comment il était réellement, et Colin oubliait ses maux, sa fatigue pour l'écouter avec ivresse.

— C'est juste comme tu pensais ! dit-il enfin, on dirait que tu l'avais réellement vu ! Tu sais que je t'ai déjà dit cela la première fois que tu m'en as parlé.

Mary hésita quelques minutes, puis elle lui dit hardiment la vérité.

— Je l'avais bien vu, et j'y étais bien entrée, dit-elle. J'ai trouvé la clé et y suis entrée il y a des semaines. Mais je n'osais pas te le dire, je n'osais pas, parce que j'avais si peur de ne pas pouvoir me fier à toi, pour de bon !

19
Il est venu

Naturellement, on avait fait chercher le Dr Craven le lendemain du jour où Colin avait eu sa crise de rage. On l'envoyait toujours chercher dans ces cas-là, et toujours il trouvait, en arrivant, un petit malade pâle et épuisé, couché sur son lit, boudeur, et encore si ébranlé qu'il était sujet à éclater de nouveau en sanglots au moindre mot. Le Dr Craven redoutait et détestait ces visites difficiles. En cette occasion, il ne parut au manoir de Misselthwaite que dans l'après-midi.

— Comment va-t-il ? demanda-t-il d'un ton assez irrité à Mrs Medlock à son arrivée, il se brisera un vaisseau sanguin un jour dans un de ces accès. Ce garçon est hystérique et à moitié fou à force d'être gâté.

— Eh bien, monsieur, répondit Mrs Medlock, vous en croirez à peine vos yeux quand vous le verrez. Cette petite fille laideronne et maussade, qui est presque aussi méchante que lui, l'a absolument ensorcelé. Comment elle s'y est prise, on n'en sait rien. Dieu sait qu'elle ne paie pas de mine, et on ne l'entend presque jamais parler, mais elle a fait ce qu'aucun de nous n'ose faire. Elle s'est élancée vers lui comme une petite furie, hier soir, et lui a ordonné en frappant du pied de cesser de crier, et cela l'a tellement saisi qu'il a réellement cessé et, cette après-midi… mais venez voir. Monsieur, c'est à n'y pas croire !

Le spectacle qui s'offrit au Dr Craven quand il entra dans la chambre de son patient le remplit en effet de surprise. Lorsque Mrs Medlock ouvrit la porte, il entendit des rires et un joyeux babil. Colin était sur son sofa, en robe de chambre, bien assis, et regardant une image dans un des livres de jardinage tout en causant avec le petit laideron, qu'on ne pouvait guère trouver laide à ce moment-là, tant son visage rayonnait de plaisir.

— Ces longues grappes de clochettes bleues, nous en aurons des masses, annonçait Colin, on les appelle des delphiniums.

— Dickon dit que ce sont des pieds-d'alouette, mais plus gros et plus beaux, dit Madame Mary, il y en a déjà des touffes.

À ce moment-là le docteur surgit, et ils se turent. Mary s'immobilisa et Colin parut agacé.

— Je suis fâché d'apprendre que tu as été malade hier soir, mon garçon, dit le Dr Craven d'un ton un peu nerveux.

C'était un homme assez nerveux.

— Je vais mieux maintenant, beaucoup mieux, répondit Colin, un peu à la façon d'un rajah. Je vais sortir dans mon fauteuil dans un jour ou deux, s'il fait beau. J'ai besoin de grand air.

Le docteur s'assit près de lui, lui tâta le pouls et l'observa avec curiosité.

— Il faudra que ce soit un très beau jour, dit-il, et il faudra faire bien attention de ne pas te fatiguer.

— Le grand air ne me fatigue pas, dit le jeune rajah.

Comme précédemment, ce même jeune monsieur avait déclaré rageusement que le grand air l'enrhumerait et le ferait mourir, son docteur éprouva naturellement quelque surprise.

— Je croyais que tu n'aimais pas le grand air, dit-il.

— Je ne l'aime pas quand je suis tout seul, répliqua le rajah, mais ma cousine sortira avec moi.

— Et la garde, naturellement ? suggéra le docteur.

— Non, je ne veux pas de garde.

Ceci fut dit si majestueusement que Mary ne put s'empêcher de se rappeler l'attitude du jeune prince indigène couvert de diamants, d'émeraudes et de perles, et la petite main brune ornée de grands rubis qu'il avait agitée pour faire signe à ses serviteurs de venir, avec des *salaam*, recevoir ses ordres.

— Ma cousine sait prendre soin de moi. Je vais toujours mieux quand elle est avec moi. Elle m'a calmé hier soir. Un garçon très fort, que je connais, poussera mon fauteuil.

Le Dr Craven s'alarma un peu.

Si cet ennuyeux petit détraqué se mettait à guérir, sans doute lui-même perdrait toute chance d'hériter de Misselthwaite ; mais, bien que faible, il était consciencieux et n'entendait pas laisser son malade courir un risque quelconque.

— Il faut que ce soit un garçon robuste et sérieux, dit-il, et il faut que je le connaisse. Qui est-ce ? Comment s'appelle-t-il ?

— C'est Dickon Sowerby, dit tout à coup Mary.

Il lui semblait que tout le monde sur la lande devait connaître Dickon. Et elle ne se trompait pas.

Le visage soucieux du docteur se détendit en un sourire de soulagement.

— Oh ! Dickon ! dit-il, si c'est Dickon, tu ne risqueras rien ; il est fort comme un poney de la lande, ce Dickon !

— Et sûr aussi, dit Mary.

— C'est bien, dit le docteur, as-tu pris ton bromure hier soir, Colin ?

— Non, répondit Colin, j'ai refusé de le prendre d'abord et, après m'avoir calmé, Mary m'a endormi en me parlant doucement, à voix basse, du printemps qui se glisse dans un jardin.

— Voilà qui semble apaisant en effet, dit le docteur, plus intrigué que jamais, et regardant du coin de l'œil Mary, qui, assise sur son tabouret, contemplait en silence le tapis. Tu vas évidemment mieux, mais il faut te rappeler...

— Je ne *veux* pas me rappeler, interrompit le rajah, quand je reste seul couché, à me rappeler, je commence à avoir des douleurs partout, et à penser à des choses si horribles que cela me fait crier. S'il y avait quelque part un docteur qui pouvait me faire oublier que je suis malade au lieu de me le rappeler, je voudrais le faire venir.

Et il agita une menotte maigre qui aurait vraiment dû être couverte de bagues royales ornées de rubis.

— C'est parce que ma cousine me fait oublier qu'elle me fait du bien.

Le Dr Craven n'avait jamais fait de visite si courte après une rage de Colin. En général, il était obligé de rester longtemps, et de faire beaucoup de choses. Cette après-midi-là, il ne prescrivit aucune médecine, ne laissa aucun ordre nouveau, et se vit épargner toute scène désagréable. Il semblait pensif en descendant et, lorsqu'il causa avec Mrs Medlock dans la bibliothèque, elle devina qu'il était fort perplexe.

— Eh bien, monsieur ! risqua-t-elle, l'auriez-vous cru ?

— Il est certain que c'est un nouvel état de choses, dit le docteur, et meilleur que l'ancien, on ne peut le nier.

— Je crois bien que Susan Sowerby avait raison – je le crois, dit Mrs Medlock ; je me suis arrêtée à sa chaumière et j'ai causé avec elle un instant. Et elle m'a dit : « Sarah Ann, ce n'est peut-être pas une fillette aimable, on ne peut pas dire qu'elle soit jolie, mais c'est une enfant, et elle a besoin d'enfants. » Nous avons été à l'école ensemble, Susan Sowerby et moi.

— C'est la meilleure garde-malade que je connaisse, dit le docteur. Quand je la trouve dans une chaumière, je sais que j'ai des chances pour sauver le patient.

Mrs Medlock sourit. Elle aimait Susan Sowerby.

— Elle a une manière à elle de dire les choses, continua-t-elle avec volubilité. J'ai pensé toute la matinée à une

l n'était pas réveillé depuis plus de dix minutes qu'il ntendit quelqu'un courir dans le corridor et Mary était sa porte. L'instant d'après, elle était dans la chambre t accourait vers son lit, apportant une bouffée d'air frais hargé des parfums du matin.

— Tu as été dehors ! tu as été dehors ! tu as cette bonne odeur de feuilles ! dit-il.

Elle avait couru : ses cheveux étaient ébouriffés et elle était animée et rosée par le grand air, sans qu'il pût le voir.

— C'est si beau ! dit-elle, un peu essoufflée par sa course. Tu n'as jamais rien vu d'aussi beau ! Il est venu ! Je croyais qu'il était venu l'autre matin, mais il approchait seulement. Maintenant, il est là ! Il est venu, le printemps, Dickon l'a dit !

— Vraiment ! cria Colin et, bien qu'il n'y comprît rien, le cœur lui battait.

Il s'assit dans son lit.

— Ouvre la fenêtre ! dit-il, riant, à moitié de joie, à moitié de l'idée qui lui venait. Peut-être que nous entendrons des trompettes d'or.

Et, bien qu'il l'eût dit en riant, en un clin d'œil Mary était à la fenêtre ; en un clin d'œil elle l'avait ouverte toute grande, et un air frais et doux pénétrait à flots dans la chambre, avec des parfums, et des chants d'oiseaux.

— Voilà de l'air frais ! dit-elle, reste couché sur ton dos et respire profondément. C'est ce que fait Dickon quand il s'étend sur la lande. Il dit qu'il le sent dans ses veines, et que cela le rend fort, et qu'il lui semble qu'il pourrait vivre toujours, toujours. Respire-le encore et encore !

Elle ne faisait que répéter ce que Dickon lui avait dit, mais Colin en fut frappé.

— Toujours, toujours ! Est-ce qu'il sent cela ? dit-il, et il obéit, respirant profondément, à maintes reprises, avec l'impression que quelque chose de nouveau et de délicieux lui arrivait.

Mary était de nouveau à son chevet.

— Les plantes sortent en foule de la terre, continua-t-elle, précipitamment ; il y a des fleurs qui s'épanouissent et des bourgeons partout ; le voile vert a recouvert presque tout le gris, et les oiseaux sont si pressés de faire leurs nids, de peur d'être en retard, qu'ils se disputent la place dans le Jardin mystérieux. Les rosiers ont l'air aussi vivants que possible, et il y a des primevères dans les allées et les bois ; les graines que nous avons semées ont poussé, et Dickon a apporté le renard, la corneille, les écureuils, et un agneau nouveau-né.

Elle s'arrêta pour reprendre haleine. Dickon avait trouvé l'agneau nouveau-né trois jours auparavant, gisant auprès de sa mère morte, parmi les buissons d'ajoncs sur la lande. Ce n'était pas le premier agneau orphelin qu'il eût trouvé, et il savait qu'en faire. Il l'avait apporté à la chaumière enveloppé dans sa jaquette, il l'avait couché près du feu, et nourri de lait chaud. C'était une moelleuse créature, avec une mignonne niaise figure de bébé, et des jambes un peu longues pour son corps. Dickon l'avait porté à travers la lande dans ses bras, et il avait le biberon dans sa poche, avec un écureuil. Mary, assise sous un arbre, avec ce petit corps mou et chaud, blotti sur ses genoux, était restée muette d'ineffable bonheur. Un agneau ! un agneau vivant couché sur vos genoux, comme un bébé !

Elle décrivait tout cela avec délices, et Colin écoutait, en respirant l'air à longs traits, quand la garde entra. Elle eut un petit mouvement de surprise en voyant la fenêtre ouverte. Elle avait passé plus d'une chaude journée à étouffer dans la chambre parce que son patient était convaincu que les fenêtres ouvertes vous enrhumaient.

— Êtes-vous sûr de ne pas avoir froid, monsieur Colin ? demanda-t-elle.

— Oui, répondit-il, je respire de grandes bouffées d'air frais. Cela nous rend forts. Je vais me mettre sur le sofa, pour déjeuner, et ma cousine déjeunera avec moi.

La garde s'en alla, en dissimulant un sourire, commander deux déjeuners. Elle trouvait le hall des domestiques plus gai que la chambre du malade et, à ce moment-là, tout le monde désirait des nouvelles de ce qui se passait là-haut. On plaisantait beaucoup au sujet du jeune reclus que l'on n'aimait guère et qui, comme disait la cuisinière, « avait trouvé à qui parler, heureusement pour lui ». Les domestiques étaient très fatigués des rages périodiques de Colin, et le sommelier, un père de famille, avait plus d'une fois exprimé son opinion que l'invalide se trouverait bien d'une bonne raclée.

Quand Colin fut installé sur le sofa et le déjeuner servi pour deux sur la table, il annonça à la garde de son air le plus « rajah » :

— Un petit garçon, un renard, une corneille, deux écureuils et un agneau nouveau-né viendront me voir ce matin. Je désire qu'on les amène ici aussitôt qu'ils arriveront. Je ne veux pas qu'on se mette à jouer avec les bêtes dans le hall des domestiques et qu'on les y retienne. Je les veux ici.

La garde, un peu suffoquée, toussa pour se donner une contenance.

— Oui, monsieur, répondit-elle.

— Je vais vous dire ce que vous pourrez faire, ajouta Colin avec un geste impérieux. Vous pourrez dire à Martha de les amener ici. C'est son frère. Il s'appelle Dickon, et c'est un charmeur d'animaux.

— J'espère que les bêtes ne mordront pas Mr Colin ! dit la garde.

— Je vous dis que c'est un charmeur d'animaux, fit Colin avec dignité, les animaux des charmeurs ne mordent jamais.

— Il y a des charmeurs de serpents aux Indes, dit Mary, et ils peuvent mettre la tête des serpents dans leur bouche.

— Bonté divine ! frissonna la garde.

Ils mangèrent leur déjeuner, tout baignés par les effluves de l'air matinal. Colin avait un déjeuner soigné et Mary le regarda le consommer avec une grave sollicitude.

— Tu vas commencer à engraisser comme moi, dit-elle. Je n'avais jamais faim pour mon déjeuner, aux Indes, mais ici, c'est autre chose.

— J'avais faim pour le mien, ce matin, dit Colin. C'est peut-être l'air frais. Quand penses-tu que Dickon viendra ?

Il ne tarda guère. Environ dix minutes plus tard Mary leva la main.

— Écoute ! dit-elle. Entends-tu un croassement ?

Colin écouta et entendit un son pour le moins étrange dans une maison, un rauque « croa, croa ».

— Oui, répondit-il.

— C'est Suie ! dit Mary. Écoute encore, entends-tu un bêlement très faible ?

— Oh ! oui ! cria Colin, rougissant d'émotion.

— C'est l'agneau nouveau-né, dit Mary. Il vient !

Les souliers de paysan de Dickon étaient lourds et épais et, quoiqu'il essayât de marcher doucement, ils faisaient un bruit de galoches tandis qu'il avançait le long des corridors. Mary et Colin l'entendirent marcher jusqu'à ce qu'il eût franchi la porte de tapisserie et atteint le moelleux tapis du corridor de Colin.

— S'il vous plaît, monsieur, annonça Martha, ouvrant la porte, s'il vous plaît, monsieur, voilà Dickon et ses créatures !

Dickon entra, souriant de son plus large et radieux sourire. L'agneau nouveau-né était dans ses bras, et le renard trottait à ses côtés. Noisette était perché sur son épaule gauche, Suie sur la droite et la tête et les pattes de Coquille émergeaient de la poche de sa veste.

Colin s'assit lentement et regarda de tous ses yeux, comme il avait regardé Mary à son apparition, mais, cette fois, avec un joyeux émerveillement. Le fait est qu'en dépit de tout ce qu'il avait entendu raconter, il ne s'était pas représenté le moins du monde comment serait cet étrange garçon, ni que son renard, sa corneille, ses écureuils et son agneau étaient si proches de lui, et lui étaient si chers qu'ils semblaient presque faire partie de lui-même. Colin n'avait jamais parlé de sa vie à un garçon de son âge, et il était si submergé par la joie et la curiosité qu'il ne songea même pas à proférer un mot.

Mais Dickon n'éprouvait pas l'ombre de gêne ni de timidité. Il ne s'était nullement embarrassé du fait que la corneille ne parlait pas sa langue et ne lui avait rien dit à leur première rencontre. Tous les êtres vivants étaient ainsi jusqu'à ce qu'on eût fait connaissance. Il s'avança jusqu'au sofa de Colin et mit tranquillement l'agneau nouveau-né dans ses bras et, aussitôt, le petit animal se tourna vers la moelleuse robe de chambre et se mit à enfoncer son museau dans les plis de velours et à frotter sa tête frisée contre l'épaule de Colin. Naturellement aucun enfant de chair et de sang n'eût pu se taire en de telles circonstances.

— Qu'est-ce qu'il fait ? cria Colin, qu'est-ce qu'il veut ?

— Il veut sa mère, fit Dickon, souriant plus largement encore. Je te l'ai apporté à jeun parce que je savais que tu aurais du plaisir à voir comment il est nourri.

Il s'agenouilla près du sofa et sortit un biberon de sa poche.

— Viens, petit ! fit-il, tournant doucement la blanche tête laineuse avec sa main bronzée. Voilà ce qu'il cherche. Tu le trouveras ici plutôt que dans des plis de velours. Là !

Et il fourra le bout en caoutchouc de la bouteille dans le museau avide et l'agneau se mit à téter avec un ravissement glouton.

Après cela, la conversation ne risquait pas de languir. Lorsque l'agneau s'endormit, les questions commencèrent à pleuvoir, et Dickon répondit à toutes. Il leur raconta comment il avait trouvé l'agneau au lever du soleil trois jours auparavant. Il était debout sur la lande, écoutant une alouette, et la regardant s'élancer de plus en plus haut dans le ciel, jusqu'à ce qu'on n'aperçût plus qu'un point noir dans la voûte bleue.

— Je l'avais presque perdue de vue et me demandais comment je pouvais encore l'entendre alors qu'elle semblait prête à disparaître du monde et, juste alors, j'ai entendu un autre son, lointain, parmi les buissons d'ajoncs. C'était un faible bêlement et je savais que c'était le cri d'un agneau nouveau-né affamé, et je savais qu'il ne serait pas affamé s'il n'avait pas perdu sa mère, aussi je me suis mis à sa recherche. J'ai eu du mal à le trouver, je m'enfonçais dans les genêts, j'en sortais, j'en faisais le tour et toujours il semblait que j'étais allé du mauvais côté. Mais à la fin, j'ai vu une tache blanche, près d'un rocher, tout en haut de la lande ; j'y ai grimpé, et j'ai trouvé la petite bête à demi morte de froid.

Tandis qu'il parlait, Suie s'envola gravement par la fenêtre ouverte et croassa des remarques sur le paysage, tandis que Noisette et Coquille faisaient des excursions dans les grands arbres, grimpant le long des troncs et explorant les branches. Capitaine se blottit près de Dickon qui préféra s'asseoir sur le tapis.

Ils regardèrent les images des livres de jardinage. Dickon connaissait toutes les fleurs par leurs noms familiers et savait exactement lesquelles croissaient dans le Jardin mystérieux.

— Je ne pourrais pas dire ce nom, fit-il, en désignant une fleur sous laquelle il y avait le mot *aquilegia* [1], mais nous autres, nous l'appelons « colombine » et celle-là est une digitale. Toutes deux poussent sauvages dans les haies, mais celles-ci sont cultivées, plus grandes et plus belles. Il y a quelques grosses touffes de colombines dans le Jardin. Elles auront l'air d'un vol de papillons blancs et bleus quand elles seront épanouies.

1. Nom latin de l'ancolie.

— Je vais les voir ! cria Colin, je vais les voir !

— Oui, certes ! répondit gravement Mary, et tu n'as pas de temps à perdre !

20

Je vivrai toujours, toujours

Mais ils furent forcés d'attendre plus d'une semaine, d'abord parce qu'il y eut quelques jours de grand vent, puis Colin fut menacé d'un rhume, deux accidents qui, se succédant ainsi, l'auraient sans doute mis en rage, s'il n'y avait eu tant à faire pour tout combiner en grand secret. Personne ne devait voir le fauteuil roulant après qu'ils auraient tourné certain coin de la pépinière, et se seraient engagés dans l'allée qui longeait les murs tapissés de lierre. À mesure que les jours s'écoulaient, Colin s'ancrait de plus en plus dans l'idée que le mystère qui entourait le Jardin en était un des plus grands charmes. Rien ne devait gâter cela. Personne ne devait même soupçonner qu'il y eût un secret. Il fallait que les gens pensent qu'il sortait avec Mary et Dickon simplement parce qu'il se plaisait avec eux, et voulait bien se laisser regarder par eux. Ils eurent de longues et délicieuses conversations au sujet de leur itinéraire. Ils suivraient ce sentier-ci, puis celui-là, traverseraient cet autre, et feraient le tour des plates-bandes de fleurs de la fontaine, comme s'ils voulaient regarder les plantes de serre que le jardinier en chef, Mr Roach, venait de disposer. Cela semblerait si naturel que personne n'y verrait de mystère. Ils suivraient alors les allées de la pépinière, et feraient des détours jusqu'à ce qu'on arrivât aux grands murs. C'était presque aussi sérieux et aussi soigneusement combiné que les plans de marches des grands généraux en temps de guerre.

On avait eu vent, naturellement, dans le hall des domestiques, dans les écuries, et parmi les jardiniers, des choses nouvelles et curieuses qui se passaient dans les appartements de l'invalide. Mais Mr Roach n'en fut pas moins assez surpris quand il reçut, de la part de « maître Colin », l'ordre de paraître dans la chambre où personne du dehors n'avait jamais pénétré, parce que le malade désirait lui parler.

Eh bien ! eh bien ! se disait-il, en changeant rapidement de veste, qu'est-ce qui se passe à présent ? Son altesse royale, qu'on ne devait pas seulement regarder, fait appeler un homme qu'Elle n'a jamais vu !

Mr Roach n'était pas exempt de curiosité. Il n'avait jamais aperçu l'enfant et avait entendu raconter mainte histoire exagérée au sujet de l'étrangeté de son extérieur et de ses manières, et de ses colères folles. Ce qu'il avait entendu dire le plus souvent, c'est qu'il pouvait mourir d'un moment à l'autre et beaucoup de gens, qui n'avaient jamais vu le petit, lui avaient fait des descriptions fantaisistes de son dos difforme et de ses membres infirmes.

— Les choses sont en train de changer dans cette maison, Mr Roach, lui dit Mrs Medlock en l'escortant par l'escalier de service jusqu'au corridor où donnait la chambre mystérieuse.

— Espérons qu'elles s'améliorent, Mrs Medlock, répondit-il.

— Elles ne pouvaient guère empirer, continua-t-elle et, si surprenant que cela paraisse, il y a des gens qui constatent que leurs devoirs en sont devenus plus faciles. Ne soyez pas étonné, Mr Roach, si vous vous trouvez au milieu d'une ménagerie, et voyez le Dickon de Martha Sowerby installé là, plus à l'aise que vous et moi ne pourrions jamais l'être.

Il semblait vraiment que la personnalité de Dickon exerçât sur tous un charme magique, selon la secrète et immuable conviction de Mary.

Quand Mr Roach entendit prononcer son nom, il sourit avec indulgence.

— Il serait à son aise dans un palais royal et au fond d'une mine de charbon, dit-il, et pourtant ce n'est pas de l'effronterie. C'est un trésor que ce garçon-là !

Mrs Medlock avait bien fait de le préparer pour l'empêcher d'être trop saisi. Quand on ouvrit la porte de la chambre à coucher, une grande corneille, qui semblait tout à fait chez elle, perchée sur le haut dossier d'une chaise sculptée, annonça l'entrée d'un visiteur par un bruyant « croa, croa ! ». En dépit de l'avertissement de Mrs Medlock, Mr Roach faillit manquer à sa dignité en faisant un bond en arrière.

Le jeune rajah n'était ni dans son lit ni sur son sofa. Il était assis dans un fauteuil et un agnelet était à ses pieds, remuant la queue comme font ces petits animaux quand ils tètent, car Dickon, agenouillé, lui dispensait le lait de sa bouteille. Un écureuil était perché sur le dos baissé de Dickon, grignotant attentivement une noix. La petite fille des Indes les regardait, assise sur un grand tabouret.

— Voici Mr Roach, monsieur Colin, dit Mrs Medlock.

Le jeune rajah se retourna et toisa du regard son domestique : ce fut, du moins, l'impression du jardinier en chef.

— Oh ! vous êtes Roach ! dit-il, je vous ai fait venir pour vous donner quelques ordres importants.

— Très bien, monsieur ! répondit Roach, se demandant si on allait lui commander d'abattre les chênes du parc ou de transformer les vergers en jardins de plaisance.

— Je vais sortir dans mon fauteuil cette après-midi, continua Colin. Si le grand air me réussit, il se peut que je sorte tous les jours. Quand je sortirai, aucun des jardiniers ne doit être dans les environs de la longue allée, près des murs du jardin. Personne ne doit y être. Vers deux heures, il faut que tout le monde se tienne éloigné, jusqu'à ce que je leur fasse dire de retourner à leur travail.

— Très bien, monsieur, répondit Mr Roach, très soulagé d'apprendre que les chênes pouvaient rester où ils étaient, et que les vergers ne risquaient rien.

— Mary, dit Colin, se tournant vers sa cousine, qu'est-ce qu'on dit aux Indes, quand on a fini de parler aux gens et qu'on désire qu'ils s'en aillent ?

— On dit : « Je vous donne la permission de vous retirer. »

Le rajah fit un signe de la main.

— Je vous donne la permission de vous retirer, Roach, dit-il, mais rappelez-vous que ceci est très important.

— Croa, croa, remarqua la corneille d'un ton rauque mais pas impoli.

— Très bien, monsieur ! Merci, monsieur ! dit Mr Roach, et Mrs Medlock l'escorta hors de la chambre.

Une fois dans le corridor, étant un homme d'humeur plutôt joviale, il sourit et fut même bien près de rire.

— Ma parole ! dit-il, il en a de belles manières seigneuriales, n'est-ce pas ? On dirait toute la famille royale réunie – prince consort et Cie !

— Eh ! grommela Mrs Medlock, nous l'avons laissé nous marcher dessus depuis qu'il a des pieds, et il pense que les gens sont nés pour cela.

— Peut-être que cela lui passera, s'il vit, dit Mr Roach.

— Eh bien, il y a une chose certaine, dit Mrs Medlock, s'il vit, en effet, et que cette petite fille des Indes reste ici, elle lui enseignera que l'orange ne lui appartient pas tout entière, comme dit Susan Sowerby, et il saura à quoi s'en tenir sur la grosseur de son propre quartier.

Dans la chambre, Colin se reposait sur ses coussins.

— Nous pouvons être tranquilles, à présent, dit-il et, cette après-midi, je le verrai ! cette après-midi, j'y entrerai !

Dickon retourna au Jardin avec ses bêtes, et Mary resta avec Colin. Elle ne trouvait pas qu'il eût l'air fatigué, mais il était très silencieux, avant le lunch et aussi pendant le repas. Elle se demandait pourquoi et lui posa la question.

— Quels grands yeux tu as, Colin ! dit-elle, quand tu réfléchis ils sont grands comme des lanternes. À quoi penses-tu en ce moment ?

— Je ne puis m'empêcher de me demander comment il sera, répondit-il.

— Le Jardin ? demanda Mary.

— Le printemps ! dit-il. Je pensais que je ne l'ai réellement jamais vu. Je ne suis presque jamais sorti et, quand je sortais, je ne le regardais pas, je n'y pensais même pas.

— Je ne l'ai jamais vu aux Indes parce qu'il n'y en avait pas, dit Mary.

Si recluse et malsaine qu'eût été sa vie, Colin avait plus d'imagination qu'elle, et il avait du moins passé beaucoup de temps à regarder des livres merveilleux avec des images.

— Le matin où tu es entrée en courant et en disant : « Il est venu ! », tu m'as fait une drôle d'impression. Il me semblait que j'entendais approcher une grande procession avec une musique triomphale. J'ai une image comme cela dans un de mes livres, des cortèges merveilleux avec des enfants portant des guirlandes et des branches fleuries, tous riant, dansant et jouant de la flûte. C'est pour cela que j'ai dit : « peut-être entendrons-nous les trompettes » et t'ai dit d'ouvrir la fenêtre.

— Comme c'est curieux ! dit Mary, c'est justement l'effet que cela produit ! Si toutes les fleurs, les feuilles, les pousses vertes, les oiseaux, et les bêtes sauvages passaient ensemble en dansant, quelle foule cela ferait ! Je suis sûre qu'ils danseraient, et chanteraient et joueraient de la flûte : ce serait la musique triomphale.

Ils se mirent à rire tous deux, non pas que cette idée leur parût risible, mais parce qu'elle les charmait.

Un peu plus tard la garde habilla Colin. Elle remarqua qu'au lieu de rester comme une bûche pendant qu'on lui mettait ses vêtements, il s'asseyait et faisait quelques efforts pour l'aider sans cesser de rire et de bavarder avec Mary.

— Il est dans un de ses bons jours, monsieur, dit-elle au Dr Craven, qui entrait pour l'examiner. Il est de si belle humeur que cela lui donne des forces.

— Je reviendrai le voir plus tard, dans l'après-midi, quand il sera rentré, dit le docteur. Il faut que je voie si cette sortie lui réussit. Je voudrais (il baissa la voix) qu'il vous permette de l'accompagner.

— Je quitterais plutôt la place sur l'heure que de rester seulement dans la chambre pendant que vous lui en parleriez, répondit la nurse avec une fermeté soudaine.

— Je n'avais pas décidé de lui en parler, dit le docteur, avec la légère nervosité qui lui était habituelle. Nous tenterons l'expérience. Dickon est un garçon à qui je confierais un nouveau-né.

Le valet le plus fort de la maison descendit Colin dans ses bras, et l'installa dans son fauteuil roulant, auprès duquel Dickon attendait, devant la porte. Après que le domestique eut arrangé ses couvertures et ses coussins, le rajah fit un signe de la main vers lui et vers la nurse.

— Je vous donne la permission de vous retirer, dit-il.

Tous deux disparurent à la hâte et, il faut l'avouer, pouffèrent de rire quand ils furent à l'abri, dans la maison.

Dickon se mit à pousser le fauteuil, lentement, mais d'une main ferme. Madame Mary marchait à côté, et Colin, s'appuyant contre ses coussins, leva son visage vers le ciel. La voûte bleue paraissait très haute, et les petits nuages semblaient des oiseaux blancs, planant, les ailes déployées, dans l'azur cristallin. Le vent soufflait de la lande, en bouffées larges et douces, chargées d'un parfum sauvage et pénétrant.

Colin ne cessait de gonfler sa maigre poitrine pour l'aspirer, et ses grands yeux, plutôt que ses oreilles, semblaient écouter, écouter…

— Il y a tant de chants, de bourdonnements et d'appels ! dit-il, quel est ce parfum qu'apportent les bouffées de vent ?

— Ce sont les ajoncs qui fleurissent sur la lande, répondit Dickon. Ah ! les abeilles s'en donnent aujourd'hui !

On ne pouvait voir un seul être humain dans les sentiers qu'ils suivirent. Le fait est que tous les aides-jardiniers avaient été subtilisés. Mais les enfants firent des tours et des détours dans la pépinière et le long des plates-bandes de la fontaine, suivant leur itinéraire compliqué pour le plaisir mystérieux qu'ils y trouvaient. Mais quand ils s'engagèrent enfin dans la longue allée qui suivait les murs tapissés de lierre, pour quelque étrange et inexplicable raison, l'attente émouvante d'une joie prochaine les fit baisser la voix.

— Le voici ! souffla Mary. C'est ici que je me promenais en long et en large en me creusant la tête.

— Vraiment ! cria Colin, et ses yeux se mirent à scruter le lierre avec une ardente curiosité. Mais je ne puis rien voir, murmura-t-il, il n'y a pas de porte.

— C'est ce que je pensais, dit Mary.

Alors il y eut un silence palpitant, délicieux, et le fauteuil continua à rouler.

— Voilà le jardin où Ben Weatherstaff travaille, dit Mary.

— Vraiment ! dit encore Colin.

— C'est ici que le rouge-gorge a volé par-dessus le mur.

— Oh ! dit Colin, s'il pouvait revenir !

— Et là-dessous, dit Mary avec une joie solennelle en montrant un grand arbuste de lilas, il s'est perché sur cette petite motte de terre et m'a montré la clé.

Alors Colin s'assit tout droit.

— Où, où, où ? cria-t-il, et ses yeux étaient presque aussi grands que ceux du Loup quand le petit Chaperon Rouge en fit la remarque.

Dickon s'arrêta et le fauteuil roulant aussi.

— Et voici, dit Mary, mettant le pied sur la plate-bande, près du mur de lierre, l'endroit où je suis venue lui parler quand il me chantait du sommet du mur. Et voici le lierre que le vent a soulevé, et elle s'empara du lourd rideau vert.

— Oh ! oh ! c'est là ! haleta Colin.

— Et voici le loquet, et voici la porte ; Dickon, fais-le entrer, fais-le entrer, vite !

Et Dickon le fit entrer d'une poussée ferme et magistrale.

Mais Colin, malgré son ivresse, était retombé sur ses coussins, il avait couvert ses yeux de ses mains et resta ainsi jusqu'à ce qu'ils fussent à l'intérieur du Jardin, que le fauteuil s'arrêtât net et que la porte fût refermée. Alors seulement il enleva ses mains et regarda autour de lui comme avaient fait Mary et Dickon. Sur les murs, la terre, et les arbres, les rameaux flexibles, et les pousses délicates, l'exquis voile vert de tendres petites feuilles s'était glissé, et dans l'herbe, sous les arbres, dans les urnes grises des bosquets, ici et là, partout, il y avait des points, ou des taches jaune d'or, violettes et blanches ; les arbres étalaient au-dessus de la tête de l'enfant une neige rosée, et on percevait des bruissements d'ailes, de doux sons flûtés, des bourdonnements, des parfums. Le soleil caressait son visage comme une main au toucher délicieux. Et Mary et Dickon le regardaient émerveillés. Colin leur semblait étrange, et tout changé, parce qu'une teinte rose l'avait envahi tout entier : son visage, son cou, ses mains d'ivoire…

— Je guérirai, je guérirai, cria-t-il, Mary, Dickon ! je guérirai ! Et je vivrai toujours, toujours !

21

Ben Weatherstaff

Chose étrange, dans ce bas monde, c'est de loin en loin seulement qu'on se sent assuré de vivre toujours, toujours. On a cette certitude, quelquefois, quand on se lève à l'heure douce et solennelle de l'aurore, et que, debout, en plein air, rejetant la tête en arrière, on regarde le ciel pâle changer lentement et se colorer de rose, tandis que des choses si merveilleuses et si mystérieuses se passent à l'orient qu'elles vous arrachent presque des cris, et que notre cœur s'arrête de battre devant l'étrange et immuable majesté du soleil levant, qui a surgi chaque matin, durant des milliers et des milliers d'années. On possède alors cette assurance pendant quelques instants.

On l'éprouve aussi parfois quand on est seul dans un bois, au coucher du soleil, et que le profond silence, mystérieux et doré, se glissant à travers les branches, semble répéter lentement quelque chose qu'on ne parvient pas à entendre.

Parfois encore, l'immensité paisible de la voûte bleue des nuits, avec ses millions d'étoiles qui attendent et contemplent, vous en pénètre ; et quelquefois le son d'une musique lointaine, quelquefois un regard dans des yeux aimés.

Il en fut ainsi pour Colin quand il vit, et entendit, et sentit, pour la première fois, le printemps, entre les hautes murailles d'un jardin caché. Cette après-midi-là, le monde entier semblait s'évertuer à se montrer parfait, radieusement beau et bon, pour le bénéfice d'un certain petit garçon. Par pure, par céleste bonté sans doute, le printemps venait concentrer toutes ses merveilles dans cet endroit privilégié. Plus d'une fois, Dickon s'arrêta dans son travail et resta immobile, l'air de plus en plus ébloui, secouant doucement la tête.

— Ah ! c'est beau ! dit-il. J'ai douze ans, je cours sur mes treize, et il y a beaucoup de journées dans treize années, mais il me semble que je n'en ai jamais vu d'aussi belle.

— Oui, elle est belle, dit Mary, soupirant de béatitude. Je réponds que c'est la plus belle qu'il y ait jamais eue au monde !

— Penses-tu, demanda Colin avec une même lenteur rêveuse, qu'elle a peut-être été faite exprès pour moi ?

Ils restèrent muets de bonheur.

Puis, on poussa le fauteuil sous le prunier, qui était couvert de fleurs neigeuses et bourdonnant d'abeilles. C'était comme un dais royal et féerique. Il y avait, tout près, des cerisiers en fleur et des pommiers aux boutons blancs et roses avec, çà et là, une fleur épanouie. Entre les branches neigeuses du dais royal, des morceaux de ciel bleu semblaient les regarder comme des yeux rayonnants.

Mary et Dickon travaillèrent un peu, et Colin les regarda faire. Ils lui apportaient des choses à examiner : des bourgeons qui s'ouvraient, d'autres encore étroitement clos, des brins de rameaux dont les feuilles commençaient à verdir, la plume d'un pivert tombée sur le gazon, la coquille vide d'un œuf précocement éclos. Dickon poussa lentement le fauteuil tout autour du Jardin, s'arrêtant à chaque instant pour lui laisser voir des merveilles jaillies du sol ou retombant des arbres. Il semblait à Colin être promené en grande pompe dans le pays d'un roi et d'une reine de conte de fées pour en contempler tous les mystérieux trésors.

— Je me demande si nous verrons le rouge-gorge, dit-il.

— Tu le verras bientôt, répondit Dickon. Quand les œufs s'ouvriront, le petit compère sera si affairé qu'il en perdra un peu la tête. Tu le verras alors voler de tous côtés, porter des vers presque aussi gros que lui, et le bruit qu'il y aura dans le nid à son retour sera si ahurissant qu'il saura à peine dans quel bec béant jeter son premier morceau. Mère dit que, quand elle voit le mal qu'a un rouge-gorge pour remplir ces becs voraces, il lui semble être une belle dame ayant des loisirs. Elle dit qu'elle a vu ces petits pères si occupés qu'on aurait dit que la sueur devait ruisseler de leurs plumes quoiqu'on ne pût pas le voir.

Ceci les fit pouffer de rire si joyeusement qu'ils furent obligés de se couvrir la bouche de leurs mains, se rappelant qu'il ne s'agissait pas d'être entendus. Colin avait été instruit de la loi relative aux murmures et aux chuchotements plusieurs jours auparavant. Il en aimait le mystère, et faisait de son mieux pour l'observer, mais, quand on est ivre de joie, c'est assez difficile de ne rire qu'à voix basse.

Chaque instant de cette après-midi apporta quelque chose de neuf et, d'heure en heure, le soleil devenait plus doré. On avait de nouveau roulé le fauteuil sous le dais fleuri, et Dickon, assis sur l'herbe, venait de tirer de sa poche son chalumeau, quand Colin vit quelque chose qu'il n'avait pas encore remarqué.

— Voilà un très vieil arbre, là-bas, n'est-ce pas ? dit-il.

Dickon regarda l'arbre de l'autre côté du gazon, Mary le regarda aussi, et il y eut un court silence.

— Oui, répondit Dickon d'une voix basse et très douce.

Mary regardait l'arbre, réfléchissant.

— Les branches sont tout à fait grises, et il n'y a pas une seule feuille, continua Colin, il est tout à fait mort, n'est-ce pas ?

— Oui, avoua Dickon, mais les rosiers qui ont grimpé dessus cacheront presque tout le bois mort quand ils seront couverts de feuilles et de fleurs. Il n'aura plus l'air mort alors : ce sera le plus joli de tous.

Mary regardait toujours l'arbre, réfléchissant.

— On dirait qu'une grosse branche s'est cassée, dit Colin, je me demande comment c'est arrivé.

— Il y a bien des années que c'est arrivé, répondit Dickon.

Ah ! il tressaillit, comme soulagé et toucha Colin de la main.

— Regarde le rouge-gorge ! Le voici ! il a été aux provisions avec sa compagne.

Colin regarda juste à temps pour voir passer comme un éclair l'oiseau à la poitrine rouge, portant quelque chose dans son bec. L'enfant se renversa sur ses coussins, riant un peu.

— Il lui apporte son thé ! C'est peut-être cinq heures ! Je ne serais pas fâché moi-même d'avoir un peu de thé.

Les autres enfants respirèrent.

— C'est la magie qui a fait paraître le rouge-gorge, dit plus tard confidentiellement Mary à Dickon.

Car tous deux avaient redouté que Colin posât quelque question au sujet de l'arbre dont la branche s'était brisée, il y avait dix ans. Dickon s'était frotté la tête avec perplexité :

— Il nous faudra avoir l'air de le trouver pareil aux autres arbres. Nous ne pourrions jamais lui dire comment il s'est cassé, pauvre gars ! S'il dit quelque chose, il faudra paraître gai !

— Oui, bien sûr ! avait répondu Mary.

Mais elle craignait de n'avoir pas réussi à prendre l'air gai en regardant l'arbre. Elle se demandait à ce moment-là s'il y avait du vrai dans une autre remarque que Dickon avait faite. Continuant à frotter d'un air embarrassé sa tête couleur de rouille, il s'était tu un moment, mais une expression heureuse et confiante s'était fait jour peu à peu dans ses yeux bleus.

— Mrs Craven était une ravissante jeune dame, avait-il continué avec quelque hésitation. Et mère dit qu'elle est peut-être encore souvent à Misselthwaite, veillant sur monsieur Colin, comme le font toutes les mères quand elles sont enlevées de ce monde. Elles ne peuvent s'empêcher d'y venir, tu comprends ! Peut-être qu'elle était dans le Jardin, et que c'est elle qui nous y a fait travailler et nous a dit d'y amener Colin.

Mary avait pensé qu'il parlait d'une sorte de magie. Elle croyait fermement en la magie. Elle était secrètement convaincue que Dickon exerçait une puissance magique, une bonne puissance naturellement, sur tout ce qui l'approchait, et que c'était pour cela que les gens l'aimaient tant et que les animaux savaient qu'il était leur ami.

Elle se demandait même, à présent, s'il ne se pouvait pas que cette influence mystérieuse eût amené le rouge-gorge juste au moment où Colin posait cette question dangereuse. Elle sentait que la magie avait été à l'œuvre toute l'après-midi, faisant de Colin un être nouveau. Il semblait impossible que ce fût là le petit possédé qui avait crié, et battu et mordu son oreiller. La légère teinte rosée qui avait paru sur son visage, son cou et ses mains quand il était entré dans le Jardin n'avait pas entièrement disparu : il avait l'air fait de chair au lieu de cire ou d'ivoire.

Ils virent le rouge-gorge porter la nourriture à sa compagne deux ou trois fois, et cela évoquait tellement le thé de l'après-midi que Colin sentit qu'il leur en fallait aussi.

— Va dire à un domestique d'en apporter dans un panier à l'allée des rhododendrons, dit-il à Mary, et toi et Dickon pourrez alors l'apporter ici.

C'était une idée séduisante, facile à exécuter et, quand la serviette blanche fut étendue sur l'herbe et couverte de thé chaud, de toasts beurrés et de galettes, ils firent, de grand appétit, un repas délicieux. Plusieurs oiseaux en tournée de ménage s'arrêtèrent pour voir ce qui se passait, et furent amenés à examiner les miettes avec empressement. Noisette et Coquille disparurent dans les arbres avec des morceaux de galette, et Suie en prit une moitié entière dans un coin, la becqueta, l'inspecta en la retournant, et fit des remarques enrouées avant de se décider à l'avaler joyeusement, d'une bouchée.

L'après-midi touchait à son heure d'or. Le soleil lançait des rayons plus fauves, les abeilles commençaient à regagner leur logis, et on voyait moins souvent les oiseaux passer à tire-d'aile. Dickon et Mary étaient assis sur l'herbe, le panier empaqueté pour retourner à la maison, et Colin se reposait sur ses coussins, ses lourdes boucles repoussées de son front, son visage d'une couleur tout à fait normale.

— Je voudrais que cette après-midi ne finisse jamais ! dit-il, mais je reviendrai demain, et après-demain, et après-après-demain, et après-après-après-demain…

— Tu en auras du grand air, pas vrai ? dit Mary.

— Je n'aurai que cela ! répondit-il, j'ai vu le printemps maintenant, et je vais voir l'été. Je vais tout voir pousser ici. Je vais pousser moi-même.

— Pour ça oui, fit Dickon, nous te verrons marcher ici et piocher comme nous autres avant longtemps.

Colin devint pourpre.

— Marcher ? dit-il, piocher, moi ?

Le regard que Dickon lui jeta était délicatement prudent. Ni lui ni Mary ne lui avaient jamais demandé ce qu'il avait aux jambes.

— Bien sûr, affirma Dickon, tu as des jambes comme nous autres.

Mary trembla un peu avant de l'entendre répondre :

— Elles ne sont pas malades, mais seulement maigres et faibles. Elles sont si faibles que j'ai peur de me tenir dessus.

Mary et Dickon poussèrent ensemble un soupir de soulagement.

— Quand tu n'auras plus peur, tu pourras te tenir dessus, fit Dickon avec un redoublement d'assurance. Et tu n'auras bientôt plus peur !

— Vrai ? dit Colin, et il resta immobile, comme s'il se posait des questions.

Ils se tinrent très tranquilles pendant un moment. Le soleil baissait. C'était l'heure où tout s'apaise et ils avaient eu une après-midi remplie et émouvante. Colin semblait se reposer délicieusement. Les animaux eux-mêmes avaient cessé de s'agiter et se reposaient, groupés auprès d'eux. Suie s'était perchée sur une branche basse et avait levé une jambe et abaissé paresseusement sur ses yeux un rideau gris. Mary pensait qu'elle avait l'air d'être sur le point de ronfler.

Au milieu du silence Colin fit plutôt sensation en chuchotant très fort, avec une frayeur subite :

— Qui est cet homme ?

Dickon et Mary se levèrent précipitamment : Un homme ! Colin montra la haute muraille.

— Regardez ! dit-il vivement, regardez vite !

Mary et Dickon se retournèrent pour voir : le visage indigné de Ben Weatherstaff les observait par-dessus le mur, du haut d'une échelle. Il menaça Mary du poing.

— Si je n'étais pas célibataire, et que tu sois ma fille, cria-t-il, je te donnerais une raclée !

Il monta un autre degré d'un air féroce, comme s'il avait la ferme intention de sauter le mur pour lui régler son compte : mais, quand elle s'avança vers lui, il se ravisa évidemment, et resta debout, sur le sommet de son échelle, la menaçant toujours du poing.

— Je n'ai jamais fait grand cas de toi, lui clama-t-il. Je ne pouvais pas te souffrir au commencement : un petit manche à balai, avec une figure de papier mâché, toujours à poser des questions et à fourrer son nez là où il n'a que faire ! Je ne sais pas comment je me suis tellement lié avec toi ! Si le rouge-gorge ne s'en était pas mêlé ! Le diable l'emporte !

— Ben Weatherstaff ! cria Mary, retrouvant son souffle.

Elle était debout juste au-dessous de lui, et lui parla en haletant un peu :

— Ben Weatherstaff ! c'est le rouge-gorge qui m'a montré le chemin !

Il sembla vraiment alors que Ben allait dégringoler vers elle tant il parut suffoqué.

— Vaurienne que tu es ! lui cria-t-il. Mettre la faute sur un rouge-gorge ! Ce n'est pas qu'il ne soit pas assez effronté… Il t'a montré le chemin ! Ah ! le petit garnement !

Elle vit que les paroles lui échappaient parce qu'il grillait de curiosité.

— Comment au monde as-tu pu entrer ?

— C'est le rouge-gorge qui m'a montré le chemin, affirma-t-elle obstinément. Et je ne peux pas vous expliquer cela d'ici pendant que vous me menacez.

Ben laissa tout à coup retomber son poing, à ce moment même, et il ouvrit la bouche toute grande en regardant, par-dessus la tête de Mary, quelque chose qui s'avançait vers lui, à travers le gazon.

En entendant l'avalanche de paroles furieuses, Colin avait d'abord été si surpris qu'il était resté immobile à les écouter, comme pétrifié. Mais bientôt, il s'était ressaisi, et avait fait à Dickon un signe impérieux.

— Roule-moi là-bas, ordonna-t-il, roule-moi en face de lui !

Et c'était là ce qu'apercevait Ben, et ce qui le clouait sur place à son tour : un fauteuil roulant, avec de luxueux coussins, richement drapé, qui s'avançait vers lui comme une sorte d'équipage royal, car un jeune rajah y siégeait dans une attitude de commandement souverain, avec ses grands yeux frangés de noir, et une frêle main blanche impérieusement tendue vers Ben. Rien d'étonnant à ce que celui-ci restât bouche bée.

— Savez-vous qui je suis ? demanda le rajah.

Comme Ben Weatherstaff le regardait ! Ses yeux rougis et fripés s'attachaient à ce qu'il voyait devant lui comme si c'était un revenant. Il dévorait Colin des yeux et porta la main à son gosier sans dire un mot.

— Savez-vous qui je suis ? demanda Colin plus impérieusement encore. Répondez !

Ben Weatherstaff leva sa main noueuse, la passa sur ses yeux et sur son front et répondit d'une voix étrange, et toute tremblante :

— Qui tu es ? dit-il, oui, je le sais, avec les yeux de ta mère qui me regardent dans une figure pareille ! Dieu sait comment tu es venu ici. Mais tu es le pauvre infirme.

Colin oublia l'existence même de son dos. Son visage s'empourpra et il se dressa sur son séant :

— Je ne suis pas un infirme ! cria-t-il furieusement, ce n'est pas vrai !

— Ce n'est pas vrai ! répéta Mary, lançant ces mots à la figure de Ben dans la violence de son indignation. Il n'a pas de bosse de la grosseur d'une tête d'épingle ! J'ai regardé, et il n'y en avait pas même une seule !

Ben Weatherstaff passa de nouveau la main sur son front et regarda comme s'il ne pouvait se rassasier de ce qu'il voyait. Sa main tremblait, ses lèvres et sa voix aussi. C'était un vieillard ignorant et dépourvu de tact, et il ne pouvait que se rappeler ce qu'on lui avait dit.

— Tu... tu n'as pas le dos difforme ? dit-il d'une voix rauque.

— Non ! cria Colin.

— Tu n'as pas les jambes torses ? chevrota Ben d'une voix plus rauque encore.

C'en était trop ! La force que Colin réservait généralement pour ses accès de rage le souleva maintenant d'une façon nouvelle... Jamais encore il ne s'était entendu attribuer des jambes torses, même dans un chuchotement ; et la conviction naïve que révélait le ton de Ben Weatherstaff était plus que n'en pouvait endurer un rajah. Sa colère, son orgueil blessé lui firent oublier tout le reste et l'animèrent d'une force qu'il n'avait jamais connue auparavant, d'une vigueur presque surnaturelle.

— Viens ici, cria-t-il à Dickon, et il se mit à arracher les couvertures de ses jambes et à s'en dégager. Viens ici à la minute !

Dickon fut à ses côtés en une seconde. Mary retint son souffle et se sentit pâlir.

— Il peut le faire, il peut le faire, il peut le faire ! marmotta Mary aussi rapidement qu'elle le put.

Dickon lui saisit le bras. Colin fit un effort suprême, jeta les couvertures à terre. Ses jambes maigres s'étaient tendues, ses pieds minces reposaient sur l'herbe. Il était debout tout droit, comme une flèche, et singulièrement svelte, la tête rejetée en arrière, ses yeux étranges lançant des éclairs.

— Regardez-moi, cria-t-il à Ben Weatherstaff. Regardez-moi, vous ! Regardez-moi seulement !

— Il est aussi droit que moi ! cria Dickon, aussi droit qu'aucun gars du comté !

L'attitude de Ben Weatherstaff sembla à Mary étrange et inexplicable. Il suffoquait, des larmes coulèrent tout à coup sur ses joues tannées et il frappa des mains.

— Eh ! cria-t-il, quels mensonges les gens racontent ! Tu es maigre comme un clou et blanc comme un linge, c'est vrai, mais droit comme un jeune peuplier ! Tu feras un homme, Dieu te bénisse !

Dickon tenait d'une main ferme le bras de Colin, mais celui-ci ne bronchait pas. Il se tenait de plus en plus droit et regardait Ben Weatherstaff en face.

— Je suis votre maître, dit-il, quand mon père est absent. Et vous devez m'obéir. Ce jardin est à moi. Gardez-vous d'en dire un mot. Descendez de cette échelle, allez à la Longue Allée et miss Mary viendra à votre rencontre et vous amènera ici. Je désire vous parler. Nous n'avions pas besoin de vous, mais à présent, il faudra vous mettre dans le secret. Dépêchez-vous !

Le vieux visage de Ben Weatherstaff était encore humide de cet étrange flot de larmes. Il semblait ne pouvoir détacher ses yeux de Colin, droit et svelte, dressé sur ses pieds, la tête rejetée en arrière.

— Eh ! mon gars ! fit-il presque en un murmure. Eh ! mon gars !

Puis, se ressaisissant, il toucha tout à coup son bonnet d'un geste de jardinier et dit :

— Oui, monsieur, oui, monsieur !

Puis il descendit docilement l'échelle.

22

Au coucher du soleil

Quand la tête de Ben eut disparu, Colin se tourna vers Mary.

— Va à sa rencontre, dit-il, et Mary s'élança à travers le gazon, vers la porte sous le lierre.

Dickon surveillait Colin d'un œil vigilant. Il avait des taches pourpres sur les joues, et une expression étrange, mais ne montrait aucun symptôme de défaillance.

— Je puis rester debout, dit-il, et il tenait toujours haut la tête et parlait avec fierté.

— Je t'ai dit que tu pourrais le faire dès que tu cesserais d'avoir peur, répondit Dickon, et tu as cessé.

— Oui, j'ai cessé, dit Colin.

Alors il se rappela soudain quelque chose que Mary avait dit.

— Est-ce que tu fais de la magie ? demanda-t-il vivement.

La bouche sinueuse de Dickon s'élargit en un joyeux sourire.

— C'est toi qui en fais ! dit-il. C'est la même magie qui fait sortir ceux-ci de terre, et il toucha de son gros soulier une touffe de crocus dans l'herbe.

Colin les regarda.

— Oui ! dit-il lentement, il ne pourrait y avoir de plus grande magie que celle-là. Il n'y en a pas.

Il se redressa encore davantage.

— Je vais marcher jusqu'à cet arbre, dit-il, montrant un chêne à quelques pas, je veux recevoir Ben Weatherstaff debout. Je pourrai m'appuyer contre l'arbre si je veux. Quand je désirerai m'asseoir je le ferai, mais pas avant. Apporte-moi une couverture.

Il marcha jusqu'à l'arbre ; Dickon lui tenait le bras, mais il s'avançait d'un pas merveilleusement assuré. Quand il fut debout contre l'arbre, on ne voyait pas trop qu'il s'y appuyait, et il se tenait si droit qu'il avait l'air très grand.

Lorsque Ben Weatherstaff franchit la porte dans le mur, il le vit de là, et entendit Mary marmotter quelque chose à voix basse.

— Que dis-tu ? demanda-t-il d'un ton un peu rogue, car il ne voulait pas être dérangé dans sa contemplation de la mince et svelte silhouette et du fier visage.

Mais Mary ne lui répondit pas. Elle était en train de dire :

— Tu peux le faire, tu le peux ! Je t'ai dit que tu le pouvais. Tu peux le faire ! Tu peux le faire ! Tu le peux !

Elle disait cela à Colin pour faire de la magie, et le maintenir sur ses pieds dans cette attitude. Elle n'aurait pu supporter qu'il faiblît devant Ben Weatherstaff. Il ne faiblit pas. Elle se dit tout à coup qu'il était beau, en dépit de sa maigreur. Il fixa les yeux sur Ben Weatherstaff de son air comiquement impérieux.

— Regardez-moi ! commanda-t-il, regardez-moi des pieds à la tête. Suis-je bossu ? Ai-je les jambes torses ?

Ben Weatherstaff n'était pas encore tout à fait remis de son émotion, mais il était un peu plus calme, et répondit presque de son ton habituel :

— Certes pas ! dit-il, rien de pareil ! Qu'est-ce que tu as fait de te cacher tout ce temps, et de laisser croire aux gens que tu étais infirme et à moitié toqué ?

— À moitié toqué ! répéta Colin avec colère. Qui a cru cela ?

— Un tas d'imbéciles ! dit Ben Weatherstaff. Le monde est plein d'ânes qui braient et qui ne braient que des mensonges. Pourquoi t'es-tu enfermé ?

— Tout le monde pensait que j'allais mourir, dit Colin d'un ton bref. Ce n'est pas vrai !

Il dit cela avec une telle énergie que Ben Weatherstaff le regarda, et le regarda encore, des pieds à la tête.

— Toi, mourir ! dit-il avec une exultation contenue. Jamais de la vie ! Tu as trop de nerf ! Quand je t'ai vu mettre pied à terre si vivement j'ai vu que tu étais de la bonne étoffe. Assieds-toi sur la couverture, jeune maître, et donne-moi tes ordres.

Il y avait dans son attitude un singulier mélange de rude tendresse et de malicieuse compréhension.

Mary lui avait parlé avec volubilité en descendant la longue allée. Il s'agissait surtout de se souvenir que Colin était en train de guérir… de guérir ! C'était grâce au Jardin. Personne ne devait lui rappeler ses bosses et sa peur de mourir.

Le rajah condescendit à s'asseoir sur une couverture, sous l'arbre.

— Quel travail faites-vous dans le jardin, Ben Weatherstaff ? demanda-t-il.

— Tout ce qu'on me dit de faire, répondit le vieux Ben. On me garde par bonté, parce qu'elle m'aimait.

— Elle ? dit Colin.

— Ta mère, répondit Ben Weatherstaff.

— Ma mère ? dit Colin, et il regarda silencieusement autour de lui. C'était son jardin, n'est-ce pas ?

— Oui, répondit Ben Weatherstaff, regardant aussi autour de lui, et même qu'elle l'aimait joliment !

— C'est mon jardin à moi, à présent, je l'aime ! J'y viendrai tous les jours, annonça Colin. Mais il faut que ce soit un secret. Mon ordre, c'est que personne ne sache que nous venons ici. Dickon et ma cousine y ont travaillé et l'ont fait revivre. Je vous enverrai chercher quelquefois, pour les aider, mais il vous faudra venir quand personne ne pourra vous voir.

Le visage de Ben grimaça un sourire malin.

— Je suis déjà venu ici sans que personne me voie, dit-il.

— Comment ! s'écria Colin. Quand ?

— La dernière fois que je suis venu ici (il se frotta le menton et regarda autour de lui), c'est à peu près il y a deux ans.

— Mais personne n'est venu ici depuis dix ans ! cria Colin, il n'y avait pas de porte !

— Je ne suis personne, moi, dit le vieux Ben, et je ne suis pas venu par la porte, je suis venu par le mur. Les rhumatismes m'en ont empêché depuis deux ans.

— Tu es venu faire un peu de taille ! cria Dickon. Je ne pouvais comprendre comment cela s'était fait.

— Elle l'aimait, dit lentement Ben Weatherstaff, et c'était une si jolie jeune créature ! Elle m'a dit une fois en riant : « Ben, si je tombe malade, ou si je m'en vais, il faudra prendre soin de mes roses. » Quand elle est partie, la consigne était de ne plus approcher d'ici, mais j'y suis venu par le mur, ajouta-t-il avec une obstination bourrue. Je suis venu, jusqu'à ce que mes rhumatismes m'en aient empêché, et j'y ai fait un brin de travail chaque année. C'est elle qui m'avait donné ses ordres la première.

— Il ne serait pas si vivant si tu ne l'avais pas fait, fit Dickon, je n'y comprenais rien !

— Je suis content que vous soyez venu, Ben Weatherstaff, dit Colin, vous saurez garder le secret.

— Oui, bien sûr, monsieur, dit Ben, et ce sera plus facile pour un homme qui a des rhumatismes de passer par la porte.

Mary avait laissé tomber sa pelle sur l'herbe, près de l'arbre. Colin étendit la main et la ramassa. Une expression singulière se fit jour sur sa figure et il se mit à gratter la terre. Sa main maigre était assez faible, mais bientôt, tandis que les autres le regardaient, Mary avec un intérêt palpitant, il poussa la pelle dans la terre et en retourna une poignée.

— Tu peux le faire ! tu peux le faire ! marmotta Mary, je te dis que tu le peux !

Les yeux ronds de Dickon étaient pleins d'une ardente curiosité, mais il ne dit mot. Ben Weatherstaff le regardait aussi avec intérêt. Colin persévéra. Après avoir retourné quelques pelletées de terre, il s'adressa à Dickon avec exultation :

— Tu as dit que tu me verrais marcher comme les autres gens. Je croyais que tu mentais pour me faire plaisir. C'est le premier jour, et j'ai marché, et je bêche à présent !

Ben Weatherstaff resta de nouveau bouche bée en l'écoutant, mais il finit par rire.

— Eh ! dit-il, tu as bien ton bon sens ! Tu es un vrai gars du comté d'York, et tu bêches aussi ! Aimerais-tu planter quelque chose ? Je peux t'apporter un rosier en pot.

— Allez le chercher, dit Colin, bêchant fébrilement, vite ! vite !

Ce fut vite fait en vérité. Ben s'en alla, oubliant ses rhumatismes. Dickon prit la pioche et creusa le trou le plus grand et le plus profond que ne pouvait le faire un bêcheur novice, aux mains blanches.

Mary s'éclipsa pour courir chercher un arrosoir d'eau. Quand Dickon eut approfondi le trou, Colin continua à retourner la terre amollie. Il regardait le ciel, animé et rosé par cet exercice, étrangement nouveau pour lui, si facile qu'il fût.

— Je veux le faire avant que le soleil soit tout à fait couché, dit-il.

Mary pensa que le soleil attendait exprès quelques minutes. Ben Weatherstaff apporta d'une serre le rosier en pot. Il clopina sur l'herbe aussi vite qu'il pût. Il commençait à s'animer aussi. Il s'agenouilla près du trou et enleva le pot de la motte de terre.

— Là, mon gars ! dit-il, tendant la plante à Colin. Mets-le en terre toi-même, comme fait le roi quand il visite un nouvel endroit.

Les mains blanches et transparentes tremblaient un peu, et le visage de Colin s'empourpra tandis qu'il plantait le rosier, le maintenant pendant que le vieux assujettissait la terre. Il le fit bien soigneusement. Mary regardait à quatre pattes. Suie était venue à tire-d'aile voir ce qui se passait. Noisette et Coquille s'en entretenaient dans un cerisier.

— Il est planté ! dit enfin Colin, et le soleil commence seulement à faire le plongeon ! Aide-moi à me relever, Dickon ! Je veux être debout quand il disparaîtra. Cela fait partie de la magie !

Et Dickon l'aida à se relever, et la magie – si c'en était – lui donna tant de force que, quand le soleil fit le plongeon, mettant un terme à cette étrange et délicieuse après-midi, il était réellement debout sur ses pieds, riant.

23
Magie

Le Dr Craven attendait depuis quelque temps à la maison quand ils rentrèrent. Il commençait même à se demander s'il ne ferait pas bien d'envoyer quelqu'un explorer les allées du jardin. Quand Colin fut rapporté dans sa chambre, le pauvre homme le regarda gravement des pieds à la tête.

— Tu n'aurais pas dû rester si longtemps, dit-il, il ne faut pas trop te fatiguer.

— Je ne suis pas fatigué du tout, dit Colin. Cela m'a fait du bien. Demain je sortirai non seulement l'après-midi, mais aussi le matin.

— Je ne sais pas si je puis le permettre, répondit le docteur. J'ai peur que ce soit imprudent.

— Ce serait imprudent d'essayer de m'en empêcher, répliqua fort sérieusement Colin. Je le ferai.

Un des traits les plus caractéristiques de ce jeune monsieur – et cela n'avait pas échappé à Mary elle-même –, c'est qu'il ne se rendait nullement compte du brutal sans-gêne avec lequel il régentait tout le monde. Il avait toujours vécu dans une sorte d'île déserte et, comme il en était le roi, il n'avait pu modeler ses manières sur celles de personne. Mary lui ressemblait assez, à la vérité, à son arrivée à Misselthwaite, mais, depuis lors, elle avait découvert graduellement que cette attitude surprenait les gens et ne leur plaisait pas. Ayant fait cette découverte, elle la jugeait naturellement assez intéressante pour mériter d'être communiquée à son cousin. Aussi resta-t-elle immobile à le regarder avec curiosité pendant quelques minutes après le départ du Dr Craven. Elle voulait qu'il lui demandât pourquoi elle le regardait ainsi et, naturellement, elle y réussit.

— Pourquoi me regardes-tu comme cela ? dit-il.

— Je me dis que je plains un peu le Dr Craven.

— Moi aussi, dit Colin avec calme, mais non sans quelque satisfaction. Il n'aura pas Misselthwaite maintenant que je ne vais pas mourir.

— Je le plains aussi pour cela, bien sûr, dit Mary, mais ce que je me disais en ce moment, c'est que ce dut être affreux pour lui d'être obligé de se montrer poli pendant dix ans avec un garçon qui ne l'est jamais. Ce n'est pas moi qui l'aurais fait à sa place.

— Est-ce que je suis impoli ? demanda Colin avec sérénité.

— Si tu étais son fils et qu'il ait un autre caractère, dit Mary, il t'aurait giflé.

— Mais il n'oserait pas, dit Colin.

— Non, il n'oserait pas, répondit Madame Mary, pesant les choses avec impartialité. Personne n'a jamais osé rien faire qui te déplaise car tu allais mourir, et ainsi de suite. Tu étais une si pauvre créature.

— Mais, annonça fermement Colin, je ne veux plus être une pauvre créature. Je ne veux plus que les gens le pensent. Je me suis tenu sur mes pieds, cette après-midi.

— C'est de faire toujours ce que tu veux qui t'a rendu si bizarre, dit Mary pensant tout haut.

Colin tourna la tête en fronçant les sourcils.

— Est-ce que je suis bizarre ? demanda-t-il.

— Oui, répondit Mary, très. Mais tu n'as pas besoin de te fâcher, ajouta-t-elle loyalement, parce que, moi aussi je suis bizarre, et Ben Weatherstaff aussi. Mais je ne le suis plus autant depuis que je me suis mise à aimer des gens et que j'ai découvert le Jardin.

— Je ne veux pas être bizarre, dit Colin. Je ne le serai plus, et il fronça de nouveau les sourcils d'un air déterminé.

C'était un petit garçon très fier. Il resta à réfléchir un moment et Mary vit alors un beau sourire illuminer et transformer tout son visage.

— Je cesserai de l'être, dit-il, si je vais tous les jours au Jardin. Il y a de la magie, là-bas, de la bonne magie, tu sais, Mary, j'en suis sûr.

— Moi aussi, dit Mary.

— Même si ce n'est pas de la vraie magie, dit Colin, nous pouvons faire semblant que c'en est.

— C'est bien de la magie, dit Mary, mais pas de la noire. Celle-ci est blanche comme la neige.

Ils ne cessèrent pas de parler de magie. Et, en vérité, ce mot ne sembla pas déplacé pendant les mois qui suivirent – mois merveilleux, mois radieux, mois miraculeux ! Oh !… les choses qui advinrent à ce Jardin ! Si vous n'avez jamais eu de jardin, vous ne pouvez le comprendre, et si vous en avez un, vous saurez qu'il faudrait un volume pour décrire tout ce qui s'y passa.

Les graines que Dickon et Mary avaient semées poussaient comme si la magie s'en mêlait. Des pavots satinés de toutes nuances dansèrent par centaines sous la brise, défiant gaiement les fleurs qui vivaient dans le Jardin depuis des années et qui semblaient se demander, il faut l'avouer, comment ces nouvelles venues avaient pu s'introduire dans l'enclos. Et les roses… les roses ! Jaillissant du gazon, enlaçant le cadran solaire, grimpant les murs et s'y répandant en longues guirlandes qui retombaient en cascades, elles ressuscitaient de jour en jour, d'heure en heure. D'exquises feuilles fraîches, des boutons d'abord imperceptibles, puis gonflant et grossissant comme par enchantement, jusqu'au jour où ils éclataient et formaient des coupes parfumées, qui débordaient soudain et remplissaient l'air de leurs effluves.

Tous les matins, on apportait Colin au Jardin, et il y passait toutes les heures où il ne pleuvait pas, notant chaque nouveau changement.

Et tout cela ne représentait qu'un élément de la magie. Le fait qu'il s'était vraiment tenu sur ses pieds, un jour, avait donné à penser à Colin, et quand Mary lui révéla le sortilège qu'elle avait inventé, il en fut très frappé et l'approuva hautement.

— Naturellement, il doit y avoir toutes sortes de magie dans le monde, dit-il sagement un jour, mais les gens ne savent pas ce que c'est, ni comment s'en servir, ni qu'il faut commencer par dire et répéter que des choses heureuses vont arriver jusqu'à ce qu'on les fasse arriver. Je vais essayer cette expérience.

Le matin suivant, quand ils arrivèrent au Jardin secret, ils envoyèrent tout de suite chercher Ben Weatherstaff. Ben arriva aussi vite qu'il put et trouva le rajah debout sous un arbre, l'air très imposant, mais avec son beau sourire.

— Bonjour, Ben Weatherstaff, dit-il. Je veux que vous, Dickon, et miss Mary, vous vous mettiez en rang pour m'écouter, parce que j'ai quelque chose de très important à vous dire.

— Oui, oui, monsieur, répondit Ben Weatherstaff, touchant son front.

Un des charmes longtemps ignorés de Ben Weatherstaff, c'est que, dans sa jeunesse, il s'était enfui pour s'embarquer, et avait fait des voyages sur mer. Aussi savait-il répondre comme un matelot.

— Je vais entreprendre une expérience scientifique, expliqua le rajah. Quand je serai un homme, je ferai de grandes découvertes scientifiques, et je vais commencer maintenant cette première expérience.

— Oui, oui, monsieur, répondit promptement Ben Weatherstaff, bien qu'il entendît parler pour la première fois de grandes expériences scientifiques.

C'était aussi la première fois que Mary en entendait parler, mais, dès cette époque, elle commençait à se rendre compte que, si bizarre qu'il fût, Colin avait lu dans ses livres beaucoup de choses singulières, et était, à sa manière, une personnalité qui s'imposait. Quand il tenait la tête bien droite et fixait sur vous ses yeux étranges, on ne pouvait s'empêcher de croire ce qu'il disait, bien qu'il ne fût âgé que de dix ans.

À ce moment-là, il s'imposa plus que jamais parce qu'il trouva tout à coup un plaisir particulier à faire une sorte de discours, comme une grande personne.

— Les découvertes scientifiques que je vais faire, continua-t-il, concerneront la magie. La magie est une grande chose et presque personne n'y connaît rien, excepté quelques auteurs de vieux livres, et un peu Mary, parce qu'elle est née aux Indes où il y a des fakirs. Je crois que Dickon connaît quelque chose de la magie, mais peut-être qu'il ne sait pas qu'il le sait. Il charme les animaux et les gens. Je ne lui aurais jamais permis de venir me voir s'il n'avait pas été un charmeur d'animaux, et par conséquent un charmeur de garçons, car un garçon est un animal. Je suis sûr qu'il y a de la magie partout, seulement nous n'avons pas assez d'esprit pour nous en emparer et nous en servir comme de l'électricité, des chevaux et de la vapeur.

Ceci était si impressionnant que Ben Weatherstaff s'anima et ne put le dissimuler.

— Oui, oui, monsieur, dit-il, et il se redressa.

— Quand Mary a trouvé le Jardin, poursuivit l'orateur, il avait l'air tout à fait mort. Alors quelque chose s'est mis à tirer les plantes du sol, à les faire sortir de rien du tout. Un jour, il n'y avait rien. Le jour suivant, elles étaient là. Je n'avais jamais observé des plantes et cela m'a rendu très curieux. Les savants sont toujours curieux, et je vais être un savant. Je me dis toujours : « Qu'est-ce que c'est ? » C'est quelque chose… ce doit être quelque chose. Je ne sais pas le nom de ce quelque chose, et alors je l'appelle magie. La magie qui est dans ce jardin m'a fait tenir debout et m'a appris que j'allais vivre et devenir un homme. Je vais faire l'expérience scientifique de m'en servir, de la mettre en moi pour qu'elle me pousse et me tire, et me rende fort. Je ne sais pas comment m'y prendre, mais je pense que, si vous y pensez et l'appelez longtemps, elle viendra peut-être. Peut-être que c'est la façon la plus simple, la façon enfantine de s'en servir. Quand j'ai essayé de me tenir debout, la première fois, Mary s'est mise à répéter aussi vite qu'elle pouvait : « Tu peux le faire ! tu peux le faire ! » Et je l'ai fait. Il m'a fallu faire un effort moi-même, en même temps, bien sûr, mais la magie m'a aidé, et celle de Dickon aussi ; chaque matin et chaque soir, et aussi souvent dans le jour que je peux me le rappeler, je vais dire : « La magie est en moi ! La magie me guérit ! Je vais être aussi fort que Dickon ! aussi fort que Dickon ! » Et il faut que vous le fassiez aussi. Voilà mon expérience scientifique. Voulez-vous y aider, Ben Weatherstaff ?

— Oui, oui, monsieur, dit Ben Weatherstaff, oui, oui, monsieur.

— Si vous le faites tous les jours, aussi régulièrement que les soldats font l'exercice, nous verrons ce qui arrivera et si l'expérience réussit. On apprend les choses en les répétant jusqu'à ce qu'elles restent dans notre esprit, et je crois que c'est la même chose pour la magie. Si on l'appelle à venir vous aider, elle obéit et devient partie de vous-même, et fait son effet.

— J'ai entendu un jour, aux Indes, un officier dire à ma mère que certains fakirs répètent les mêmes mots des centaines de fois, dit Mary.

— J'ai entendu la femme de Jem Fettleworth dire la même chose des centaines de fois, dit Ben Weatherstaff gravement. « Brute d'ivrogne ! brute d'ivrogne ! » Cela a fait son effet, c'est vrai. Il lui a donné une bonne raclée, est allé au Lion Bleu, et s'en est mis jusqu'aux yeux.

Colin fronça les sourcils et réfléchit quelques instants, puis son visage se rasséréna.

— Eh bien, dit-il, vous voyez que cela a bien eu une sorte d'effet. Elle a employé une mauvaise magie et s'est fait battre. Si elle avait employé la bonne, en disant quelque chose de gentil, peut-être qu'il ne s'en serait pas mis jusqu'aux yeux, et peut-être qu'il lui aurait acheté un chapeau neuf.

Ben Weatherstaff pouffa de rire et regarda Colin avec une admiration non déguisée.

— Tu n'as pas seulement des jambes droites, maître Colin, dit-il, tu as rudement d'esprit ! La prochaine fois que je verrai Bess Fettleworth je lui donnerai ton tuyau sur les services que pourrait lui rendre la magie. Elle serait fameusement contente si l'expérience scientifique réussissait, et Jem aussi.

Dickon avait écouté la conférence en silence, ses yeux ronds brillant d'une joie singulière. Noisette et Coquille étaient perchés sur ses épaules, et il tenait un lapin blanc aux longues oreilles dans un bras, et le caressait doucement, et l'animal remuait les oreilles avec satisfaction.

— Crois-tu que l'expérience réussira ? interrogea Colin, se demandant ce qu'il pensait.

Il se demandait souvent ce que Dickon pensait, quand il le voyait le regarder lui-même ou bien ses créatures avec son large et joyeux sourire.

Ce sourire était plus large que jamais à ce moment-là.

— Oui, dit-il, je le crois, aussi sûr que les graines poussent sous la chaleur du soleil. Elle réussira certainement. Si nous commencions tout de suite ?

Colin était enchanté et Mary aussi. Enflammé par des souvenirs d'images de fakirs et de leurs dévots, Colin proposa de s'asseoir tous sous le dais fleuri.

— Ce sera une sorte de temple, dit-il, je suis un peu fatigué, et j'ai envie de m'asseoir.

— Ah ! fit Dickon, il ne faut pas commencer par dire que tu es fatigué. Cela pourrait empêcher la magie d'agir.

Colin se tourna vers lui et plongea ses yeux gris dans les yeux bleus, ronds et candides.

— C'est vrai, dit-il lentement, il ne faut penser qu'à la magie.

Ils s'assirent en cercle et c'était vraiment imposant et mystérieux. Il semblait à Ben Weatherstaff qu'il se laissait entraîner à quelque chose d'analogue à une réunion de prières. Il était, en général, très opposé aux réunions de prières, mais comme ceci était l'idée du rajah, il ne le désapprouvait pas et se sentait plutôt flatté d'être appelé à y participer. Madame Mary était pleine d'une joie solennelle.

Dickon tenait son lapin dans son bras, et peut-être fit-il quelque signe de charmeur sans que personne s'en aperçût, car, lorsqu'il s'assit, les jambes croisées, comme les autres, la corneille, le renard, les écureuils et l'agneau approchèrent lentement, et se joignirent au cercle, s'installant chacun à sa place, comme spontanément.

— Les créatures sont venues, fit Dickon gravement. Elles veulent nous aider.

Colin était vraiment beau, pensait Mary. Il tenait la tête haute comme s'il se sentait une sorte de prêtre, et ses yeux étranges avaient une expression extraordinaire. Le soleil l'éclairait à travers la voûte des branches.

— Maintenant nous commençons, dit-il.

— Faut-il nous balancer, Mary, comme les derviches ?

— Je ne peux pas me balancer, dit Ben Weatherstaff, j'ai des rhumatismes.

— La magie les guérira, répondit Colin d'un ton de Grand Prêtre, mais nous ne nous balancerons pas avant qu'elle l'ait fait. Nous chanterons seulement.

— Je ne peux pas chanter, dit Ben Weatherstaff avec un peu d'humeur, la seule fois que j'ai essayé à l'église, on m'a renvoyé du chœur.

Personne ne sourit. Ils étaient tous trop absorbés. Pas une ombre ne passa sur le visage de Colin. Il ne pensait qu'à la magie.

— Alors, c'est moi qui chanterai, dit-il.

Il commença, et il avait assez l'air d'une apparition, diaphane et lumineuse :

— Le soleil brille. C'est la magie. Les fleurs s'ouvrent, les racines poussent. C'est la magie. La magie est en moi. La magie est en moi. Elle est en moi. Elle est en chacun de nous. Elle est dans le dos de Ben Weatherstaff. Magie, magie ! Viens nous aider !

Il le dit de nombreuses fois – non pas cent, mais un grand nombre de fois. Mary écoutait avec ravissement. Cela lui semblait à la fois étrange et beau, et elle désirait qu'il continuât, encore et encore.

Ben Weatherstaff commençait à se sentir glisser comme dans un rêve fort agréable. Le bourdonnement des abeilles dans les fleurs se joignait à la voix chantante et se fondait avec elle en une harmonie somnolente. Dickon était assis, les jambes croisées, le lapin endormi dans son bras, et une main reposant sur le dos de l'agneau. Suie avait repoussé un écureuil et s'était blottie contre l'épaule de Dickon, le voile gris abaissé sur ses yeux. Enfin, Colin s'arrêta.

— Maintenant, je vais faire le tour du Jardin, annonça-t-il.

La tête de Ben Weatherstaff venait de faire un plongeon et il la releva en tressaillant.

— Vous dormiez ! dit Colin.

— Pas le moins du monde, marmotta Ben. Le sermon n'était pas mal mais je suis obligé de sortir avant la collecte.

— Vous n'êtes pas à l'église, dit Colin.

— Certes pas ! dit Ben, se redressant. Qui a dit cela ? J'ai entendu chaque mot. Tu as dit que la magie était dans mon dos. Le docteur, lui, appelle ça des rhumatismes.

Le rajah agita la main.

— C'est une mauvaise magie, dit-il. Vous irez mieux. Je vous donne la permission d'aller à votre travail, mais revenez demain.

— J'aimerais te voir faire le tour du Jardin, grogna Ben.

Ce n'était pas un grognement hostile, mais c'était un grognement. Le fait est qu'en vieillard têtu qu'il était, et imparfaitement convaincu de la vertu de la magie, il était décidé, au cas où on le renverrait, à grimper sur son échelle, et à regarder par-dessus le mur, pour être prêt à accourir si Colin bronchait.

Le rajah ne s'opposa pas à ce qu'il restât, et la procession se forma. Cela avait vraiment un air de procession. Colin marchait en tête, avec Dickon d'un côté, et Mary de l'autre. Ben Weatherstaff les suivait, et les créatures s'avançaient à la remorque, l'agneau et le petit renard sur les talons de Dickon, le lapin blanc sautillant derrière lui, ou s'arrêtant pour grignoter, et Suie déambulant avec la dignité d'un fonctionnaire responsable.

C'était une procession lente, mais imposante. À des intervalles de quelques minutes, elle s'arrêtait pour se reposer. Colin s'appuyait sur le bras de Dickon, et Ben Weatherstaff le surveillait d'un œil furtif, mais vigilant. Mais, de temps en temps, Colin lâchait son appui et faisait quelques pas seul. Il tenait haut la tête et avait très grand air.

— La magie est en moi ! répétait-il, la magie me rend fort ! Je la sens ! Je la sens !

Il semblait évident que quelque chose le soutenait et l'exaltait. Il s'assit bien sur les sièges des tonnelles, et une ou deux fois sur le gazon, et plusieurs fois il s'arrêta dans l'allée et s'appuya sur Dickon, mais il ne voulut pas abandonner la partie avant d'avoir achevé le tour du jardin. Quand il retourna à l'arbre au dais fleuri, il avait les joues empourprées et l'air triomphant.

— Je l'ai fait ! – la magie a réussi ! cria-t-il, c'est ma première expérience scientifique !

— Que dira le Dr Craven ? cria Mary.

— Il ne dira rien du tout, dit Colin, parce qu'il n'en saura rien. Ce sera le plus grand secret de tous. Personne ne doit se douter de rien jusqu'à ce que je sois assez fort pour pouvoir marcher et courir comme les autres garçons. Je viendrai ici tous les jours, dans mon fauteuil, et retournerai à la maison de même. Je ne veux pas que les gens chuchotent et posent des questions et je ne veux pas que mon père entende parler de rien jusqu'à ce que l'expérience ait tout à fait réussi. Alors, un jour, quand il reviendra à Misselthwaite, j'entrerai dans son cabinet et je lui dirai : « Me voici ! je suis comme tous les autres garçons ! Je suis tout à fait guéri et je vivrai et deviendrai un homme. C'est une expérience scientifique qui l'a fait. »

— Il pensera que c'est un rêve ! cria Mary. Il n'en croira pas ses yeux !

Colin rougit de fierté et de bonheur. Il s'était persuadé qu'il allait guérir et, sans qu'il s'en doutât, c'était déjà la bataille à moitié gagnée. La pensée qui le soutenait plus que toute autre, c'était d'imaginer l'expression de son père, quand il verrait qu'il avait un fils aussi droit et aussi fort que tous les autres fils de tous les autres pères. Une de ses plus poignantes détresses, dans son passé morbide, avait été ce sentiment abhorré d'être un garçon malingre, au dos malade, que son père évitait de regarder.

— Il sera forcé d'en croire ses yeux, dit-il. Une des choses que je vais faire, quand la magie aura réussi, et avant de faire des découvertes scientifiques, c'est de devenir un athlète.

— Nous te verrons faire de la boxe, dans une semaine ou deux, dit Ben Weatherstaff. Tu finiras par gagner la coupe et par être le champion de toute l'Angleterre.

Colin le regarda sévèrement.

— Weatherstaff, dit-il, vous me manquez de respect. Il ne faut pas que vous preniez des libertés parce que vous êtes dans le secret. Même si la magie réussit parfaitement, je ne serai pas un champion, je serai un inventeur scientifique.

— Je vous demande pardon, monsieur, je vous demande pardon, répondit Ben, touchant son front en manière de salut. J'aurais dû voir que ce n'était pas un sujet de plaisanterie.

Mais ses petits yeux étincelaient et il jubilait secrètement. Il était tout prêt à se voir remis à sa place puisque ce traitement, de la part de son jeune maître, procédait d'un surcroît de vigueur et d'énergie.

24

« Laissons-les rire »

Le Jardin mystérieux n'était pas le seul où Dickon eût à travailler. Autour de la chaumière, sur la lande, il y avait un morceau de terrain enclos par un long mur de pierres grossières. De bonne heure, chaque matin, et tard dans le crépuscule, et tous les jours où Colin et Mary ne le voyaient pas, Dickon travaillait à planter ou à soigner pommes de terre, choux, navets, carottes et salades pour sa mère. En compagnie de ses « créatures », il faisait vraiment des merveilles, et sans jamais paraître se lasser de ce labeur fécond. Tandis qu'il piochait ou sarclait, il chantait des chansons du comté, ou parlait à Suie, ou à Capitaine, ou aux petits frères et sœurs qui avaient appris à l'aider.

— Nous ne nous en tirerions pas si bien, disait Mrs Sowerby, sans le jardin de Dickon. Tout pousse quand il s'en mêle. Ses pommes de terre et ses choux sont quatre fois gros comme ceux des autres gens et ont une tout autre saveur.

Quand elle jouissait d'un moment de liberté, elle aimait à venir causer avec lui. Après le souper il y avait encore un long crépuscule clair pour travailler, et c'était son moment de tranquillité.

C'est pendant ces heures du soir que Mrs Sowerby entendit raconter tout ce qui s'était passé au manoir de Misselthwaite. D'abord, elle apprit seulement que maître Colin s'était mis en tête d'aller dans le parc avec miss Mary et que cela lui avait fait du bien. Mais les deux enfants ne tardèrent pas à convenir que la mère de Dickon pouvait être mise dans le secret. Ils ne doutaient pas un instant qu'on pût se fier à elle « pour de bon ».

Ainsi, par une belle et paisible soirée, Dickon lui raconta l'histoire dans tous ses détails palpitants : la clé enterrée, et le rouge-gorge, et la brume grise qui ressemblait à un linceul, et le secret que Mary ne voulait d'abord révéler à personne, l'arrivée de Dickon et son initiation, les précautions prises à l'égard de maître Colin, et le drame final de son introduction dans le domaine sacré ; puis l'épisode de l'apparition du visage de Ben Weatherstaff au sommet du mur, et l'accès soudain de vigueur indignée de maître Colin. Ce récit fit changer plus d'une fois de couleur le visage avenant de Mrs Sowerby.

— Ma parole ! dit-elle, ça a été une joliment bonne chose que cette petite demoiselle vienne au manoir. Ça l'a transformée, elle, et ça l'a sauvé, lui. Debout sur ses pieds ! Et nous tous qui le croyions un pauvre gars à moitié timbré et infirme des pieds à la tête !

Elle posa un grand nombre de questions et ses yeux bleus exprimaient de profondes réflexions.

— Qu'est-ce qu'on en pense au manoir, en le voyant si bien et si gai et ne se plaignant plus jamais ? demanda-t-elle.

— Ils ne savent pas qu'en penser, répliqua Dickon. Sa figure change tous les jours, elle n'est plus si pointue et n'a plus cette couleur de cire. Mais il faut qu'il se plaigne encore un peu quand même, ajouta-t-il avec un sourire malin et ravi.

— Pourquoi donc, au nom du ciel ? s'écria Mrs Sowerby.

Dickon pouffa de rire.

— Il le fait pour les empêcher de deviner ce qui se passe. Si le docteur savait qu'il a découvert qu'il peut se tenir sur ses pieds, il l'écrirait sans doute à Mr Craven. Maître Colin veut garder le secret pour le lui dire lui-même. Il va faire de la magie tous les jours en se tenant sur ses jambes jusqu'à ce que son père revienne et, alors, il entrera dans son cabinet, et lui montrera qu'il est aussi droit que les autres gars. Mais lui et miss Mary pensent qu'il vaut mieux qu'il gémisse et se plaigne un peu de temps en temps pour dérouter les gens.

Mrs Sowerby riait d'aise avant la fin de ce discours.

— Eh ! dit-elle, ces deux-là s'amusent, j'en réponds. Ils jouent la comédie, et il n'y a rien que les enfants aiment mieux que cela. Raconte-moi comment ils s'y prennent, Dickon, mon gars !

Dickon cessa de sarcler et s'assit sur ses talons pour raconter, avec des yeux brillants de gaieté :

— Maître Colin se fait porter jusqu'à son fauteuil, expliqua-t-il. Et il se fâche contre John, le valet, en disant qu'il ne le porte pas avec assez de soin. Il prend l'air le plus impotent qu'il peut et ne lève pas la tête jusqu'à ce qu'on ne puisse plus le voir de la maison. Et il grogne et se plaint quand on l'installe dans son fauteuil. Cela les amuse, à présent, lui et miss Mary ; quand il geint, elle lui dit : « Pauvre Colin, est-ce que cela te fait si mal ? Es-tu donc tellement faible, pauvre Colin ! » Mais le malheur, c'est que, quelquefois, ils peuvent à peine s'empêcher d'éclater de rire. Quand nous sommes en sûreté, dans le Jardin, ils rient comme des fous. Et il leur faut enfoncer la tête dans les coussins de maître Colin pour que les jardiniers ne risquent pas de les entendre, s'il s'en trouvait par là.

— Plus ils riront, mieux cela vaudra, dit Mrs Sowerby, riant encore elle-même. Cela fait plus de bien aux enfants de rire de tout leur cœur que d'avaler drogues et pilules. Ces deux-là vont se remplumer, j'en réponds !

— Ils ont si faim qu'ils ne savent pas comment se procurer assez à manger sans qu'on le remarque. Maître Colin dit que, s'il continue à réclamer plus de nourriture, on ne le croira plus du tout malade. Miss Mary lui a offert sa part, mais il a répondu que, si elle ne mange pas, elle maigrira, et qu'il faut qu'ils engraissent tous les deux.

Mrs Sowerby rit de si bon cœur en s'entendant révéler ce problème qu'elle se balançait en avant et en arrière, et Dickon riait avec elle.

— Je vais te dire mon gars, reprit-elle quand elle put parler. J'ai pensé à un moyen de leur venir en aide. Quand tu iras les trouver, le matin, tu emporteras un seau de bon lait frais et je leur ferai une miche de ménage croustillante ou des petits pains aux raisins comme vous les aimez, vous autres. Rien de si bon que le lait frais et le pain. De cette manière ils pourront calmer leur faim pendant qu'ils seront au Jardin, et leur beau repas de la maison fera le reste.

— Eh ! mère, fit Dickon avec admiration, tu es extraordinaire. Tu trouves toujours un moyen d'arranger les choses. Ils étaient très embarrassés hier. Ils ne voyaient pas comment s'en tirer sans demander plus de nourriture tant ils se sentaient l'estomac creux.

— Ce sont deux gosses qui grandissent et à qui la santé revient. Les enfants, dans ces cas-là, sont affamés comme de petits loups, et la nourriture, c'est de la chair et du sang pour eux, dit Mrs Sowerby.

Puis elle sourit, du même large sourire que Dickon :

— Ah ! ils s'amusent, j'en réponds ! répéta-t-elle.

Elle ne se trompait pas, l'excellente, et sage, et maternelle créature ! Jamais elle n'avait dit plus vrai qu'en affirmant que « jouer la comédie » ferait leur bonheur. C'était la source d'un de leurs plus délicieux plaisirs. L'idée de se protéger ainsi contre tout soupçon leur avait été suggérée d'abord par les étonnements de la garde, puis par le Dr Craven lui-même.

— Votre appétit s'améliore beaucoup, monsieur Colin, avait dit un jour la garde. Vous ne mangiez rien avant, et tant de choses semblaient vous faire mal.

— Rien ne me fait mal à présent, répliqua Colin ; puis, voyant la nurse le regarder avec curiosité, il se rappela qu'il ne faudrait pas avoir l'air trop bien portant pour le moment. Du moins les choses ne me font plus mal si souvent. Ce doit être le grand air.

— Peut-être, dit la nurse, le regardant toujours d'un air perplexe. Mais il faut que j'en parle au Dr Craven.

— Comme elle t'a dévisagé ! dit Mary quand la nurse les eut quittés. Comme si elle pensait qu'il y avait quelque chose là-dessous.

— Je ne veux pas qu'elle le pense, dit Colin, ni elle, ni personne.

Quand le Dr Craven vint ce matin-là, lui aussi semblait perplexe. Il posa à Colin un grand nombre de questions fort embarrassantes :

— Tu restes beaucoup au jardin, dit-il, où vas-tu ?

Colin prit son expression favorite de tranquille indifférence à l'opinion d'autrui.

— Je veux que personne ne sache où je vais, répondit-il. Je vais dans un endroit qui me plaît. Tout le monde doit se tenir à l'écart. Je ne veux pas qu'on me regarde ni qu'on me surveille, vous le savez.

— Tu restes dehors toute la journée, il me semble, mais je ne crois pas que cela te fasse du mal, je ne le crois pas. La garde dit que tu manges bien mieux que tu ne l'as jamais fait.

— Peut-être, dit Colin, avec une inspiration soudaine, peut-être que c'est un appétit maladif.

— Je ne le crois pas, puisque la nourriture semble te réussir. Tu gagnes rapidement du poids, et ton teint est meilleur.

— Peut-être… peut-être que je suis enflé et rouge de fièvre, dit Colin avec une expression déconcertante de découragement. Les gens qui ne doivent pas vivre sont souvent différents des autres.

Le Dr Craven secoua la tête. Il tenait le poignet de Colin et, relevant sa manche, il lui tâta le bras.

— Tu n'as pas de fièvre, dit-il d'un ton pensif, et la chair que tu as prise est de bon aloi. Si tu continues ainsi, mon garçon, pas besoin de parler de mourir. Ton père sera bien heureux d'apprendre cette remarquable amélioration.

— Je ne veux pas qu'on lui en parle, cria Colin d'un ton farouche. Cela ne servira qu'à le désappointer si je retombe malade, et je peux retomber malade cette nuit même. Je peux avoir une fièvre de cheval. Il me semble que cela commence. Je ne veux pas qu'on écrive à mon père, je ne le veux pas, je ne le veux pas ! Vous me mettez en colère, et vous savez bien que c'est mauvais pour moi. J'ai chaud déjà. Je déteste qu'on écrive à mon sujet autant que je déteste qu'on me regarde.

— Eh, chut ! mon garçon ! dit doucement le Dr Craven, on n'écrira rien sans ta permission. Tu es trop sensible sur certains sujets. Il ne faut pas compromettre le bien que tu t'es fait.

Il ne parla plus d'écrire à Mr Craven, et quand il vit la garde, il l'avertit confidentiellement de ne jamais parler au patient d'un tel projet.

— Il va certainement mieux, dit-il, ses progrès semblent presque anormaux. Mais il est vrai qu'il fait à présent de lui-même ce que nous n'avons pu lui faire faire auparavant. Pourtant, il s'excite encore très facilement, et il ne faut rien lui dire qui risque de l'irriter.

Mary et Colin furent très alarmés et se consultèrent avec anxiété. C'est alors qu'ils conçurent leur plan de jouer la comédie.

— Je serai peut-être obligé de me mettre en rage une fois, dit Colin d'un ton de regret. Je n'en ai pas envie, et je ne suis pas assez malheureux maintenant pour réussir à avoir une grande rage. Peut-être que je ne pourrai pas en avoir du tout. Cette boule ne me monte plus dans le gosier, à présent, et je pense tout le temps à des choses agréables au lieu de penser à des choses horribles. Mais, s'ils parlent d'écrire à mon père, il faudra que je fasse quelque chose.

Il décida de manger moins, mais malheureusement, ce n'était pas possible d'exécuter cette brillante idée quand il s'éveillait chaque matin, avec un appétit stupéfiant, et que, sur la table, à côté de son sofa, était servi un déjeuner de pain de ménage et de beurre frais, d'œufs à la coque, de confiture de framboises et de crème épaisse. Mary déjeunait toujours avec lui, et quand ils se trouvaient devant la table, particulièrement quand des tranches délicates de jambon frit émettaient une odeur engageante sous un couvercle d'argent, ils se regardaient avec désespoir.

— Je crois qu'il me faudra tout manger ce matin, Mary, finissait toujours par dire Colin. Nous pourrons renvoyer un peu du lunch et beaucoup du dîner.

Mais ils ne se décidaient pas plus facilement à renvoyer les repas suivants et l'éclat des assiettes vides, soigneusement nettoyées, évoquait, à l'office, force commentaires.

— Je voudrais, disait aussi Colin, je voudrais bien que les tranches de jambon soient plus épaisses, et un petit pain pour chacun est tout à fait insuffisant.

— C'est assez pour une personne qui va mourir, répondit Mary la première fois qu'elle entendit ce propos, mais ce n'est pas assez pour une personne qui va vivre. Il me semble parfois que je pourrais manger trois de ces petits pains quand ces délicieux parfums de bruyère et de genêt arrivent par la fenêtre ouverte.

Le matin où Dickon, après qu'ils eurent passé dans le jardin deux heureuses heures, disparut derrière un grand rosier, en revint avec deux seaux d'étain, et leur montra que l'un était plein de lait frais, épais et crémeux, que l'autre contenait des petits pains aux raisins faits à la chaumière et enveloppés d'une serviette blanc et bleu bien propre, des petits pains si soigneusement empaquetés qu'ils étaient encore chauds, il y eut grande réjouissance dans le Jardin mystérieux. Quelle idée merveilleuse avait eue Mrs Sowerby ! Quelle femme intelligente et excellente ! Que les petits pains étaient bons et quel délicieux lait frais !

— La magie est en elle comme en Dickon, déclara Colin, elle lui révèle le moyen de faire des choses admirables. C'est une personne magique. Dis-lui que nous lui sommes reconnaissants, Dickon, extrêmement reconnaissants.

Colin était enclin à employer, quelquefois, des expressions de grande personne. Il les aimait. Celle-ci lui plut, et il renchérit.

— Dis-lui qu'elle s'est montrée munificente et que notre gratitude est extrême.

Puis, oubliant sa majesté, il se mit à se bourrer de petits pains et à boire du lait frais à même le seau, à pleines gorgées, comme n'importe quel gamin affamé, qui, ayant pris plus de mouvement que de coutume et respiré le grand air, sentirait son déjeuner loin derrière lui.

Ce fut le premier de plusieurs agréables épisodes de même nature. Mais les enfants s'avisèrent que Mrs Sowerby avait quatorze bouches à nourrir et risquait de ne pas avoir de quoi satisfaire tous les jours deux appétits de plus. Aussi lui firent-ils demander la permission de lui envoyer quelques-uns de leurs francs pour acheter des provisions.

Dickon fit une découverte suggestive : dans le bois du parc extérieur au Jardin, où Mary l'avait trouvé la première fois, jouant aux animaux sauvages, il y avait un creux profond où l'on pouvait bâtir un petit four avec des pierres, et faire rôtir des pommes de terre et des œufs. Des œufs rôtis – c'était un luxe encore inconnu – et les pommes de terre brûlantes farcies de beurre frais et de sel étaient un régal digne d'un roi, outre que c'était délicieusement nourrissant. On pouvait acheter pommes de terre et œufs, et en manger son saoul sans avoir le sentiment d'enlever les morceaux de la bouche à quatorze personnes.

Chaque radieux matin, on pratiquait la magie, en cercle mystique, sous le prunier, qui fournissait un dais toujours plus épais de feuilles vertes lorsque sa brève floraison eut pris fin. Après la cérémonie, Colin s'exerçait à marcher et, pendant la journée, il essayait encore plusieurs fois son nouveau talent. Chaque jour, il devenait plus fort : il pouvait marcher d'un pas plus ferme, et couvrir plus de terrain et, comme de juste, chaque jour, sa foi dans la magie se fortifiait aussi. Il faisait une expérience après l'autre, à mesure qu'il sentait les forces lui venir. Ce fut Dickon qui trouva le meilleur moyen de l'aider.

— Hier, dit-il un matin, après un jour d'absence, j'ai été au village pour mère, et près de l'auberge de la Vache bleue, j'ai vu Bob Haworth. C'est le gars le plus fort de toute la lande. C'est le champion pour la lutte, et il peut sauter plus haut qu'aucun autre gars. Il est allé en Écosse pour les sports, il y a quelques années. Il me connaît depuis que j'étais tout gosse ; comme il est bon enfant, je lui ai posé quelques questions. Les gens instruits l'appellent un athlète, et j'ai pensé à toi, maître Colin. Il s'est mis à me montrer ses trucs, gentiment, et j'ai imité ce qu'il faisait jusqu'à ce que je le sache par cœur.

Colin avait écouté avidement.

— Peux-tu me montrer à le faire ? cria-t-il, le veux-tu ?

— Oui, bien sûr, répondit Dickon en se levant. Mais il dit qu'il faut y aller doucement d'abord et faire attention de ne pas te fatiguer. Il faut te reposer de temps en temps, et respirer profondément et ne pas trop en faire.

— Je ferai attention, dit Colin. Montre-moi ! montre-moi ! Dickon ! tu es le garçon le plus magicien du monde !

Dickon, campé sur l'herbe, exécuta une série d'exercices musculaires simples, quoique soigneusement combinés. Colin le regardait avec des yeux de plus en plus grands. Il put en reproduire quelques-uns assis. Bientôt, il en essaya quelques-uns doucement, en se tenant sur ses jambes déjà affermies. Mary se mit à les imiter aussi. Suie, qui regardait la séance, se mit à s'agiter, quitta la branche, et sautilla autour d'eux avec fièvre, parce qu'elle ne pouvait pas en faire autant.

Dès lors, ces exercices firent partie des devoirs journaliers de la bande, comme la magie. Colin et Mary parvinrent à en apprendre de nouveaux chaque jour, et il en résulta de tels appétits que, sans le panier posé par Dickon derrière le buisson, chaque matin, en arrivant, ils auraient été perdus. Mais le petit four du creux et les largesses de Mrs Sowerby étaient si satisfaisants que Mrs Medlock, la garde et le docteur furent replongés dans leurs perplexités. On peut regarder de haut son déjeuner et dédaigner son dîner, quand on est garni d'œufs rôtis, de pommes de terre, de lait frais écumeux, de gâteaux d'avoine, de petits pains, de miel de bruyère et de crème épaisse.

— Ils ne mangent plus rien, dit la garde. Ils mourront de faim si on ne peut pas les persuader de prendre un peu de nourriture. Et pourtant, voyez leur mine !

— Leur mine ! cria Mrs Medlock indignée, j'en ai assez de ces deux enfants ! C'est un couple de jeunes diables ! Un jour, ils font éclater leurs habits et, le lendemain, ils font la petite bouche devant les meilleurs repas que la cuisinière puisse imaginer pour les tenter. Ils n'ont pas mangé une bouchée de cette exquise jeune volaille en sauce, hier ; la pauvre femme avait inventé un pudding pour eux, et ils l'ont renvoyé. Elle en a presque pleuré ! Elle a peur d'être blâmée s'ils se tuent à force de jeûner !

Le Dr Craven vint examiner Colin longuement et soigneusement. Il eut l'air extrêmement tourmenté quand la garde lui montra le plateau de déjeuner presque intact qu'elle avait gardé pour le lui soumettre, mais sa perplexité augmenta quand, s'étant assis près du sofa de Colin, il se mit à l'examiner. Il avait été appelé à Londres pour affaires et ainsi empêché de voir l'enfant pendant près de deux semaines. Quand les êtres jeunes commencent à trouver la santé, ils la trouvent rapidement. Le teint de Colin avait perdu sa couleur de cire et pris un éclat rosé, ses beaux yeux brillaient, et les creux de ses joues et de ses tempes s'étaient remplis. Ses boucles sombres et épaisses commençaient à prendre un aspect de vie et frisaient sur son front, comme animées d'une sève nouvelle. Ses lèvres étaient plus fraîches et d'une couleur normale. Bref, comme spécimen d'invalide incurable, c'était une imitation absolument ratée. Le Dr Craven réfléchit, le menton dans sa main.

— Je suis fâché d'apprendre que tu ne manges rien, dit-il. Cela ne peut pas aller. Tu perdras tout ce que tu as gagné, et tu as gagné d'une façon surprenante. Tu mangeais si bien, il y a quelque temps !

— Je vous avais dit que c'était un appétit maladif, répliqua Colin.

Mary était assise près de lui, sur son tabouret, et elle laissa échapper tout à coup un son très bizarre, qu'elle essaya si violemment de réprimer qu'elle faillit étouffer.

— Qu'est-ce qu'il y a ? dit le docteur, se tournant pour la regarder.

Mary prit un air froid et détaché.

— C'est quelque chose entre un éternuement et de la toux, dit-elle d'un ton de dignité froissée, et cela m'a prise à la gorge. Mais, dit-elle ensuite à Colin, je n'ai pas pu me tenir. J'ai éclaté, parce que, tout à coup, je n'ai pas pu m'empêcher de me rappeler cette dernière grosse pomme de terre, que tu avais mangée, et la bouche que tu avais ouverte pour mordre dans cette délicieuse croûte couverte de confiture et de crème.

— Ces enfants ont-ils un moyen quelconque de se procurer de la nourriture en secret ? demanda le Dr Craven à Mrs Medlock.

— Aucun, à moins qu'ils n'en ramassent par terre ou ne la cueillent sur les arbres, répondit cette dernière. Ils sont dehors toute la journée et ne voient personne.

Et, s'ils désirent quelque chose de différent de ce qu'on leur envoie, ils n'ont qu'à le demander.

— Eh bien, dit le docteur, aussi longtemps que ça leur réussit de se passer de nourriture, nous n'avons pas besoin de nous inquiéter. Ce garçon est une nouvelle créature !

— La petite aussi, dit Mrs Medlock, elle commence à devenir tout à fait jolie, depuis qu'elle se remplume et n'a plus sa vilaine expression maussade. Ses cheveux sont plus épais et plus vivants, et elle a de belles couleurs. C'était la petite créature la plus sombre et la plus désagréable qu'on pût voir, et maintenant, monsieur Colin et elle rient ensemble comme de petits fous. C'est peut-être ce qui les engraisse.

— Peut-être, dit le Dr Craven. Laissons-les rire !

25

Le rideau

Et le Jardin mystérieux fleurissait et s'épanouissait, et chaque nouveau matin révélait de nouveaux miracles. Dans le nid du rouge-gorge, il y avait des œufs, et la compagne du rouge-gorge les couvait en les couvrant de sa petite poitrine emplumée et de ses ailes protectrices. D'abord, elle se montra très inquiète, et le rouge-gorge lui-même était d'une vigilance ombrageuse. Dickon même n'osait approcher, pendant ces jours-là, de ce coin du taillis : il attendait d'avoir persuadé le petit couple, au moyen de quelque charme mystérieux, qu'il ne se trouvait dans le Jardin aucune créature différente d'eux-mêmes, étrangère à leur merveilleuse aventure, à la beauté infinie et tendre et redoutable de ce poignant et solennel mystère : la couvée. Si tous les hôtes du Jardin n'eussent été convaincus, au plus intime de leur être, que la destruction d'un œuf constituerait une catastrophe mondiale et irréparable, si un seul d'entre eux n'eût pas conformé tous ses actes et tous ses gestes à cette conviction, il n'y aurait eu de bonheur pour personne dans le Jardin, malgré l'atmosphère dorée du printemps. Mais tous savaient cela et le rouge-gorge et sa compagne savaient qu'ils le savaient.

Toute crainte pour les œufs était donc écartée. Même les jours de pluie, Mrs Rouge-gorge s'ennuyait parfois un peu parce que les enfants ne venaient pas au Jardin.

Mais, même les jours de pluie, Mary et Colin ne s'ennuyaient pas. Un matin que l'eau ne cessait de tomber à torrents et que Colin commençait à regimber un peu parce qu'il était obligé de rester sur son sofa, ne pouvant sortir, Mary eut une inspiration.

— Maintenant que je suis un vrai garçon, avait dit Colin, mes bras et mes jambes, et tout mon corps sont si pleins de magie que je ne puis les tenir tranquilles. Ils veulent tout le temps remuer. Sais-tu que, quand je m'éveille, le matin, Mary, lorsqu'il est de très bonne heure et que les oiseaux semblent pousser des cris de joie, même les arbres et les plantes en ont l'air, j'ai envie de sauter du lit et de crier moi-même de joie. Et, si je le faisais, pense à ce qui arriverait !

Mary s'esclaffa :

— La garde arriverait en courant, Mrs Medlock aussi, et elles croiraient que tu as perdu la tête et enverraient chercher le docteur, dit-elle.

Colin riait aussi. Il pouvait se les représenter tous, comme ils auraient l'air horrifié de son explosion, stupéfaits de le voir debout.

— Je voudrais que mon père revienne, dit-il. Je veux le lui dire moi-même, j'y pense toujours, mais nous ne pourrions pas continuer ainsi longtemps. Je ne peux plus supporter de rester couché et de faire semblant, et d'ailleurs j'ai trop changé. Je voudrais qu'il ne pleuve pas aujourd'hui.

C'est alors que Mary eut une inspiration.

— Colin, commença-t-elle mystérieusement, sais-tu combien il y a de chambres dans cette maison ?

— Peut-être mille, répondit-il.

— Il y en a à peu près cent où personne n'entre jamais, dit Mary. Et un jour qu'il pleuvait, j'y ai été et je suis entrée dans beaucoup, beaucoup de ces chambres. Personne ne l'a jamais su, quoique Mrs Medlock m'ait presque attrapée. Je me suis perdue en revenant, et je me suis arrêtée au bout de ton corridor. C'est là que je t'ai entendu pleurer pour la deuxième fois.

Colin bondit sur son sofa.

— Une centaine de chambres où personne n'entre ! dit-il. Cela fait presque le même effet qu'un Jardin mystérieux ! Si nous allions les voir ? Tu pourrais m'y pousser dans mon fauteuil, et personne ne saurait où nous allons.

— C'est ce que je me disais, fit Mary. Personne n'oserait nous suivre. Il y a des galeries où tu pourrais courir. Nous pourrions faire tous nos exercices. Il y a une petite chambre hindoue avec une vitrine pleine d'éléphants en ivoire. Il y a toutes sortes de chambres.

— Sonne, dit Colin.

Quand la garde entra, il lui donna ses ordres.

— J'ai besoin de mon fauteuil, dit-il, miss Mary et moi, nous allons regarder la partie inhabitée de la maison. John pourra me pousser jusqu'à la galerie des tableaux parce qu'il y a quelques marches d'escaliers. Après quoi, il faudra qu'il s'en aille et nous laisse seuls, jusqu'à ce que je l'envoie chercher.

Depuis ce matin-là, les jours de pluie perdirent leur terreur.

Quand le valet de chambre eut poussé le fauteuil et laissé les enfants ensemble, Colin et Mary se regardèrent avec ravissement. Aussitôt que Mary se fut assurée que John était retourné dans son propre domaine, Colin sortit de son fauteuil.

— Je vais courir d'un bout de la galerie à l'autre, dit-il, et après, je me mettrai à sauter et, après, nous ferons les exercices de Bob Haworth.

Ils firent cela et bien d'autres choses encore. Ils regardèrent tous les portraits, et virent la petite laideronne en brocart vert, avec le perroquet sur son doigt.

— Tous ceux-ci, dit Colin, doivent être mes aïeux. Ils vivaient il y a longtemps. Celle au perroquet est une de mes grands, grands, grands-tantes. Elle te ressemble un peu, Mary – pas maintenant mais à ce que tu étais quand tu es venue ici. Maintenant, tu es bien plus grasse et plus jolie.

— Toi aussi, dit Mary et ils se mirent à rire tous deux.

Ils entrèrent dans la chambre hindoue et s'amusèrent avec les éléphants d'ivoire. Ils trouvèrent le boudoir tapissé de brocart rose, et le trou fait dans le coussin par la souris, mais les petites souris avaient grandi et s'en étaient allées et le trou était vide. Ils virent plus de chambres, et firent plus de découvertes que Mary n'en avait faites dans son premier pèlerinage. Ils trouvèrent de nouveaux corridors, de nouveaux recoins, de nouveaux escaliers, et d'autres vieux tableaux, qui les charmèrent, et des objets bizarres dont ils ignoraient l'usage. Ce fut une matinée singulièrement amusante, et la sensation d'errer dans une maison habitée par d'autres gens, en se sentant à des kilomètres de ceux-ci, était pleine d'attraits.

— Je suis content que nous soyons venus, dit Colin. Je ne savais pas que je demeurais dans une si vaste et si curieuse maison. J'aime cela. Nous nous y promènerons tous les jours de pluie. Nous trouverons toujours de nouveaux recoins et des choses amusantes.

Ils avaient en tout cas gagné à leur matinée un tel appétit qu'il ne leur fut pas possible de renvoyer le lunch sans y toucher.

Quand la garde descendit le plateau, elle le déposa avec bruit sur le buffet de la cuisine, pour attirer l'attention de la cuisinière sur l'état des assiettes et des plats soigneusement nettoyés.

— Regardez ! dit-elle, c'est une maison de mystères, et ces deux enfants sont le plus grand de tous.

— S'ils continuent ainsi, dit le vigoureux jeune valet, John, je ne m'étonnerai plus que le jeune maître pèse deux fois plus qu'il y a un mois.

Cette après-midi-là, Mary remarqua qu'il y avait quelque chose de changé dans la chambre de Colin. Elle l'avait remarqué la veille, mais n'avait rien dit, pensant que c'était peut-être un hasard. Elle ne dit rien non plus ce jour-là, mais resta assise à regarder fixement le tableau au-dessus de la cheminée. Elle pouvait le regarder parce que le rideau avait été tiré. C'est là le changement qui l'avait frappée.

— Je sais ce que tu désires savoir, dit Colin quand elle l'eut regardé quelques minutes. Je le devine toujours quand tu désires savoir quelque chose. Tu te demandes pourquoi le rideau est tiré. Je vais le laisser comme cela.

— Pourquoi ? demanda Mary.

— Parce que cela ne m'irrite plus de la voir rire. Je me suis réveillé par un beau clair de lune, il y a quelques nuits, et il m'a semblé que la magie remplissait la chambre et rendait tout si beau que je ne pouvais tenir en place. Je me suis levé et j'ai regardé par la fenêtre. La chambre était tout à fait claire, et il y avait une tache de lumière sur le rideau et cela m'a donné envie de tirer la corde. Elle m'a regardé comme si elle riait parce qu'elle était contente de me voir debout là. Alors cela faisait plaisir de la regarder. Je veux la voir rire ainsi tout le temps. Il me semble qu'elle devait être une personne magique.

— Tu lui ressembles tant, maintenant, dit Mary, que je pense quelquefois que tu es peut-être son esprit fait petit garçon.

Cette idée sembla frapper Colin. Il y réfléchit et répondit lentement :

— Si j'étais son esprit, mon père m'aimerait.

— Est-ce que tu désires qu'il t'aime ? demanda Mary.

— Cela me rendait très malheureux, avant, qu'il ne m'aime pas. S'il m'aime un jour, je crois que je lui parlerai de la magie, cela pourrait le consoler un peu.

26

C'est mère

Leur foi dans la magie restait inébranlable. Après les incantations quotidiennes, Colin leur faisait parfois un discours sur ce sujet.

— J'aime bien à faire cela, expliquait-il, parce que, quand je serai un homme et ferai de grandes découvertes scientifiques, je serai obligé de faire des conférences pour les exposer et, ainsi, je m'y exerce déjà. Je n'en puis faire que de courtes, à présent parce que je suis très jeune, puis, autrement, Ben Weatherstaff se croirait à l'église et s'endormirait.

— Ce qu'il y a de plus avantageux quand on fait des conférences, dit Ben, c'est qu'on peut dire ce qui vous chante et personne ne peut répondre. Ça me sourirait assez à moi-même de temps en temps.

Mais quand Colin pérorait sous son arbre, Ben le dévorait des yeux. Il l'examinait avec une tendresse vigilante. Ce n'était pas tant le sujet qui l'intéressait que les jambes du conférencier, tous les jours plus droites et plus fortes, la jeune tête qu'il portait si haut, et le menton qui s'arrondissait, et les joues, jadis creuses, à présent toujours plus pleines, et les yeux où commençait à briller une lumière qu'il se rappelait avoir connue dans d'autres yeux gris. Quelquefois quand Colin croyait, en voyant le regard intense de Ben, l'avoir fortement impressionné, il se demandait à quoi pensait le bonhomme, et un jour qu'il avait l'air tout à fait en extase, il le questionna.

— À quoi pensez-vous, Ben Weatherstaff ?

— Je pensais, répondit Ben, que tu as bien dû gagner trois ou quatre livres cette semaine. Je regardais tes mollets et tes épaules. Je voudrais te mettre sur une balance.

— C'est la magie – et les petits pains de Mrs Sowerby, et le lait, et le reste, dit Colin. Vous voyez que l'expérience scientifique a réussi.

Ce matin-là, Dickon arriva trop tard pour entendre la conférence. Quand il surgit, il était rouge d'avoir couru et sa drôle de figure semblait plus rayonnante encore que d'habitude. Comme ils avaient beaucoup de sarclage à faire après les pluies, ils se mirent au travail. Ils avaient toujours fort à faire après une de ces bonnes pluies chaudes et pénétrantes. L'humidité, si favorable aux fleurs, l'était aussi pour les mauvaises herbes qui poussaient partout, tiges et feuilles. Il s'agissait de les arracher avant que leurs racines fussent trop profondes.

Colin s'y entendait, à présent, aussi bien que personne, et il pouvait discourir en même temps.

— La magie agit mieux quand on travaille aussi, dit-il ce matin-là. On peut la sentir dans ses os et ses muscles. Mais je vais écrire un livre sur la magie. Je suis en train de le composer. Je découvre toujours des choses nouvelles.

Peu après avoir dit cela, il laissa tomber sa pelle et se redressa. Il s'était tu pendant plusieurs minutes, et les autres avaient pensé qu'il méditait une conférence, comme il le faisait souvent. Quand il lâcha sa pelle et se releva, il sembla à Mary et Dickon qu'il obéissait à une impulsion subite et puissante. Il se dressa de toute sa hauteur, et ses yeux étranges s'élargirent et s'illuminèrent. Il venait de prendre conscience d'une réalité.

— Mary, Dickon, cria-t-il, regardez-moi !

Ils cessèrent de sarcler et le regardèrent.

— Vous rappelez-vous ce premier jour où vous m'avez amené ici ? demanda-t-il.

Dickon le regardait fixement. Étant un charmeur d'animaux, il savait voir plus de choses que la plupart des gens, et de beaucoup de ces choses, il ne soufflait jamais mot. Il en vit de telles, à présent, chez Colin.

— Oui, certes, répondit-il.

Mary le regardait fixement aussi, mais ne dit rien.

— En ce moment même, dit Colin, tout à coup, je m'en suis souvenu, quand je regardais ma main bêcher avec la pelle, et j'ai dû me mettre debout pour être sûr que c'était bien vrai. Et c'est vrai. Je suis guéri ! guéri !

Il le savait bien vaguement auparavant, il l'avait espéré, et senti, et pensé, mais, à cette minute précise, quelque chose avait bondi en lui, une sorte de foi bienheureuse, de certitude si forte qu'il n'avait pu s'empêcher de la crier.

— Je vivrai toujours, et toujours ! et toujours ! dit-il majestueusement. Je découvrirai des milliers et des milliers de choses. Je ferai des découvertes au sujet des gens, des animaux, de tout ce qui pousse – comme Dickon –, et je ne cesserai jamais de faire de la magie. Je suis guéri ! guéri ! guéri ! Il me semble que j'ai besoin de crier quelque chose ! quelque chose de reconnaissant, de joyeux !

Ben Weatherstaff, qui travaillait près d'un rosier, le regarda.

— Tu pourrais chanter le *Te Deum*, suggéra-t-il de son ton le plus grave.

Il n'admirait guère le *Te Deum* et n'émit pas cette idée avec beaucoup de respect.

Mais Colin avait l'esprit curieux et ignorait le *Te Deum*.

— Qu'est-ce que c'est ? demanda-t-il.

— Dickon peut le chanter pour toi, j'en réponds, reprit Ben Weatherstaff.

Dickon répondit avec son fin sourire de charmeur :

— On le chante à l'église. Mère dit qu'elle croit que les alouettes le chantent en se levant le matin.

— Si elle dit cela, ce doit être un beau chant, répondit Colin, je n'ai jamais été dans une église. J'ai toujours été trop malade. Chante-le, Dickon, je veux l'entendre.

Dickon n'y mit ni timidité, ni la moindre affectation. Il comprenait ce que Colin éprouvait mieux que Colin lui-même. Il le comprenait par une sorte d'instinct si naturel qu'il n'avait même pas conscience de le comprendre. Il ôta son bonnet et regarda autour de lui en souriant.

— Il faut que tu ôtes ton chapeau, dit-il à Colin – et toi aussi, Ben, et il faut se tenir debout, tu sais.

Colin ôta son chapeau, et le soleil brilla sur ses boucles épaisses, tandis qu'il regardait Dickon avec intensité. Ben Weatherstaff se leva péniblement et se découvrit d'un air embarrassé et un peu fâché, comme s'il ne savait pas du tout pourquoi il faisait cette chose bizarre.

Dickon, debout parmi les arbres et les rosiers, se mit à chanter, avec une parfaite simplicité, d'une voix d'adolescent, claire et forte :

Louez le Créateur, source de tous bienfaits.
Que tout ce qui se meut chante ici ses louanges.
Louez-Le dans le ciel, vous, légions des anges,
Père, Fils, Saint-Esprit, louez-Le pour jamais !

Quand il eut fini, Ben Weatherstaff était toujours debout, immobile, mais ses yeux, fixés sur Colin, étaient humides. Le visage de Colin était pensif et recueilli.

— C'est un très beau chant, dit-il, je l'aime. Peut-être qu'il signifie justement ce que je veux dire quand j'ai envie de crier que je suis reconnaissant à la magie.

Il s'arrêta et réfléchit, l'air songeur.

— Peut-être que c'est la même chose, seulement nous l'appelons autrement. Chante-le de nouveau, Dickon. Je veux le chanter aussi. Essayons, Mary. C'est mon chant à moi. Comment cela commence-t-il ?

— « Louez le Créateur, source de tous bienfaits. »

Et ils le chantèrent une seconde fois. Mary et Colin élevèrent la voix aussi mélodieusement qu'ils le purent, celle de Dickon monta, forte et harmonieuse – et à la deuxième ligne, Ben Weatherstaff se racla le gosier, et il entonna la troisième avec une vigueur presque sauvage ; quand l'amen eut expiré, Mary observa chez le vieillard le même phénomène que lorsque Colin s'était dressé sur ses pieds le premier jour : son menton tremblait, et il regardait droit devant lui, en clignant des yeux, et ses vieilles joues tannées étaient toutes mouillées.

— Je n'avais jamais vu grand sens dans le *Te Deum*, dit-il d'une voix enrouée, mais il se pourrait bien que je change d'avis. Je crois que tu as gagné deux kilos cette semaine, maître Colin.

Colin regardait, de l'autre côté du Jardin, quelque chose qui avait attiré son attention, et son visage exprimait la surprise.

— Qui vient là ? dit-il vivement, qui est-ce ?

La porte dans le mur tapissé de lierre s'était doucement ouverte, et une femme était entrée.

Elle avait surgi à la dernière ligne du chant et les avait écoutés, immobile.

Sur le fond de lierre, le soleil qui filtrait à travers les arbres tachant de lumière son long manteau bleu, avec son visage frais et avenant qui souriait en les regardant, elle ressemblait assez à une certaine illustration, en teintes douces, d'un des livres de Colin. Ses yeux rayonnants de tendresse semblaient les refléter tous, tous, même Ben Weatherstaff et « les créatures », et toutes les plantes en fleur. Si inattendue que fût son apparition, aucun des hôtes du Jardin ne la trouva importune. Les yeux de Dickon s'allumèrent comme des lanternes.

— C'est mère ! Voilà qui c'est ! cria-t-il, et il courut à elle à travers le gazon.

Colin s'avança aussi et Mary le suivit ; le cœur leur battait un peu.

— C'est mère ! répéta Dickon quand ils l'abordèrent. Je savais que tu avais envie de la voir, et je lui ai dit où la porte était cachée.

Colin lui tendit la main, avec une dignité timide, la dévorant des yeux.

— Même quand j'étais encore malade, j'avais envie de vous voir, dit-il, vous, et Dickon, et le Jardin mystérieux. Je n'avais jamais eu envie de voir personne avant.

La vue du fin visage levé vers elle fit changer Susan de couleur. Les coins de sa bouche tremblèrent et ses yeux s'embrumèrent.

— Ah ! mon petit gars ! dit-elle d'une voix tremblante, comme involontairement, ah ! mon petit gars !

Elle ne dit pas maître Colin, mais mon petit gars, et elle le dit comme elle aurait parlé à Dickon si quelque chose dans la physionomie de celui-ci l'avait émue.

Colin en fut heureux.

— Êtes-vous surprise de me voir si bien ? demanda-t-il.

Elle lui mit une main sur l'épaule et sourit jusqu'à ce que la brume se fût dissipée de ses yeux.

— Oui, certes ! dit-elle, mais tu ressembles tellement à ta mère que ça m'a donné un coup.

— Pensez-vous, dit Colin un peu timidement, que cela me fera aimer de mon père ?

— Oui, pour sûr, mon gars, répondit-elle, en lui caressant doucement l'épaule. Il faut qu'il revienne à la maison, il le faut !

— Susan Sowerby, dit Ben Weatherstaff, approchant, regarde les jambes de ce garçon, veux-tu ? Elles étaient comme des baguettes de tambour il y a un mois, et j'ai entendu des gens dire qu'elles étaient torses. Regarde-les à présent !

Susan Sowerby riait d'aise.

— Elles vont devenir de belles, fortes jambes de garçon, dit-elle. Qu'il continue à jouer et à travailler dans le Jardin, à manger à belles dents, à boire du bon lait frais, et il n'y en aura pas de plus belle paire dans le comté, Dieu merci !

Elle mit ses deux mains sur les épaules de Madame Mary, et regarda maternellement son petit visage.

— Et toi aussi ! dit-elle, tu es devenue presque aussi fraîche que notre Elizabeth ! Je parie que tu ressembles à ta mère, toi aussi. Notre Martha a entendu Mrs Medlock dire qu'elle était très jolie. Tu seras comme une rose de mai, ma petite fille, Dieu te bénisse !

Elle n'ajouta pas que, quand Martha était rentrée chez elle, à son jour de sortie, et leur avait décrit le petit laideron jaunâtre, elle avait déclaré qu'elle ne croyait pas ce qu'en avait dit Mrs Medlock. « Ça n'a pas le sens commun de prétendre qu'une jolie femme aurait pu avoir une si vilaine petite fille », avait-elle obstinément affirmé.

Mary n'avait pas eu le temps de penser beaucoup à ses progrès en beauté. Elle savait seulement qu'elle avait changé, que ses cheveux en particulier étaient beaucoup plus épais, et poussaient plus vite. Mais, se souvenant du plaisir qu'elle trouvait autrefois à regarder la Mem Sahib, elle fut heureuse de s'entendre dire qu'elle pourrait lui ressembler un jour.

Susan Sowerby fit le tour du Jardin avec eux, et on lui raconta toute l'histoire, et on lui montra chaque arbre et chaque buisson ressuscité.

Colin marchait à un de ses côtés et Mary de l'autre. Chacun regardait le visage rosé et avenant, en s'étonnant secrètement de l'impression délicieuse qui se dégageait d'elle – comme une sensation de chaude sécurité, de protection. Elle semblait les comprendre comme Dickon comprenait ses « créatures ». Elle se penchait sur les fleurs et en parlait comme si c'étaient des enfants. Suie l'escorta et lui adressa deux ou trois croassements et se percha sur son épaule comme elle le faisait à Dickon. Quand ils lui racontèrent l'histoire du rouge-gorge et le premier vol des petits, elle rit d'un petit rire maternel, sourd et tendre.

— Je suppose que leur apprendre à voler, c'est comme d'apprendre aux enfants à marcher, mais je crois que je serais dans de fameuses transes si les miens avaient des ailes au lieu de jambes ! dit-elle.

Elle leur parut si admirable, avec ses façons saines et rustiques, qu'ils se mirent enfin à l'entretenir de la magie.

— Croyez-vous à la magie ? lui demanda Colin, après lui avoir décrit les fakirs hindous. J'espère que oui.

— Certes ! répondit-elle. Je ne lui ai jamais donné ce nom-là, mais qu'est-ce que ça fait ? Je parie qu'on lui en donne un différent en Russie et un autre en Italie. Ce qui fait gonfler les semences et briller le soleil a fait de toi un gars bien portant, et c'est la Grande Bonté. Ce n'est pas comme nous autres, pauvres imbéciles, qui nous rebiffons si on ne nous donne pas notre nom. La Grande Bonté ne s'embarrasse pas de si peu. Elle continue à faire des mondes par millions, des mondes comme le nôtre. Ne cesse jamais de croire à la Grande Bonté et de penser que la terre en est pleine, et appelle-la comme tu voudras. Tu lui chantais un cantique quand je suis entrée.

— J'étais si joyeux ! dit Colin, fixant sur elle ses beaux yeux étranges. Tout à coup, j'ai senti combien j'ai changé, comme mes bras et mes jambes sont devenus forts, vous comprenez, et que je pouvais bêcher et me tenir debout, et j'ai eu envie de crier merci à qui voudrait l'écouter.

— La magie t'a écouté quand tu as chanté le *Te Deum.* Elle aurait écouté n'importe quoi d'autre. C'est la joie qui la touchait. Ah ! mon gars, qu'est-ce que c'est qu'un nom pour le grand Faiseur de joie ! et elle lui caressa de nouveau doucement l'épaule.

Susan avait préparé un panier qui contenait un vrai festin, ce matin-là et, quand la faim se fit sentir, et que Dickon l'exhiba de la cachette, elle s'assit avec eux sous leur arbre et les regarda dévorer leur repas en riant de tout son cœur, jubilant de voir leur appétit. Elle était pleine de gaieté et les divertit par toutes sortes de drôleries. Elle leur raconta des histoires en patois du comté et leur enseigna de nouveaux mots. Elle rit à gorge déployée quand ils lui exposèrent la difficulté croissante qu'ils éprouvaient à faire passer Colin pour un invalide grincheux.

— Vous comprenez, nous ne pouvons pas nous empêcher de rire presque tout le temps quand nous sommes ensemble, expliqua Colin, et cela n'a pas l'air invalide du tout ! Nous essayons de l'étouffer, mais ça éclate, et alors, c'est encore pire !

— Je pense souvent à une chose, dit Mary, et je peux à peine me tenir quand elle me vient tout à coup à l'idée. Je me dis : Supposons que la figure de Colin devienne comme une pleine lune ! Elle n'est pas encore comme cela, mais elle s'arrondit tous les jours. Et supposons qu'un matin, elle en ait l'air. Que ferions-nous ?

— Dieu nous bénisse ! je vois qu'il te faut encore jouer un bon bout de comédie, dit Susan Sowerby, mais tu n'auras pas besoin de le faire longtemps. Mr Craven reviendra !

— Le croyez-vous ? demanda Colin. Pourquoi ?

Susan Sowerby rit doucement.

— Je pense que cela te briserait presque le cœur, s'il découvrait ce qui en est avant que tu aies pu le lui dire à ta façon, dit-elle. Tu es resté éveillé bien des nuits à arranger tout ça.

— Je ne pourrais pas supporter que quelqu'un d'autre le lui dise, répondit Colin, je pense chaque jour à une nouvelle manière de le faire. En ce moment, je crois que j'ai envie d'entrer simplement dans sa chambre en courant.

— Cela le secouerait fameusement ! dit Susan Sowerby. Je voudrais voir sa figure, mon gars, je le voudrais ! Il faut qu'il revienne, c'est sûr !

Ils parlèrent aussi de la visite qu'ils feraient à la chaumière. Ils en arrêtèrent tous les détails. Ils iraient en voiture sur la lande et luncheraient dans les bruyères. Ils verraient les douze enfants, et le jardin de Dickon, et ne reviendraient que quand ils seraient fatigués.

Susan Sowerby se leva enfin pour retourner à la maison et voir Mrs Medlock. C'était aussi l'heure de ramener Colin. Mais, avant de se remettre dans son fauteuil, il s'approcha de Susan, la regarda avec une muette adoration, et saisit tout à coup un pli de son manteau qu'il retint dans sa main.

— Vous êtes juste, juste ce que je désirais, dit-il. Je voudrais que vous soyez ma mère à moi aussi !

Tout à coup, Susan Sowerby se pencha vers lui et, l'entourant de ses deux bras, l'attira sur l'ample poitrine que cachait le manteau bleu, tout comme s'il avait été le frère de Dickon. Ses yeux s'obscurcirent de nouveau.

— Ah ! mon petit gars ! dit-elle. Ta mère à toi est dans ce Jardin. Elle n'a pas pu rester loin, j'en suis sûre ! – et il faut que ton père revienne ! – il le faut !

27

Dans le Jardin

Au cours de chaque siècle, depuis le commencement du monde, on a découvert des choses extraordinaires. Un des faits que l'on a commencé à découvrir au siècle dernier, c'est que les pensées – les simples pensées – sont aussi puissantes que des batteries électriques, aussi bienfaisantes pour nous que le soleil, aussi néfastes que du poison. Laisser une pensée triste ou mauvaise pénétrer dans notre esprit est aussi dangereux que de laisser un germe de fièvre scarlatine pénétrer dans votre corps. Si on l'y laisse séjourner après qu'elle y est entrée on risque de ne jamais s'en débarrasser de sa vie.

Aussi longtemps que l'esprit de Madame Mary fut plein de pensées désagréables, de ses aversions pour les gens et pour les choses et de sa résolution de ne se laisser distraire ni contenter par quoi que ce soit, elle resta une enfant jaune, malingre, ennuyée et malheureuse. Les circonstances lui furent clémentes quoiqu'elle ne s'en doutât nullement. Elles se mirent à la secouer pour son bien. Quand son esprit fut peu à peu occupé par des rouges-gorges, des chaumières sur la lande, pleines d'enfants, de vieux jardiniers bourrus et de vulgaires petites servantes, du printemps et de jardins secrets ressuscitant de jour en jour, et aussi d'un gars de la lande et de ses « créatures », il n'y resta plus de place pour les pensées maussades qui affectaient son foie et sa digestion et la rendaient jaune et toujours lasse.

Aussi longtemps que Colin s'enferma dans sa chambre et ne pensa qu'à ses craintes, à sa faiblesse, et à son horreur pour les gens qui le regardaient et médita chaque jour sur de futures bosses et une mort prématurée, il resta un petit hypocondre hystérique et à moitié fou, qui ne savait rien du soleil ni du printemps et ignorait aussi qu'il pouvait guérir et se tenir sur ses jambes s'il s'y essayait. Quand des pensées nouvelles, de belles pensées commencèrent à bannir les hideuses obsessions, la vie se mit à lui revenir, son sang circula librement dans ses veines et une force neuve l'envahit comme un torrent. Son expérience scientifique fut tout à fait simple et pratique et n'eut rien de sorcier. Des choses autrement surprenantes peuvent advenir à celui qui, quand une pensée désagréable et déprimante lui vient à l'esprit, a le bon sens de s'aviser à temps de la chasser en lui substituant une pensée nettement courageuse. Deux choses ne peuvent occuper en même temps le même endroit de l'espace.

— Là où tu cultives une rose, mon gars, un chardon ne saurait pousser.

Tandis que le Jardin ressuscitait, et que les deux enfants ressuscitaient avec lui, un homme errait dans de lointaines régions : fiords de Norvège, vallées et montagnes de Suisse. C'était un homme qui, pendant dix ans, avait eu l'esprit entièrement occupé par une pensée unique, sombre et déchirante. Il n'avait pas été courageux, il n'avait jamais essayé de la remplacer par d'autres pensées. Il s'était livré à cette obsession en errant autour des lacs azurés, ou couché sur le flanc des montagnes, au milieu des champs de gentianes d'un bleu intense, dans un air tout embaumé du parfum des fleurs. Une douleur terrible l'avait atteint en pleine félicité, et il avait laissé son âme s'emplir de ténèbres et refusé obstinément de permettre à aucun rayon d'y pénétrer. Il avait déserté sa demeure et oublié ses devoirs. Partout où il voyageait, il emportait avec lui une atmosphère de deuil, si bien que sa vue seule faisait du mal aux autres gens, comme s'il empoisonnait l'air ambiant de sa tristesse. La plupart des étrangers le croyaient fou ou coupable de quelque crime secret. C'était un homme de haute taille, au visage hagard, aux épaules légèrement difformes, et le nom qu'il inscrivait toujours sur les registres d'hôtel était Archibald Craven, manoir de Misselthwaite, comté d'York.

Il avait voyagé longtemps et bien loin depuis qu'il avait vu Madame Mary dans son bureau et lui avait adjugé son « morceau de terre ». Il avait erré dans les plus belles régions de l'Europe sans jamais y rester plus de quelques jours. Il choisissait les lieux les plus retirés, les plus tranquilles. Il s'était promené sur le sommet de montagnes dont la tête touchait les nuages, et avait contemplé d'autres montagnes, au moment où le soleil se levait, les inondant d'une lumière qui semblait éclairer un monde naissant.

Par une journée radieuse, il avait marché si loin qu'à son retour la lune était haute et pleine, et le monde était tout argent et ombre violette. La tranquillité du lac, du rivage, et de la forêt était si merveilleuse qu'il ne rentra pas dans la villa où il logeait. Il se rendit à un petit bosquet en terrasse tout au bord de l'eau, s'assit sur un banc et respira les divins parfums de la nuit. Il sentait une étrange sérénité l'envahir de plus en plus, et s'endormit.

Il ne sentit pas le sommeil venir ni son rêve commencer ; c'était si réel que cela ne lui parut pas être un rêve. Il se rappela plus tard combien il se sentait éveillé et plein d'une vie intense. Il lui sembla que, comme il était assis, respirant le parfum des roses, et écoutant l'onde mourir à ses pieds, il entendait une voix l'appeler. C'était une voix lointaine, douce, claire et joyeuse. Elle semblait très lointaine et, pourtant, il l'entendit aussi distinctement que si elle eût été toute proche.

— Archie, Archie, Archie ! disait-elle.

Puis, plus douce et plus claire encore :

— Archie ! Archie !

Il lui sembla qu'il se levait alors, mais sans saisissement. C'était une voix si réelle, et il lui paraissait si naturel de l'entendre !

— Lilias ! Lilias ! répondit-il. Lilias ! Où es-tu ?

— Dans le Jardin ! dans le Jardin !

On eût dit le son d'une flûte en or.

Et ici le rêve prit fin, mais il ne s'éveilla pas, il dormit profondément et paisiblement pendant toute cette nuit enchantée. Quand il ouvrit enfin les yeux, c'était par une matinée radieuse encore, et un domestique le regardait avec curiosité. C'était un domestique italien, dressé, comme tout le personnel de la maison, à accepter sans mot dire toutes les choses étranges que pouvait faire son maître étranger. Nul ne savait jamais quand il sortirait ou rentrerait, ni où il lui plairait de coucher, s'il errerait dans le jardin toute la nuit ou resterait étendu dans le bateau sur le lac. Le domestique tenait un plateau chargé de quelques lettres et attendit tranquillement que son maître les prît. Quand il se fut éloigné, Mr Craven resta quelques instants à regarder le lac, les lettres en main. Le calme singulier de la nuit régnait encore en lui, avec quelque chose en plus, une sorte de soulagement, comme si l'aventure cruelle qui l'avait frappé n'était pas advenue ainsi qu'il l'avait cru, comme si quelque chose était changé ! Il se rappelait le rêve, le rêve si réel.

— Dans le Jardin ! dit-il avec surprise. Dans le Jardin ! Mais la porte est fermée et la clé ensevelie !

Quand il regarda ses lettres un moment après, il vit que celle du dessus venait d'Angleterre, du comté d'York.

Elle était adressée d'une écriture féminine qui lui était inconnue. Il l'ouvrit distraitement, mais les premiers mots retinrent tout de suite son attention.

Monsieur,

Je suis Susan Sowerby, qui a pris la liberté de vous parler sur la lande. C'était au sujet de miss Mary. Je prends la liberté de vous parler encore. S'il vous plaît, monsieur, à votre place je reviendrais chez moi. Je crois que vous seriez heureux de vous y retrouver – et, si vous voulez bien m'excuser, monsieur, je crois que votre dame vous demanderait de revenir si elle était là.

Votre servante dévouée,

Susan Sowerby.

Mr Craven lut et relut la lettre avant de la remettre dans l'enveloppe. Il pensait sans cesse à son rêve.

— Je vais retourner à Misselthwaite, dit-il, tout de suite !

Et il traversa le jardin pour rentrer à la villa et ordonner à Pitcher de prendre des mesures pour son retour en Angleterre.

Quelques jours plus tard, il se retrouvait dans le comté d'York et, pendant son long voyage en chemin de fer, il s'était surpris à penser à son petit garçon comme il ne l'avait jamais fait depuis qu'il était au monde. Toujours il avait souhaité l'oublier. À présent, sans qu'il eût l'intention de penser à lui, des souvenirs le concernant lui revenaient sans cesse. Il se rappelait les jours noirs pendant lesquels il avait déliré comme un dément parce que l'enfant était vivant et la mère morte. Il s'était refusé à le voir et, quand il était enfin allé le regarder, c'était une petite créature si faible et si misérable que tout le monde le croyait destiné à mourir dans peu de jours. Mais, à la grande surprise de ceux qui en prenaient soin, les jours s'écoulèrent, et il vécut, et tout le monde crut alors que ce serait un être difforme et infirme.

Il n'avait pas eu l'intention d'être un mauvais père, mais il ne s'était vraiment jamais senti père. Il avait fourni à l'enfant docteurs, gardes, luxes de tous genres, mais la seule pensée du petit être lui était cruelle, et il s'était terré dans sa propre détresse. La première fois qu'il revint à Misselthwaite après un an d'absence et que le bébé chétif leva vers lui, avec langueur et indifférence, ses grands yeux gris frangés de cils noirs, si pareils aux yeux rayonnants qu'il avait adorés, et cependant si différents, il n'avait pu en supporter la vue. Après cela, il ne le vit presque plus jamais qu'endormi, et tout ce qu'il savait de lui, c'est que c'était un invalide probablement incurable, d'un caractère violent, emporté jusqu'à la démence. On ne pouvait le préserver de fureurs, qui lui étaient funestes, qu'en lui cédant dans tous les détails.

Tout ceci n'était pas réjouissant à évoquer, mais, tandis que le train l'emportait à travers les défilés des montagnes et les plaines dorées, l'homme qui était en train de ressusciter se mit à réfléchir d'une façon nouvelle, et il réfléchit longtemps, profondément et avec persistance.

— Peut-être que j'ai eu tort pendant ces dix années, se dit-il. Dix ans ! c'est long ! Il se peut qu'il soit trop tard pour rien faire, trop tard ! À quoi pouvais-je donc penser ?

Naturellement, c'était là une magie erronée de commencer par dire « trop tard ». Colin lui-même eût pu le lui dire. Mais il ne savait rien de la magie, ni de la noire ni de la blanche. Il avait encore tout à apprendre.

Il se demandait si Susan Sowerby s'était enhardie jusqu'à lui écrire seulement parce que cette créature maternelle s'était rendu compte que le petit garçon allait plus mal, était perdu. S'il n'avait pas été sous l'impression de ce calme étrange, qui pénétrait tout son être, il se serait senti plus malheureux que jamais. Mais ce calme avait apporté en son âme une sorte de courage et d'espoir. Au lieu de se laisser aller aux pires prévisions, il se surprit positivement à essayer de croire à des choses meilleures.

— Se peut-il qu'elle voie que je pourrais lui faire du bien, le discipliner ? se demanda-t-il. J'irai le voir dès mon arrivée à Misselthwaite.

Mais quand, en traversant la lande, il fit arrêter la voiture à la chaumière, sept ou huit enfants qui jouaient ensemble se groupèrent et lui firent sept ou huit révérences polies et amicales, en l'informant que leur mère était allée de l'autre côté de la lande, ce matin-là, pour aider une femme qui avait un nouveau bébé.

« Notre Dickon » était au manoir, travaillant dans un des jardins où il allait plusieurs fois par semaine.

Mr Craven regarda la collection de petits corps vigoureux et de visages ronds et vermeils, chacun souriant à sa façon particulière, et il remarqua que c'était un groupe sain et avenant. Il leur sourit en retour et sortit de sa poche un souverain en or qu'il tendit à l'aînée : « notre Elizabeth ».

— Si vous partagez cela en huit parts, cela fera une demi-couronne pour chacun, dit-il.

Et, parmi des sourires, des rires étouffés, et des révérences, il s'en alla, laissant derrière lui des enfants extasiés, qui se poussaient le coude et sautaient de joie.

La promenade à travers les merveilles de la lande fut reposante. Pourquoi éprouvait-il, à revenir chez lui, une allégresse qu'il était sûr auparavant de ne plus jamais pouvoir ressentir ? ce sentiment de la beauté de la terre, et du ciel, et des horizons violets, cette émotion intime en se rapprochant de la vaste vieille demeure qui abritait des êtres de son sang depuis six cents ans ? Comme il s'était enfui, la dernière fois, frissonnant à la pensée de ses chambres fermées et du petit garçon couché sur le lit à baldaquin aux draperies de brocart ! Se pourrait-il qu'il le trouvât un peu mieux et parvînt à surmonter sa répugnance à le voir ? Comme ce rêve était réel ! combien claire et merveilleuse la voix qui lui répondait : « Dans le Jardin ! dans le Jardin ! »

— J'essaierai de trouver la clé, dit-il, j'essayerai d'ouvrir la porte. Il le faut, quoique je ne sache pas pourquoi.

Quand il arriva au manoir, les domestiques, qui le reçurent avec les cérémonies d'usage, remarquèrent qu'il avait l'air mieux, et qu'il ne se sauvait pas dans les chambres où il vivait à l'écart, servi par Pitcher. Il alla dans la bibliothèque et envoya chercher Mrs Medlock.

— Comment va monsieur Colin ? demanda-t-il.

— Eh bien, monsieur, répondit Mrs Medlock, il est… il est changé en quelque sorte.

— Il est plus mal ? demanda-t-il.

— Eh bien, monsieur, essaya-t-elle d'expliquer, ni le docteur, ni la garde, ni moi ne pouvons le comprendre.

— Pourquoi cela ?

— Pour vous dire la vérité, monsieur, il se peut que monsieur Colin soit mieux et il se peut qu'il aille plus mal. Son appétit, monsieur, est incompréhensible, et ses manières aussi.

— Est-il devenu plus… plus singulier ? demanda son maître, fronçant les sourcils avec anxiété.

— Justement, monsieur ! Il devient très singulier, quand on le compare à ce qu'il était avant. Il ne mangeait rien, et puis, tout à coup, il s'est mis à manger énormément, puis ça a cessé subitement aussi, et il s'est mis à renvoyer ses repas, comme autrefois. Vous n'avez peut-être jamais su, monsieur, qu'il ne voulait absolument pas sortir ! Ce que nous avons traversé pour arriver à le mettre dans son fauteuil au jardin ! J'en tremblais comme la feuille ! Il se mettait dans de tels états que le docteur a dit qu'il ne pouvait pas prendre la responsabilité de le forcer à obéir. Eh bien, monsieur, sans aucune raison, peu après une de ses pires rages, tout d'un coup, il a voulu sortir tous les jours avec miss Mary et Dickon, le gars de Susan Sowerby, qui pousse son fauteuil. Il a pris en amitié miss Mary et Dickon, qui lui a amené ses animaux apprivoisés et, si vous voulez me croire, monsieur, il reste dehors du matin au soir !

— Quelle mine a-t-il ?

— S'il se nourrissait d'une façon naturelle, monsieur, vous diriez qu'il engraisse, mais nous avons peur que ce ne soit une sorte d'enflure. Il rit quelquefois d'une façon bizarre, quand il est seul avec miss Mary. Avant, il ne riait jamais. Le Dr Craven viendra vous voir tout de suite, si vous le lui permettez. Il n'a jamais été si intrigué de sa vie.

— Où est monsieur Colin, maintenant ? demanda Mr Craven.

— Dans le jardin, monsieur, il est toujours dans le jardin, quoiqu'il ne permette à personne d'approcher, de peur qu'on ne le regarde.

Mr Craven entendit à peine ces derniers mots.

— Dans le jardin ! dit-il et, après avoir renvoyé Mrs Medlock, il resta debout, immobile, répétant : « Dans le jardin ! dans le jardin ! »

Il eut à faire un effort pour revenir à lui et, quand il se sentit de nouveau sur terre, il sortit de la chambre. Il passa, comme naguère Mary, par la porte de la pépinière, parmi les lauriers et les plates-bandes de la fontaine. Celle-ci jouait, à présent, et était entourée d'éclatantes fleurs d'automne.

Il traversa la pelouse et prit la longue allée qui suivait les murs de lierre. Il marchait lentement, les yeux fixés sur le sol. Il se sentait attiré, sans savoir pourquoi, vers cet endroit qu'il avait abandonné depuis si longtemps. Comme il en approchait, son pas se fit plus lent encore. Il savait où était la porte, quoiqu'elle fût masquée par un lierre épais, mais il ne savait pas exactement où la clé gisait, la clé ensevelie.

Aussi, il s'arrêta et resta immobile, regardant autour de lui. Presque aussitôt après, il tressaillit et écouta, se demandant s'il faisait encore un rêve.

Le lierre croissait, touffu, sur la porte, la clé était enterrée sous les buissons, aucun être humain n'avait passé ce seuil de dix lugubres années, et pourtant, dans le Jardin, on entendait du bruit. C'était un bruit de course précipitée, comme si des coureurs se poursuivaient autour des arbres, et aussi un bruit étrange de voix sourdes, d'exclamations et de joyeux cris étouffés. Cela ressemblait positivement au rire d'êtres jeunes, au rire irrépressible d'enfants qui ne voulaient pas être entendus, mais qui, bientôt, dans leur excitation croissante, allait éclater.

Que rêvait-il ? Qu'entendait-il ? Perdait-il la raison ? et croyait-il entendre des choses qui n'étaient pas destinées à des oreilles humaines ? Était-ce là ce que signifiait cette voix lointaine, et pourtant si claire ?

Alors survint le moment, l'inévitable moment où les rires oublièrent toute sourdine. Les pieds couraient de plus en plus vite, ils approchaient de la porte du Jardin ; il y eut un bruit de jeune respiration essoufflée, rapide, et un violent éclat de rire impossible à réprimer ; la porte s'ouvrit toute grande, le rideau de lierre retomba et un petit garçon franchit le seuil, lancé à toute vitesse, et sans voir l'arrivant, se précipita presque dans ses bras. Mr Craven les avait étendus juste à temps pour empêcher l'enfant de tomber par suite de la collision et, quand il l'éloigna un peu de lui pour le regarder, stupéfait de cette apparition, la respiration lui manqua.

C'était un grand et beau garçon, rayonnant de vie, et la course avait donné à son visage un coloris splendide. Il rejeta de son front ses épaisses boucles et leva vers Mr Craven une paire d'étranges yeux gris, des yeux pleins de rire juvénile, frangés de longs cils noirs. Ce furent ces yeux qui firent perdre la respiration à Mr Craven.

— Qui ?… Quoi ?… Qui ? bégaya-t-il.

Ce n'était pas ce que Colin attendait, ce n'était pas ce qu'il avait combiné. Et pourtant, s'élancer ainsi en gagnant une course, cela valait peut-être encore mieux. Il se dressa de toute sa hauteur. Mary, qui courait après lui, et s'était aussi élancée à travers la porte, pensa qu'il avait réussi à avoir l'air plus grand que de coutume – de plusieurs centimètres.

— Père ! dit-il, je suis Colin. Vous ne pouvez pas le croire. Je puis à peine le croire moi-même. Je suis Colin !

Pas plus que Mrs Medlock, l'enfant ne comprit ce que voulait dire son père quand il murmura : « Dans le jardin, dans le jardin ! »

— Oui ! s'écria-t-il, c'est le Jardin qui l'a fait, et Mary, et Dickon, et les « créatures »… et la magie ! Personne ne le sait. Nous avons gardé notre secret pour vous le dire à votre retour. Je suis guéri ! Je peux battre Mary à la course, je vais devenir un athlète !

Il dit tout cela d'une façon si enfantine, le visage empourpré, précipitant ses mots dans son ivresse, que Mr Craven frémit jusqu'au fond de l'âme d'une joie incrédule.

Colin étendit la main et la posa sur le bras de son père.

— N'êtes-vous pas content, père ? acheva-t-il, n'êtes-vous pas content ? Je vais vivre toujours, toujours !

Mr Craven mit ses deux mains sur les épaules de l'enfant et le maintint immobile ; sans essayer même de parler.

— Conduis-moi dans le Jardin, mon enfant, dit-il enfin, et raconte-moi tout.

Et on l'introduisit dans le Jardin.

C'était un royal fouillis d'or automnal, de pourpre, de bleu violacé et d'écarlate et, de tous côtés, des touffes de lis d'arrière-saison s'élevaient, des lis immaculés, ou blancs et rubis. Il se rappelait bien quand on avait planté les premiers, afin qu'à ce moment de l'année, leur splendeur tardive se révélât. Des roses grimpaient partout et retombaient en grappes, et le soleil, intensifiant la teinte des arbres jaunâtres, vous donnait l'impression d'être dans un temple de feuillage d'or. Le nouveau venu resta silencieux, comme naguère les enfants quand ils avaient vu le Jardin tout gris.

Comme eux, il regarda autour de lui.

— Je pensais qu'il serait mort, dit-il.

— Mary aussi le croyait d'abord, dit Colin, mais il a ressuscité.

Alors ils s'assirent sous leur arbre – tous sauf Colin, qui voulait être debout pour raconter son histoire.

C'était la chose la plus étrange que personne eût jamais entendue, pensait Mr Craven, tandis que Colin racontait, avec sa juvénile exubérance :

Mystère et magie, et créatures sauvages, la singulière entrevue nocturne, la venue du printemps, l'explosion d'orgueil blessé qui avait jeté le jeune rajah sur ses pieds à la barbe de Ben Weatherstaff, les secrètes rencontres des initiés, la comédie, le grand secret si religieusement gardé…

L'auditeur rit à en pleurer, mais parfois ses yeux se mouillèrent quand il ne riait pas. L'athlète, le conférencier, l'inventeur scientifique, était un petit garçon très humain, absurde et séduisant.

— Maintenant, dit-il en terminant, nous n'avons plus besoin de garder le secret. Je pense que ça va leur donner une attaque de me voir debout, mais je ne me remettrai plus jamais dans ce fauteuil. Je rentrerai avec vous, père, jusqu'à la maison.

Les devoirs de Ben Weatherstaff l'appelaient rarement ailleurs que dans les jardins, mais, en cette occasion, il trouva le prétexte d'apporter quelques légumes à la cuisine, et étant invité dans le hall des domestiques à boire une chope de bière, il se trouva sur les lieux, comme il l'avait espéré, quand se déroula l'événement le plus dramatique dont le manoir de Misselthwaite eût été témoin pendant la présente génération.

Une des fenêtres donnant sur la cour permettait aussi d'apercevoir la pelouse. Mrs Medlock, sachant que Ben venait des jardins, espérait qu'il aurait pu voir son maître, et peut-être même la rencontre avec monsieur Colin.

— Avez-vous vu l'un ou l'autre, Weatherstaff, demanda-t-elle.

— Oui, certes, répondit-il, d'un air profondément significatif.

— Tous deux ? demanda Mrs Medlock.

— Tous deux, répliqua Ben Weatherstaff. Merci beaucoup, madame. Je ne refuserais pas une autre chope.

— Ensemble ? interrogea Mrs Medlock, remplissant la chope à la faire déborder, dans son émotion.

— Ensemble, madame, et Ben avala une gorgée de sa seconde chope.

— Où était monsieur Colin ? Quelle mine avait-il ? Qu'est-ce qu'ils se sont dit ?

— Ça, je ne l'ai pas entendu, dit Ben, parce que j'étais sur l'échelle, à regarder par-dessus le mur. Mais je peux vous dire ceci : il s'est passé des choses, là-dehors, dont vous autres, dans la maison, ne vous doutez pas. Et, ce qui s'est passé, vous le saurez bientôt.

Et moins de deux minutes après, comme il avalait le reste de sa bière, il fit avec sa chope un geste solennel vers la fenêtre d'où l'on voyait, à travers la pépinière, un morceau de pelouse.

— Regardez ici ! dit-il, si vous êtes curieuse, regardez ce qui s'amène sur le gazon !

Quand Mrs Medlock eut regardé, elle leva les bras au ciel et laissa échapper un petit cri, et tous les domestiques, hommes et femmes, qui se trouvaient à portée, se précipitèrent par le hall, et restèrent debout, regardant par la fenêtre, les yeux leur sortant de la tête.

À travers la pelouse s'avançait le maître de Misselthwaite, avec une expression que beaucoup ne lui avaient jamais connue. Et à côté de lui, la tête haute, les yeux étincelants de gaieté malicieuse, marchait, aussi droit et vigoureux qu'aucun gars du comté – maître Colin !

Table

COLLECTION
« CLASSIQUES D'HIER ET D'AUJOURD'HUI »

Elizabeth von Arnim, *La Bienfaitrice.*
Elizabeth von Arnim, *Père.*
Schalom Asch, *Pétersbourg.*
Schalom Asch, *Varsovie.*
Schalom Asch, *Moscou.*
Jane Austen, *Emma.*
Jane Austen, *Lady Susan, et autres nouvelles.*
Jane Austen, *Mansfield Park.*
Jane Austen, *Northanger Abbey.*
Jane Austen, *Orgueil et Préjugés.*
Jane Austen, *Persuasion.*
Jane Austen, *Raison et Sentiments.*
Mary Elizabeth Braddon, *Le Secret de lady Audley.*
Mary Elizabeth Braddon, *La Trace du serpent.*
Anne Brontë, *Agnès Grey.*
Anne Brontë, *La Dame du manoir de Wildfell Hall.*
Charlotte Brontë, *Jane Eyre.*
Charlotte Brontë, *Le Professeur.*
Charlotte Brontë, *Shirley.*
Charlotte Brontë, *Villette.*
Emily Brontë, *Les Hauts de Hurlevent.*
Pearl Buck, *L'Énigme éternelle.*
Pearl Buck, *Fils de Dragon.*
Pearl Buck, *Impératrice de Chine.*
Louise Colet, *Un drame dans la rue de Rivoli.*
Wilkie Collins, *La Pierre de lune.*
Wilkie Collins, *Le Secret.*
Wilkie Collins, *La Dame en blanc.*
Wilkie Collins, *L'Hôtel hanté.*
Charles Dickens, *La Mystérieuse Lady Dedlock* (*Bleak House*, t. 1).
Charles Dickens, *Le Choix d'Esther* (*Bleak House*, t. 2).
Charles Dickens, *Les Aventures de Mr Pickwick* (2 t.).
Charles Dickens, *Contes de Noël.*

Charles Dickens, *David Copperfield.*
Charles Dickens, *De grandes espérances.*
Charles Dickens, *Oliver Twist.*
Charles Dickens, *Le Magasin d'antiquités.*
Charles Dickens, *Le Mystère d'Edwin Drood.*
Charles Dickens, *La Petite Dorrit* (2 t.).
Charles Dickens, *Le Possédé, et autres histoires de spectres.*
Charles Dickens, *Les Temps difficiles.*
Charles Dickens, *Un conte de deux villes.*
Alexandre Dumas, *Le Chevalier de Maison-Rouge.*
Alexandre Dumas, *Le Docteur mystérieux* (*Création et Rédemption*, t. 1).
Alexandre Dumas, *La Fille du marquis* (*Création et Rédemption*, t. 2).
Alexandre Dumas, *Les Borgia.*
George Eliot, *Silas Marner.*
Ford Madox Ford, *Le Bon Soldat.*
John Galsworthy, *Le Propriétaire* (*La Dynastie des Forsyte*, t. 1).
John Galsworthy, *Aux aguets* (*La Dynastie des Forsyte*, t. 2).
John Galsworthy, *À louer* (*La Dynastie des Forsyte*, t. 3).
Elizabeth Gaskell, *Ruth.*
Thomas Hardy, *Jude l'obscur.*
Thomas Hardy, *La Bien-aimée.*
Thomas Hardy, *Le Maire de Casterbridge.*
Thomas Hardy, *Le Retour au pays natal.*
Thomas Hardy, *Loin de la foule déchaînée.*
Thomas Hardy, *Sous la verte feuillée.*
Frances Hodgson-Burnett, *Le Jardin secret.*
Henry James, *Lady Barberina.*
Franz Liszt, *Chopin.*
Maurice Maeterlinck, *La Vie des abeilles.*
Maurice Maeterlinck, *La Vie des fourmis.*
Amelia Opie, *Adeline Mowbray.*
Baronne Orczy, *Le Mouron rouge.*
Ann Radcliffe, *Les Mystères d'Udolpho.*
Maurice Renard, *Les Mains d'Orlac.*
Walter Scott, *La Fiancée de Lammermoor.*
May Sinclair, *Les Trois Sœurs.*

Stendhal, *La Chartreuse de Parme.*
William Mr Thackeray, *La Foire aux vanités.*
Claude Tillier, *Mon oncle Benjamin.*
Anthony Trollope, *L'Héritage Belton.*
Frances Trollope, *La Veuve Barnaby.*
Eugène-François Vidocq, *Mémoires authentiques.*
Mary Webb, *La Renarde.*
Herbert George Wells, *La Guerre des mondes.*
Herbert George Wells, *L'Île du Dr Moreau. – La Machine à explorer le temps.*
Edith Wharton, *Au temps de l'innocence.*
Edith Wharton, *Chez les heureux du monde.*
Edith Wharton, *Ethan Frome,* suivi de *Été.*
Virginia Woolf, *La Chambre de Jacob.*
Virginia Woolf, *Mrs Dalloway.*
Émile Zola, *Madeleine Férat.*
Les Plus Beaux Textes littéraires de Noël, présentés par Michel Tournier.
Noël, les plus beaux textes du monde entier, présentés par Ismaïl Kadaré.

Cet ouvrage a été composé
par Facompo
à Lisieux (Calvados)

Impression réalisée par

CPI

en mai 2022
pour le compte des Éditions Archipoche

Imprimé en France
N° d'édition : 610
N° d'impression : 2065241
Dépôt légal : mars 2020